双创价值引领应用型本科人才培养实践研究

宁波财经学院　编著

中国财经出版传媒集团
中国财政经济出版社

图书在版编目（CIP）数据

双创价值引领应用型本科人才培养实践研究 / 宁波财经学院编著. --北京：中国财政经济出版社，2022. 4
ISBN 978 -7 -5223 -1266 -8

Ⅰ. ①双…　Ⅱ. ①宁…　Ⅲ. ①高等学校－人才培养－研究－中国　Ⅳ. ①G649. 2

中国版本图书馆 CIP 数据核字（2022）第 046503 号

责任编辑：彭　波　　　　责任印制：史大鹏
封面设计：孙俪铭　　　　责任校对：胡永立

中国财政经济出版社 出版
URL：http：//www. cfeph. cn
E - mail：cfeph@ cfeph. cn

社址：北京市海淀区阜成路甲 28 号　邮政编码：100142
营销中心电话：010 -88191522
天猫网店：中国财政经济出版社旗舰店
网址：https：//zgczjjcbs. tmall. com
北京财经印刷厂印刷　各地新华书店经销
成品尺寸：170mm ×240mm　16 开　19. 25 印张　296 000 字
2022 年 4 月第 1 版　2022 年 4 月北京第 1 次印刷
定价：78. 00 元
ISBN 978 -7 -5223 -1266 -8
（图书出现印装问题，本社负责调换，电话：010 -88190548）
本社质量投诉电话：010 -88190744
打击盗版举报热线：010 -88191661　QQ：2242791300

本书委员会

主　任：王云儿　邓泽民

副主任：李　羽　楼程富　李继芳

委　员：吴　用　陈委委　邵　将　王　芬　沈雷鸣　赵京芳　姚鸟儿　蒋　力　黄春芳　王　琦　王　媛　王　静　宣葵葵　张海峰　董慧超

各部分研究人员

价值定位篇

专题组成员：邓泽民　王云儿　李　羽　楼程富

模式构建篇

专题组成员：邓泽民　王云儿　李继芳　董慧超

环境创设篇

专题组成员：李继芳　宣葵葵　张海峰　董慧超

制度创新篇

专题组成员：吴　用　王　媛　王　静　陈委委

实践案例篇

专题组成员：邵　将　王　芬　沈雷鸣　赵京芳　姚鸟儿　蒋　力　黄春芳　王　琦

序

“双创”教育无疑是新时代高等教育发展最重要的主题之一。各高校竞相建设“双创”教育基地（含园、中心、学院、工作室、实验室、创客空间等）；将“双创”教育引入人才培养过程，开设相关课程，配备课程教师，选聘相关导师；建立与产学研用相结合的“双创”教育机制，使“双创”教育扎根产业，拥有更牢固的社会基础。

与“双创”教育活动在各高校红红火火地得到开展的景象相比，关于“双创”教育理念的探讨还显得非常单薄，尤其是关于“双创”教育的核心理念，比如，价值研究，包括“双创”教育的人本价值和社会价值研究涉及不多。理念研究的滞后对实际工作的影响看不见、摸不着，但却是不可忽视的。

宁波财经学院（原宁波大红鹰学院）是少有的关注到“双创”教育价值的高校之一。该校不仅重视“双创”教育价值，而且以价值为引领，构建“双创”教育实践体系，取得了显著成就。该校置身中小企业发达的宁波市，建校伊始就确立了“建设中小企业发展首选大学”的办学愿景，确立了“百折不挠、超越自我、不断追求崇高目标”的“双创”精神，明确了以“创新精神和创新创业能力”为特质的人才培养目标定位。自“十二五”时期开始，该校创设校企深度融合的混合制创业学院，建立了以培养创业人才为核心的产教融合机制，依托工商管理、市场营销等专业，开展创业管理方向本科人才培养探索，初步建立了较为完整的创业型人才培养课程体系。

“十三五”时期以来，宁波财经学院进入了高质量建设发展阶段，“双创”教育得到了大发展。该校将构建“双创”教育体系作为校长工程，成立多部门协作的“双创”教育领导小组，加强“双创”教育顶层设计。依托创业学院优质资源，培训培养“双创”导师，面向全体学生开设创业基础类和综合实践类课程；面向有创业基础的“3+1”专创融合班开设系列实践实战课程模块，打造“双创”学科课程、融合课程；自主开发商业模式实验室（BM-Lab），线上入驻创业导师，创业案例上线，通过线上线下相结合的方式，实现“感知激发、验证修正、实施支持”的全链条创业型人才成长支撑体系；组织全员参与的“双创博览会”“科技文化节”等活动，营造校园“双创”教育文化氛围。

在“十四五”时期事业发展规划中，宁波财经学院进一步明晰了“双创”教育的价值内涵，并以其作为核心文化理念引领“双创”教育实践和学校未来发展。2021年，该校成功申报了创业管理审批专业，致力在校企合作人才培养机制、模式、课程、教材等建设方面发挥引领示范作用；《创业实践与实战》课程获得国家首批一流实践课程，BM-Lab获批国家级众创空间，学校在浙江省应用型建设院校及全国民办高校中正发挥着“双创”教育示范作用。

宁波财经学院组织各方力量编著了《“双创”教育价值引领应用型本科人才培养实践研究》一书，从学校价值定位、模式构建、环境创设、制度创新等角度，全面阐述了“双创”教育价值理念和应用型人才培养特点，阐释了“双创”教育价值定位，构建了产教融合的“双创”教育队伍、课程和平台，打造了“双创”教育环境与文化，建设了一系列评价激励制度。据我所知，将“双创”教育价值与应用型人才培养结合起来，从理论和实践两方面进行探索的研究成果非常少见，尤其是该校系统化的实践探索更难能可贵。

相信该书的出版，不仅有利于宁波财经学院总结“双创”人才培养的成功经验，进一步明确深化创新创业教育发展方向，加强“双创”教育环境与文化建设，更好地践行“双创”教育价值理念，造就大批高质量应用型人才，而且有利于相关高校借鉴与参考，形成有各自特色的“双创”教育和应用型人才培养体系。毋庸讳言，“双创”教育在我国还处于方兴未艾的阶段，应用型人才培养更是事关普及化高等教育未来走向的核心问题，一所高校的经验是有局限性的，需要更多高校共同探索研究，形成中国特色的“双创”教育体系和高质量应用型人才培养模式。

别敦荣
厦门大学教育研究院院长、教授
2022 年 4 月

前　言

我国中小企业数量庞大，占比95%以上，同时创造了全国60%的GDP。宁波财经学院所在的浙江省，这一特征更加凸显。2009年，学校提出了“建设中小企业发展首选大学”的愿景，确立了传承浙商文化，发扬甬商精神，“致良知、育实才、立善业”的办学理念，通过社会多元参与，建成了由创业投资基金、2万余平方米项目孵化空间、150余名创业导师在线、800余个创业案例构成的创业支撑平台；采取校企科创深度融合，服务中小企业创新发展，建成了具有研发、转化、服务等功能的66个协同创新中心；采用“项目制”“股份制”“混合制”等合作形式，对接区域新产业、新业态发展，校企共建大宗商品商学院、长城商学院、家族财富研究院等7家产业学院；以创新创业课程为引领，以综合性实践课程为主导，科学设置专业课程、专业技术前沿课程、跨学科技术模块课程等，形成了双创价值引领，突出能力培养的应用型课程体系；创建创业导师、科研人员、企业专家和教师组成的教学创新团队50个，打造了双创价值引领的四类型三层次应用型教师队伍；建设291个实验（实训）室组成的基础实践能力、专业核心能力、综合应用能力三层能力培养应用型实践体系；建成了98间新型翻转课堂教室，年均开设120余门改革课程，微学分在线课程达412门；创立一年一度的“双创博览会”、科技文化节，实施创新创业训练计划、三大“行动计划”等，营造创新创业文化环境；学校被确定为浙江省首批应用型本科建设试点示范高校（2015 年），浙江省普通高校示范性创业学院（2018 年），浙江省众创空间（2019 年），并以中小企业数量持续增长和创新发展所需要的创新创业人才培养为使命与责任，解决了地方应用型大学人才培养价值定位、双创价值引领地方应用型大学学生学习成长环境创设、双创价值引领地方应用型大学课程体系构建、双创价值引领地方应用型大学理论与实践教学脱节、双创价值引领地方应用型大学教学创新团队建设等问题，形成了双创价值引领创研学产一体的应用型人才培养模式。

10 余年来，学校累计向中小企业输入近 4 万名毕业生，90% 以上就业于区域中小企业，用人单位满意度高达 97%；在校生获省级以上学科竞赛奖项 3334 项（包括国家级 1849 项，国际重要项目 6 项）；2000 多名在校生参与创业项目孵化，服务中小企业创新发展 600 余家，近 6 届毕业生创业率位列全省本科院校前列（2 次排名第一、2 次排名第二）。特色做法和典型案例在人民日报等 40 余家媒体报道 150 余次，有 200 余所高校来校考察交流，为国家地方本科转型发展应用型大学提供了宁财范式。

编者

2021 年 11 月

目　录

价值定位篇

模式构建篇

环境创设篇

制度创新篇

实践案例篇

价值定位篇

大学分类是大学价值定位的前提，随着大学分类的发展，大学的价值定位也在不断发生着演变。

第一章

大学的分类与定位

大学分类是大学价值定位的前提，大学的价值定位应政治、经济、社会、科技等诉求而演变。

第一节　大学分类的发展

2020年中共中央、国务院印发的《深化新时代教育评价改革总体方案》，提出“推进高校分类评价，引导不同类型高校科学定位，办出特色和水平”，而大学分类评价的前提是大学科学的分类。只有科学分类，才能使各大学定位明确，各就各位，各定发展方向。

一、高等教育机构分类的起源

在18世纪以前，高等教育机构只有大学一种组织形式，高等学校就是大学。18世纪以后，在经济和政治力量的推动下，高等教育系统开始分化，世界范围内出现了一些新型的高等教育机构。除了中世纪形成的传统大学外，一些国家还创设了各类专门学院和研究型大学。此外，与地方和区域工商业紧密联系的工商学院、城市大学也开始出现。例如，法国的各类专门或综合科学与技术学院，就是政府通过一系列立法和行政手段乃至暴力革命将传统高等教育机构摧毁后，将高等教育强制性地纳入国家发展需要的范围，依国家利益而创设。

20世纪中叶以来，伴随着西方发达国家从精英到大众高等教育的转型，高等教育类型、层次日益多样化。公司大学、营利大学、跨国大学、虚拟大学、各种大学联合系统以崭新的姿态纷纷出现，给原先较为稳定的高等教育系统和传统的高等教育理念带来了极大的冲击。在这些类型层次各异的新型高等教育机构中，除了少数几种类型是由政府创立以外，大多新型高等教育机构由公司、团体、企业和个人兴办。这一时期的新型高等教育机构多由市场力量催生而成，经济因素成为推动新型高等教育机构产生的主要力量。与国家作为新型高等教育机构的创办者相比，市场力量推动而生的高等教育机构在类型和层次上得到了极大的丰富和拓展，各种新型的高等教育机构层出不穷，人们几乎来不及对它们做出科学的判断。另外，在高等教育系统内部，各种高等教育机构间相互渗透的趋势日益明显，不同类型和层次的高等教育机构间不再那么泾渭分明了，彼此的边界趋向模糊，甚至出现了一些混合型的高等教育机构，给人们正确认识高等教育带来了很大的困难。

在这样的情况下，“70 年代初，卡内基基金会根据研究工作的需要，感到有必要对大学进行分类，以便更好地对大学的教学和研究工作进行了解、分析、研究”，于是在 1970 年率先提出了“美国高等教育机构分类标准”，并于 1973 年首次出版了《高等院校分类》，首开对高等教育机构进行分类的先河。随后，联合国教科文组织制定了第一个《国际教育标准分类法》，作为各国教育分类的指导和进行教育统计的依据。

可见，对高等教育机构进行分类起步于 20 世纪 70 年代，源起于大量新型高等教育机构的出现。这些新型高等教育机构主要由市场力量催生，并使高等教育系统日益多样化与复杂化，使得人们只有对它们进行分类研究，才能正确认识高等教育的属性和结构，进而使高等教育系统实现功能最大化①。

二、高等教育机构的分类方法

（一）美国卡内基大学分类法

卡内基大学分类法是世界高等教育史上第一个提出并依据高等院校任务来划分高等院校的分类方法，它不仅促进了美国高等院校的多样化和高等教

① 林莉．从学术到市场：高等教育机构分类的价值取向［J］．清华大学教育研究，2004，25（6）：6－11，15.

育的发展，而且对美国高等院校的评估也做出了很大贡献。卡内基分类标准根据美国高等教育发展的实际情况，不断进行调整，经历了 1976 年、1987 年、1994 年、2000 年、2005 年、2010 年、2015 年七次修订，对分类的目的、标准、技术和方法等方面进行了重要变革。

2016 年 2 月 1 日，2015 年版卡内基高等教育机构分类发布。2015 版卡内基分类在基本分类（Basic Classification）中，将 4665 所机构分为 7 大类：博士学位授予大学、硕士学位授予院校、学士学位授予院校、学士/副学士学位授予院校、副学士学位授予院校、专门高等教育机构、原住民院校（见表 1－1）[①]。2015 年版最显著的变化是基本分类的改变。在基本分类中，对于授予副学士学位机构的分类标准，由 2010 年根据公立/私立、学校规模、办学所在地等因素确定的 14 类，改变为根据项目定位（过渡型、混合型、职业技术型）和学生类型（传统、非传统、混合）两个因素的交叉程度将机构分为九类。另外，将两年制专门学校单独分为一类，与四年制专门学校相对应。

表 1－1　　　　2015 版卡内基高等教育机构基本分类

分类		数量	占比	分类标准
博士学位授予大学（334 所）	极高度研究型大学	115	2.5%	授予研究、学术型博士学位（不包括专业博士学位）数量超过 20 个，依据科研能力强弱划分三类。
	高度研究型大学	107	2.3%	
	适度研究型大学	112	2.4%	
硕士学位授予院校（758 所）	大型	399	8.6%	硕士学位授予规模：>200 个
	中型	216	4.6%	硕士学位授予规模：100－200 个
	小型	143	3.1%	硕士学位授予规模：50－100 个
学士学位授予院校（575 所）	文理类	250	5.4%	授予学士学位数量超过总授予学位数量的一半以上，并且授予硕士学位数量少于 50 个的院校。文理类是在文理学科领域学士学位授予数量占总学位授予数量的 50% 以上。多领域是在文理学科领域学士学位授予数量占总学位授予数量一半以下。
	多领域	325	7.0%	

① 王茹，高珊，吴迪．美国 2015 版卡内基高等教育机构分类介绍［J］．世界教育信息，2017（9）：41－43.

续表

分类		数量	占比	分类标准
学士/副学士学位授予院校（404 所）	混合型	255	5.5%	在授予副学士学位的数量占总学位授予数量的 90% 以下。
	以副学士为主	149	3.2%	副学士学位授予数量占到总学位授予数量的 90% 以上。
副学士学位授予院校（1113 所）	高过渡－高传统	166	3.6%	职业技术领域授予学位数少于 30% 的学校。
	高过渡－混合传统/非传统	127	2.7%	
	高过渡－高非传统	84	1.8%	
	混合过渡/职业技术－高传统	110	2.4%	职业技术领域授予学位数大于 30% 且小于 75% 的学校。
	混合过渡/职业技术－混合传统/非传统	102	2.2%	
	混合过渡/职业技术－非传统	130	2.8%	
	高职业技术－高传统	87	1.9%	职业技术领域授予学位数大于 75% 的学校。
	高职业技术－混合传统/非传统	123	2.6%	
	高职业技术－非传统	184	3.9%	
两年制专门机构（444 所）	健康专业	267	5.7%	两年制专业机构也称为初级学院，授予的学位是副学士学位，这类院校提供的教学课程大部分是为学生进入高级学院或大学做准备的。
	技术专业	62	1.3%	
	艺术设计	41	0.9%	
	其他领域	74	1.6%	
四年制专门机构（1002 所）	神学院	308	6.6%	四年制学院授予的学位主要是从学士到博士各级学位。学位主要集中在某一单一领域。
	医学院和中心	54	1.2%	
	其他健康专门学校	261	5.6%	
	工程学校	7	0.2%	
	其他技术相关学校	70	1.5%	
	商科学校	93	2.0%	
	艺术音乐设计学校	137	2.9%	
	法律学校	36	0.8%	
	其他专门教育机构	36	0.8%	
原住民院校	—	35	0.8%	指的是美国印第安纳高等教育协会的成员。
合计	4665 所		100.0%	

从表 1－1 中可以看出，博士级研究型大学居于最高层次而数量只有 334

所，数量最多的是副学士级学院达 1113 所。在 2000 年的卡内基分类版本中，其结构也是如此，当时的博士级研究型大学数量只有 261 所，而副学士级学院达 1726 所①。可见即使是高等教育很发达的美国，学术性研究型大学仍是少数。而且从卡内基高等教育分类中可以看到，美国高等教育学位的纵向层次分为四层，从高到低排序为博士、硕士、学士、副学士。每一所进入到卡内基分类中的学校都能够从分类中找到自己的位置，对自己进行定位。并且，从卡内基高等教育分类的官网中还能找到在某一维度上相似的学校进行比较。

（二）《国际教育标准分类法》

至今，联合国教科文组织制定并颁布了三个版本的《国际教育标准分类法》（ISCED）。第一个版本 1975 年第 35 届国际教育会议上获得批准，第二个版本在 1997 年由联合国教科文组织第 29 届大会上正式批准实施②。2011 年 9 月，联合国教科文组织又对 ISCED－1997 进行了修订，其中在高等教育领域，由 1997 年版的 5、6 两级，细分为 5、6、7、8 四级，分别为短线高等教育、学士或等同水平、硕士或等同水平、博士或等同水平（见表 1－2）。

表 1－2　ISCED－1997 与 ISCED－2011 在高等教育阶段的对比

等级名称	ISCED－1997	ISCED－2011	等级名称
5 大专、本科、硕士 （第一阶段）	5B （实用型、职业型、技术型）	54 短线高等教育（普通型）	5
	5B （实用型、职业型、技术型）	55 短线高等教育（职业型）	
	5A1 （理论型——按学科开设专业）	65 学士或等同（学术型）	6
	5A2 （理论型——按行业开设专业）	66 学士或等同（专业型）	
	5A1 （理论型——按学科开设专业）	74 硕士或等同（学术型）	7
	5A2 （理论型——按行业开设专业）	75 硕士或等同（专业型）	

① 潘懋元，吴玫．高等学校分类与定位问题［J］．复旦教育论坛，2003.

② 陈厚丰．国外高等教育分类研究述评［J］．高等教育研究，2007，28（9）：13－19.

续表

等级名称	ISCED - 1997	ISCED - 2011	等级名称
6 第二阶段	6 博士研究生教育	84 博士或等同（学术型）	8
	6 博士研究生教育	85 博士或等同（专业型）	

在 ISCED - 1997 年版版本中，高等教育分为两个阶段：第一阶段（序号为 5），这一阶段又分为 5A 和 5B 两个类别。5A 类是理论型的，按学科分设专业；5B 类是实用性、技术型。5A 又分为 5A1 和 5A2。其中，5A1 按学科分设专业，主要是为研究做准备的专业，一般学习年限为 4 年以上，并可获得第一级学位（学士学位）、第二级学位（硕士学位）证书，以培养学术型专门人才为目标；5A2 按行业分设专业，主要为从事高科技要求的专业教育，学习年限一般为 2 ~ 3 年，也可延长至 4 年或更长，以培养工程型、应用型专门人才为目标。第二阶段（序号为 6），主要是博士研究生教育阶段。

正如表 1 - 2 所示，ISCED 从 1997 版演化到 2011 版，其中关于高等教育类型和层次的划分更为精细，普通型（General）与职业型（Vocational）、学术型（Academic）与专业型（Professional）的培养性质更加清晰，大专、本科、硕士、博士的培养层次也更加明朗。

在 ISCED - 2011 版本中，依据国家（或地区）的教育课程和相关的公认教育资格证书进行分类，由并行的教育课程等级（ISCED 教育课程或 ISCED - P）和受教育程度等级（ISCED 受教育程度或 ISCED - A）两个编码系统构成。两个编码系统构成以“0 ~ 8”表示 9 个不同的等级，且教育课程和受教育程度都采用三个数字，第一个数字表示等级；第二个数字表示类别，它将 2 ~ 5 级教育课程中分成普通教育（代码为 4）和职业教育（代码为 5）两类，将 6 ~ 8 级教育课程分成学术教育（代码为 4）和专业教育（代码为 5）两类，在 6 ~ 8 级教育课程分类中，虽然用学术教育和专业教育分别替代了原来的普通教育和职业教育，但代码未变；第三个数字表示完成课程的程度，在 2 ~ 5 级教育中，根据认可的课程是否成功完成以及如完成后是否可以直接通向更高等级课程分成 1 ~ 4 个级别，6 ~ 8 级教育课程根据国家学位或资格证书结构中的定位不同分成不同的级别。高等教育等级划分具体如表 1 - 3 所示。

表 1-3　　ISCED-2011 高等教育领域分类方法及编码①

等级名称	等级	类别	完成程度	（子）类别注释
短线高等教育	5	54 普通	541	不够等级完成
			544	足够等级完成
		55 职业	551	不够等级完成
			554	足够等级完成
学士或等同	6	64 学术	641	不够等级完成
			642	第一学位（3~4 年）
			646	长线第一学位（4 年以上）
			647	第二或其他学位（完成一个学士或等同课程）
		65 专业	651	不够等级完成
			655	第一学位（3~4 年）
			656	长线第一学位（4 年以上）
			657	第二或其他学位（完成一个学士或等同课程）
		66 定向未定②	661	不够等级完成
			665	第一学位（3~4 年）
			666	长线第一学位（4 年以上）
			667	第二或其他学位（完成一个学士或等同课程）
硕士或等同	7	74 学术	741	不够等级完成
			746	长线第一学位（至少 5 年）
			747	第二或其他学位（完成一个学士或等同课程）
			748	第二或其他学位（完成一个硕士或等同课程）
		75 专业	751	不够等级完成
			756	长线第一学位（至少 5 年）
			757	第二或其他学位（完成一个学士或等同课程）
			758	第二或其他学位（完成一个硕士或等同课程）
		76 定向未定	761	不够等级完成
			766	长线第一学位（至少 5 年）
			767	第二或其他学位（完成一个学士或等同课程）
			768	第二或其他学位（完成一个硕士或等同课程）

① 联合国教科文组织统计研究所．国际教育标准分类法 2011 [R]. P59. 2013.

② 定向未定主要是用于国际间就学士及等同水平课程的学术和专业定向未达成一致的情况。

续表

等级名称	等级	类别	完成程度	(子) 类别注释
博士或等同	8	84 学士	841	不够等级完成
			844	足够等级完成
		85 专业	851	不够等级完成
			854	足够等级完成
		86 定向未定	861	不够等级完成
			864	足够等级完成

ISCED－2011 是一个有助于按照国际商定的共同定义和概念，对各类与政策相关的教育统计，提出标准报告的框架，从而确保所产生的指标具有国际可比性。他由联合国教科文组织根据多个国家的国情，组织多个国家的专家制定，其在国际上的认可度一直比较高。

（三）欧洲高等教育机构分类

欧洲高等教育机构分类（以下简称“U－map”）项目是 2002 年由欧洲委员会（European Commission）资助的政策研究项目之一。建立这个研究项目的目的是希望建立一个能够展现大学特色，比较大学之间异同，描述高等教育系统多样性的工具，并且让高校明确他们应该做什么，不该做什么，明确自身使命，在进行决策的过程中做出正确的选择①。

项目组将其命名为“U－Map”，原因在于：第一，它是一个大学（University）分类工具，项目组希望它能够准确地描绘欧洲高等院校的概况；第二，它是一个允许不同使用者根据自己的兴趣和需要选择分类方式的工具，项目组希望它能够把分类的权力交给使用者（User）。大学（University）和使用者（User）是该分类框架的两个核心。构建这一分类的目的是希望描绘（Map）欧洲高等教育多样化的图景。U－map 由此而得名，它包含了这一分类框架的目的、对象及用户。项目组于 2005 年、2008 年分别提交和出版了研究报告，调研了欧洲高校现状，提出了分类设计原理和框架，收集和验证了大量高校数据和信息，经过不断的讨论和完善，于 2010 年 1 月正式建立

① 王楠. 高等学校分类的欧洲经验与中国思考——就高等学校分类的路径和价值与弗兰斯·范富格特教授的对话［J］. 清华大学教育研究，2013（5）：69－75.

了欧洲高等教育机构分类体系，并开始实践。

“U－map”没有按照常规方法将大学简单地分成几大类型，而是确定了一个由6个维度29个指标组成的分类标准（见表1－4），使用者可以从不同视角分别或综合地对高校进行考量后分类。它遵循的原则是对高校进行客观的描述，而非说明①。

表1－4　　欧洲高等学校分类维度与指标体系

维度	指标
维度一：教学情况	1. 博士学位授予集中度
	2. 硕士学位授予集中度
	3. 学士学位授予集中度
	4. 副学士学位授予集中度
	5. 学科领域覆盖面
	6. 传统型及通识性课程导向
	7. 专业性及职业性课程导向
	8. 教育支出
维度二：知识交换活动	9. 高校衍生公司情况
	10. 专利申请情况
	11. 文化活动
	12. 知识转化所得收入
维度三：学生情况	13. 成人学生比例
	14. 非全日制学生比例
	15. 远程教育学生比例
	16. 在校生规模
维度四：国际化导向	17. 接收国际交换生比例
	18. 派出国际交换生比例
	19. 攻读学位的外国学生比例
	20. 非本国学术人员比例
	21. 国际性来源收入比例

① 陈凡，吴跃文．欧洲高校分类新动向：大学图［J］．中国高教研究，2012．

续表

维度	指标
维度五：研究活动	22. 学术出版物
	23. 专业出版物
	24. 其他研究产出
	25. 博士教育产出
	26. 研究支出
维度六：地区参与	27. 在本地区工作的毕业生比例
	28. 本地籍新生比例
	29. 本地/区域性来源收入比例

“U－map”本身并没有对高校进行分类，它只是提供了充足的高等学校的信息，并且提供了分类的工具与方法。“U－map”作为一个描述性工具，它本身并不具有提高高等教育系统多样性的功能，它通过描述每一个院校的概况，客观地展现欧洲高等教育的图景。通过这种描述，不同的利益相关者群体可以充分地了解这些信息。比如对于高校而言，它们看到了自己的院校概况后，可能会认为自己与其他院校非常接近，如果它们希望自己变得与众不同，它们会着重开发并进行一些与众不同的院校活动，来进一步强化自身的特色，实现差异化发展，从而真正增加高等教育系统的多样性。

卡内基大学分类法自诞生至今，之所以能够得到学术界和实践界的认同，原因之一在于它能够及时根据高等院校的变化和实际需要进行不断修改和完善。尽管它在一定时期内保持了相对稳定，但为了及时反映高等院校的变化，适应科技发展和美国社会的需要，卡内基教学促进基金会每隔一定时间就对其高等院校分类法进行修订，先后推出了6个版本。同样，联合国教科文组织的《国际教育标准分类》，也已经推出了三个版本。“U－map”在实施的过程中，也会根据使用情况及使用者反馈更新维度与指标体系，不断邀请新的地区及院校加入，并及时更新划分类型的临界点。

这说明，高等教育分类法作为一种分类模式，一方面必须保持相对稳定，否则就没有实际应用价值；另一方面，它又必须与时俱进，开放包容，根据高等教育系统分化与重组的情况及高等教育实践的需要适时进行修改和完善，并建立起多元视角的分类模式，主动适应人们对高等教育分类的多样化（认识、理解、管理、研究高等教育及机构）需要，以引导高等教育及机构趋向多样化。

三、我国高等学校分类的发展

新中国成立之初，我国仿苏联对当时的高等教育体系进行了“院系调整”，确立了按行业和专业办学的高等教育发展思路，各类专门院校成为我国高等教育的主体，1985 年的《中共中央关于教育体制改革的若干意见》的出台，促使我国高等教育加快了管理体制调整的步伐，原有的办学体制和管理格局逐渐被打破；到 1998 年，我国高等教育进入大扩招、大发展和大提高的时期；2014 年国务院召开的全国职业教育工作会议做出了引导一批普通本科高校向应用技术型高校转型发展的战略部署，同时提出探索职业本科教育；2019 年《国家职业教育改革实施方案》明确开展职业本科试点，2021 全国职业教育大会提出稳步发展职业本科教育。我国高等教育类型、结构不断丰富，高等学校呈现多样化的发展趋势。

（一）“院系调整”与大学分类发展（1952～1984 年）

新中国成立后，为满足经济社会建设的需要，改革旧有高等教育体制成为当时政府面临的一项重大任务。在全面学苏的背景下，高等学校必须为国家经济建设，尤其为重工业发展服务，1952 年我国对高等教育实施了全面的“院系调整”，调整的原则是：

“大学（指综合大学）为培养科学研究人才及培养师资的高等学校，全国各大行政区最少有 1 所，最多不得超过 4 所；大学行政组织取消院一级，以系为教学行政单位。”

“工学院是这次院系调整的重点，以少办或不办多科性的工学院，多办专业性的工学院为原则。”

“农学院目前应采取集中合并的方针，每一大行政区必须办好 1 所至 3 所农学院，各省可办专科。”

“师范学院每一大行政区必须办好 1～3 所，培养高中师资；各省可办专科，培养初中师资。师范学院设系应严格遵照中等学校教学计划所需要的系科，纠正过去与大学同学科设系的倾向。”①

① 苏渭昌．五十年代的院系调整［J］．高等教育学报，1989（4）．

这段时期的高等学校做出以下划分。

1. 按学科门类的分类。仿照苏联的高等教育体系和学科专业设置，我国高等学校按学科门类性质不同可分为综合类（主要是文理综合）、工业类、农业类、林业类、医药类、语言类、财经类、政法类、体育类、艺术类和其他类共11类。按照学科门类数量和办学层次可进一步再划分为大学（综合类）、学院（各类多科性院校）和高等专科学校3类。

2. 按办学性质的分类。1949年以前，中国的高等教育机构分为国立、公立、私立3个部分，而且私立高等教育机构占有相当的比重。

3. 按管理所属的分类。这段时期，普通高等学校在相当长时间内被明确地划分为中央各门系统举办和地方省、市举办两类。

4. 按教学形式的分类。1958年国务院发出的《关于教育工作的指示》将全国学校分为三类全制学校、半工半读学校、各种形式的业余学校。这些学校可由国家、厂矿、企业和农业合作社举办，在教学形式上可由学校教育与自学（包括函授学校和广播学校）并举。

5. 按重点层次的分类。我国不断实施重点大学工程，使我国高等学校被划分成如波纹般的圈层结构，构成了重点、次重点、非重点等类别的高等学校层级结构。

（二）“体制改革”与高等教育机构类型多样化（1985～1997年）

改革开放之初我国各项工作全面恢复发展，为新时期教育事业的发展奠定了良好的基础，教育对国家经济社会发展的重要性也得到社会各界人士的认同。为服务社会主义建设、培养经济社会建设所需要的各级各类人才，自20世纪80年代中期开始，在经济、科技体制改革的推动下，我国教育体制改革也全面启动，在高等教育领域出台了一系列法律法规和政策文件，如《普通高等学校设置暂行条例》（1986年）、《中华人民共和国教育法》（1995年）、《中华人民共和国职业教育法》（1996年）等。我国高等教育层次结构得到优化，一些新的高等教育机构出现并逐渐壮大，高等学校层次类型呈现出多样化的发展趋势。

1. 高等职业学校。新中国成立后，我国逐渐建立起了以初等和中等技工学校、职业中学、农业中学为主体的职业教育体系；高等教育则以培养高级专门人才为主，一般不涉及职业教育。而到 1980 年后，为满足本地区经济社会建设对各类应用型人才的需要，我国一些地方出现了一类新型的地方大学——职业大学。高等职业院校的发展，缓解了社会人才供需上的结构矛盾，同时丰富了普通高等教育的办学类型。

2. 民办高等教育机构。源于 20 世纪 80 年代初的民办高等教育机构在高等教育大扩招前得到了长足发展。由 1991 年的 450 所猛增到 1997 年的 1252 所①。

3. 中心城市举办高等学校。这里所说的“中心城市”主要指经济发达区域的地区一级城市，如这一时期举办的深圳大学、汕头大学等，他们以培养本地区发展所需的专门人才为主，许多机构最初就属于高等职业院校。

4. “211”大学和“研究生院”大学。此间，重点大学政策得到了进一步调适。实施“211 工程”，即“集中中央和地方等各方的力量，办好 100 所左右重点大学和一批重点学科、专业”。与此同时，高等学校研究生院设置得到了扩充和规范。新中国最早的研究生院是于 1978 年成立的中国科学技术大学研究生院（即后来的中国科学院研究生院），1984 ~ 1986 年，经国务院批准，先后有 22 所和 10 所高等学校开始试办研究生院。

（三）“积极发展”与高等教育机构进一步分化（1998 ~ 2013 年）

我国高等教育在 1999 年之前一直处于精英教育阶段，高等教育毛入学率始终低于 10%。1999 年《关于深化教育改革全面推进素质教育的决定》中明确要求“通过多种形式积极发展高等教育”。2002 年我国高等教育毛入学率达到 15%，进入大众化阶段。高等教育规模的大发展和质量的提高，在满足了社会各界对多样化高等教育需求的同时，不可避免地对高等教育结构体系产生了深远的影响，催生了一些新的高等教育机构。

1. 独立学院。独立学院兴盛于 1999 年普通高等学校的大扩招，最初被称为“民办二级学院”，是指由普通本科高校按新机制、新模式举办的本科层次的二级学院。早期的独立学院根据举办者的构成和办学资源来源情况，可分为 7 类：公司、企业与高校合作举办；政府与高校合作举办；校办企业

---

① 雷家彬．中国高等学校分类方法的反思与建构［D］．武汉：华中科技大学，2011.

举办；高校举办“校外校”；高校举办“校中校”；高校租赁校园举办；民办学校依附发展。2020 年独立学院完成了其历史使命，通过合并、转设等方式成为公办或民办高等学校。

2. 新建本科院校。自 1999 年以来，大批新建本科院校以多种方式出现。主要有三类：①新建综合类学院，为适应地方区域经济发展需要，在一些地市级将当地的一所或几所专科学校合并调整为适应当地经济建设和社会发展需要的专业覆盖面较宽、学科比较齐全的本科院校。②新建师范类学院，为适应我国三级师范教育（师范本科、师专、中师）向两级师范教育（师范本科、师专）过渡的需要，以一些水平较高、办学比较出色的师范专科学校为基础组建师范本科院校。③新建专业类学院。针对一部分行业院校的具体情况，将一批优秀的专科学校升格为专业性的本科院校，如工程学院、理工学院、金融学院等。

3. 一流大学。我国重点大学建设在高等教育发展时期从未止步，比较典型的是“985 工程”，由于进入“985 工程”的高等学校是我国综合办学实力最强、研究生教育最为发达、科学研究、知识生产活动最为集中的机构，因而在社会和一些研究者的严重被视为中国研究型大学的典型代表，同时，以建设世界一流大学和学科为目标的“985 工程”也对其他高校的定位目标产生了一定的影响，各类高等学校纷纷将建设学科齐全的学术研究型大学为发展目标。

4. 高等职业院校。在《中华人民共和国高等教育法》《高等职业学校设置标准（暂行)》《中华人民共和国职业教育法》等法律法规指导下，高等职业院校的法律地位更加清晰、办学行为更加规范。

（四）“分类发展”与高等教育分类体系的构建（2014 年至今）

我国已经建成了世界上最大规模的高等教育体系，为现代化建设做出了巨大贡献。2019 年我国高等教育毛入学率达 51.6%，进入高等教育普及化阶段。但长期以来，我国本科教育同质化发展倾向十分严重，面对经济结构深刻调整、产业升级加快步伐、社会文化建设不断推进，特别是创新驱动发展战略的实施，高等教育结构性矛盾更加突出。因此，要构建科学合理的高等教育结构体系，对不同类型、层次的高等院校进行分类指导，由此实现高等教育由量的积累到质的升华的发展。

1. “双一流”高校。2017年1月，经国务院批准同意，教育部、财政部、国家发展和改革委员会印发《统筹推进世界一流大学和一流学科建设实施办法（暂行）》；9月21日，教育部、财政部、国家发展和改革委员会联合发布《关于公布世界一流大学和一流学科建设高校及建设学科名单的通知》，正式公布世界一流大学和世界一流学科建设高校及建设学科名单，首批“双一流”建设高校共计137所，其中世界一流大学建设高校42所（A类36所，B类6所），世界一流学科建设高校95所；双一流建设学科共计465个（其中自定学科44个）。

2. 应用型本科。2014年，国务院召开的全国职业教育工作会议做出了引导一批普通本科高校向应用技术型高校转型发展的战略部署，《国务院关于加快发展现代职业教育的决定》《现代职业教育体系建设规划（2014~2020年）》对转型发展提出了明确要求。2015年教育部、国家发改委、财政部印发了《关于引导部分地方普通本科高校向应用型转变的指导意见》进一步明确了普通本科高校向应用型转变的主体是学校，责任在地方。截至2019年，据不完全统计，有25个省（自治区、直辖市）正式发文确定了334所高校整体转型，122所高校部分转型以及438个专业（集群）转型①。

3. 职业本科。2014年，国务院印发《关于加快发展现代职业教育的决定》指出，“探索发展本科层次职业教育”。2019年1月，国务院印发《国家职业教育改革实施方案》，明确提出要“开展本科层次职业教育试点”。2019年开始首批职业本科学校试点，截至2021年2月，全国已有27所职业本科学校，其中5所公办院校，22所民办院校。2021年开展的职业本科试点有了新的变化，2021年批准的5所职业本科院校中，民办仅1所，其他4所为独立学院转设，或与高职专科高校合并转设为职业本科学校。

面对高等教育规模迅速扩张后出现的多种多样的高等院校，如何分类才能既有利于构建中国高等教育的合理结构，又有利于各级各类高校的积极性得到发挥，在适合自己学校的定位中找准发展方向，能够快速发展，是亟待解决的问题。因为任何一所高校制定可持续发展的战略，必须明确自己的发展方向，而发展方向的确定依赖于学校的准确定位，但定位的前提是科学的

---

① 邓泽民．优先发展教育应优先优化教育结构［J］．职教论坛，2020，36（5）：81－86.

分类，所以说分类与定位是学校可持续发展的首要问题。我国高等教育在类型结构和层次结构上呈现出日益复杂化的趋势，因此出现了多种不同的分类方法（见表1－5）。

表1－5　　我国高等教育机构中的几种分类方法

分类依据	分类类型
按照学科分类	哲学、经济学、法学、教育学、文学、历史学、理学、工学、农学、医学、管理学、艺术学、职业教育试点专业。
按照类别划分	研究生培养机构、普通高等学校（本科院校、高职（专科）院校）、成人高等学校、民办的其他高等教育机构。
按照性质划分	综合大学、理工院校、农业院校、林业院校、医药院校、师范院校、语文院校、财经院校、政法院校、体育院校、艺术院校、民族院校。
按照举办者	中央（教育部、其他部门）、地方（教育部门、其他部门、地方企业、民办、具有独立法人资格的中外合作办）。
按照隶属关系	部委属、省（直辖市）属、地区级的院校。
按照投资渠道	公办、民办、私立、混合所有制。
按照发展目标	“双一流”（“985工程”“211工程”）、特色骨干大学、高水平综合性大学、高水平特色大学、一流大学、一流学科、应用本科、“双高计划”等。
按照颁发文凭	按颁发文凭的系列进行分类，分为普通高等院校或成人高等学校。
按培养类型和层次	综合性研究型大学、多科性或单科性专业型大学或学院、多科性（单科性）职业技术型或技能型专科学校（学院）。 （潘懋元教授——培养类型和层次分类法）
按照科研规模和研究生比例	每个大学的类型由类和型两部分组成，类在前，型在后。 类反映大学的学科特点，按教育部对学科门的划分和大学各学科门的比例，将现有大学分为综合类、文理类、理科类、文科类、理学类、工学类、农学类、医学类、法学类、文学类、管理类、体育类、艺术类13类。型表现大学的科研规模，按科研规模的大小，现有大学分为研究型、研究教学型、教学研究型、教学型4型。 （广东管理科学研究院研制）
以学科和专业覆盖面作为分类依据	将高校从横向上分为单科类、多科类和综合类三类；以履行社会职能的产出比重为依据，将高校分为研究型、教学科研型、教学型、应用型四型，并组合成12种中国高校的基本类型。 （陈厚丰——高校综合分类法）
按人才培养主体功能和承担科学研究类型	学术研究型、应用研究型、应用技术型和应用技能型。 《上海高等教育布局结构与发展规划（2015～2030年）》

续表

分类依据	分类类型
按照经济社会发展和产业转型升级对人才多样化的需求	高水平综合性大学、特色骨干大学、应用技术类型大学、高职高专院校。 《河南省人民政府办公厅转发省教育厅关于促进普通高等学校分类发展指导意见的通知》（豫政办〔2015〕148号）
按二维结构对高校进行分类	综合性研究为主型、多科性研究为主型；综合性教学研究型、多科性教学研究型；综合性教学为主型、多科性教学为主型。 《浙江省普通本科高校分类评价管理改革办法（试行）》（浙教高教〔2016〕107号）
按经济社会发展对不同层次人才的需求和高校发展基础	Ⅰ类（博士学位授予权高校）、Ⅱ类（硕士学位授予权高校）、Ⅲ类（其他本科高校）。 《山东省本科高校分类考核实施方案（试行）》（鲁政办字〔2019〕176号）

目前国内尚未建立明确的、社会普遍认可的高等学校分类体系。在研制大学分类方法过程中，我国很多学者引用的是美国卡内基的分类方法，把高等学校分成研究型的、研究教学型的、教学研究型的、教学型等。这样，造成了研究型的是高级的，教学型的是低级的，以致误导大学重科研、轻教学，实不可取。所以，卡内基以学位分层次可以参考，但不能作为我们分类的主要依据①。在我国出现的众多分类方法中，各类方法并不是孤立的，往往是相互联系使用的，且不停变化。

高等教育的每个发展阶段，其教育的对象、教育的目标、教育的结构发生了变化。也就是说接受高等教育的人才具有了不同的类型和不同的特点；需要高等教育的不同类型和不同层次；因此产生了学校设置的不同类型和不同定位。2017年1月25日教育部发布《教育部关于“十三五”时期高等学校设置工作的意见》明确提出，探索构建高等教育分类体系，以人才培养定位为基础，我国高等教育总体上可分为研究型、应用型和职业技能型三大类型。

研究型高等学校主要以培养学术研究的创新型人才为主，开展理论研究与创新，学位授予层次覆盖学士、硕士和博士，且研究生培养占比较大。应用型高等学校主要从事服务经济社会发展的本科以上层次应用型人才培养，

① 潘懋元．分类、定位、特点、质量——当前中国高等教育发展中的若干问题［J］．福建工程学院学报，2005，3（2）：103－108．

并从事社会发展与科技应用等方面的研究。职业技能型高等学校主要从事生产管理服务一线的专科层次技能型人才培养，并积极开展或参与技术服务及技能应用型改革与创新。

第二节　大学定位的演变

大学作为一个人才培养、科学研究、社会服务、文化传承的机构，在其历史发展过程中，经历了从精英教育向大众化教育的演化，从学术的象牙塔到社会服务站的转化，从单一大学组织形式到多样化的组织机构的转变。大学的价值定位正是在这一系列历史性的演变过程中逐步确立起来的。

一、大学组织价值定位的历史考察

（一）以知识传授为主的中世纪大学

12 世纪时，西欧经济开始发展，城市和贸易的复兴促使行会和联合组织成为当时主要的社会组织形式，而且中世纪后期逐渐错综复杂的社会需要大量受过训练的管理者、律师、文书、医生和牧师，他们需要获得高深的训练。大学作为一种职业学者的行会开始出现，“大学”是拉丁文“Universitas”一词的译名，原意是行会，起初并没有学术或教育的含义，当然不是手艺人的行会，而是学者或学生的行会。大学拥有较高的自治权，团体的每个成员都享有学术自由权，以及决定和管理内部事务的自治权。后来随着大学的发展，逐渐形成了自己独有的特征，如组成了系（faculties）和学院（college），开设了规定的课程，实施了正式的考试，雇用了稳定的教学人员，颁发被认可的毕业文凭或学位等。

中世纪大学起初均为单科大学，如博洛尼亚大学为法学科，巴黎大学为神学科，萨莱诺大学为医学科，学习以上学科，须以文科为基础[①]。后来，

① 贺国庆．中世纪大学和现代大学［J］．河北师范大学学报（教育科学版），2004，6（2）：22－28.

一般大学开始分设文、法、医、神四科或四个学院。其中法、医、神三科被认为是“高级”学院，文科则是这三科的准备阶段，隶属于其他三科，学生修完文科，方能分别进入其他三科学习。由于教会对大学的控制，在四科中神学居于支配地位。

中世纪大学在发展过程中逐渐形成的神、法、医、文四门学科不仅是自身发展的努力，也与社会其他因素息息相关，如教会和世俗王权，神学为教会服务，法学为王权及城市服务，医学的作用不言而喻，而人文专业则为以上学科提供基础教育，大学培养的是未来的神职人员、医生、政府官员和律师①。总体而言，中世纪大学致力于普遍性知识的传播，以人文精神为价值核心，注重博雅教育，强调教育的非功利性、强调道德人格和批判精神。中世纪大学萌发出的办学理念和精神特质最终凝聚成为大学精神的内核，使大学的生命之树得以生根发芽。

（二）倡导专门科学研究的近代大学

改革是大学在外部社会环境发生变化的情况下，为更好地生存和发展而选择的一种自我更新方式。以 1810 年德国教育家洪堡创办的柏林大学为标志，近代大学按照新的人文主义精神对中世纪大学的模式进行了改革，柏林大学的独特之处在于将科学研究有选择地引入大学精神。

柏林大学从最初就把致力专门科学研究作为主要要求，把授课效能作为次要问题来考虑；更恰当地说，该校认为在科研方面有卓越成就的优秀学者，也总是最好和最有能力的教师。基于这种理解，学术研究的最终目标乃是取得新颖的知识，于是大学不再以博览群经和熟读百家为能事，却要求学生掌握科学原理，提高思考能力和从事创见性的科学研究②。为鼓励高深研究，重视习明纳方法，即高年级学生和优秀生在教授指导下，组成小组研究高深的科学课题。习明纳成为“科学研究的养成所”，成为培养优秀学术人才的摇篮。以前的研究所多由个人举办，并未经邦政府承认，往往随着举办者的去留而废存，在 19 世纪中叶以后，科研机构数量迅速增长，并得到政

---

① 石广盛．欧洲中世纪大学研究［D］．上海：复旦大学．

② 贺国庆，何振海．传统与变革的冲突与融合——西方大学改革二百年［J］．高等教育研究，2013（4）：99－104．

府的承认和资助。

德国大学的科学研究服务于社会和国家需要的特征日益显现。例如：普鲁士大学开办的诊疗所和分科医院，不仅通过提供大量的病人供教授和学生研究及学习之用，而且也对大学所在城镇的健康管理和卫生质量有直接的影响①。大学通过基础科研和应用科研也为国家贡献力量。

柏林大学提出了“大学自治”“学术自由”“教学与科研相结合”等办学原则，使大学逐步摆脱教会和封建势力的统治。柏林大学对德国高等教育制度的发展影响重大，办学三原则被广为接受和传播。德国是欧洲国家中对高等教育进行实质性改革的先锋，德国大学的近代化改革中新型大学和工科大学的创设以及高等教育“三大自由”的出现组成了改革的基本内容，强有力推动了科学和工业的发展，加速了社会的现代化进程。

（三）以服务社会为宗旨的现代大学

社会现代化进程的加速促使大学的现代化过程突飞猛进。高等教育伴随着社会的动荡与革新，或被动或主动进行着改革与创新，高等教育机构不断增多，高等教育向着多样化发展。

19 世纪中期，以服务社会为宗旨的现代大学理念在美国提出，出现了一大批新式高等教育机构，培养大批实用的经济发展所急需的科学技术人才，为美国工农业现代化做出了卓越的贡献，大学开始走出象牙塔。在英国的许多重要城市也涌现了一批城市大学，这些城市大学创办和存在的目的就是为当地工业发展服务。

19 世纪末研究型大学开始兴起，霍普金斯大学是美国第一所明确定位为研究型的大学，学校将研究生教育视为大学最重要的使命，科学研究和创造性的学术成就是新大学的目标和价值。在霍普金斯大学的影响下，哈佛、哥伦比亚、耶鲁、普林斯顿等一些老牌文理学院纷纷开展科学研究和研究生层次的教育，通过自身教学、科研的条件和能力服务于政府，并满足周围社会会所提出的现实需要，如科研项目、技术咨询等。研究型大学开始作为一个

---

① 贺国庆．近代德国大学科学研究职能的发展和影响［J］．河北大学学报：哲学社会科学版，1996（4）：8－16.

群体出现于美国高等教育的舞台。

随着知识经济的兴起，要求大学必须将创新作为新的理念和新的驱动力，重新确定自己的功能和定位，从而更好地发挥大学为地方、国家经济发展提升竞争力的能力，因而创业、创收的使命成为研究型大学新时代社会服务职能的一个重要发展方向，于是创业型大学应运而生。不同学术背景、不同国家的传统大学，在 20 世纪后期共同呈现出了的创业导向的办学方向，既有像麻省理工学院和斯坦福大学这样的研究型大学的佼佼者，又有像英国沃里克大学和斯特拉斯克莱德大学这样在转型前名不见经传的地方大学；既有像莫纳什大学这样经济发达国家的大学，也有像智利大学这样的发展中国家的大学①。在 20 世纪中后期，德国也在大学中引入市场机制，大量的应用科学大学出现，不断增强其竞争力。创业型大学、应用型大学在大学—产业—政府发展中承担生产力角色，将知识迅速转化为生产力，使大学与知识消费者（政府、市场）联系得更加密切，实现从传统的被动服务社会逐步走向主动的市场化创业。

以美国为代表的现代大学的特点也可以简单概括为两个方面：一是大学开始与社会各领域全面合作，社会需求成为大学生产知识的强劲拉力，知识生产的方式突破了大学组织的内部界限，从以往的组织内部协作生产的阶段发展到了社会化大生产的新阶段；二是高等教育的政治本位和工具论的特点日益显明，教育为本国服务，为地区服务的价值观念影响巨大，高等教育与职业训练之间建立了直接的联系，技术引入了高等教育的内容，高等教育的功利性和实用性目的得到进一步强化。

从中世纪大学—近代大学—现代大学之间的功能转型属于大学组织价值模式的转型，每种价值定位均保持了较长时期的稳定状态。但大学组织在不同的社会历史环境中，与社会环境（政府、社会、市场）的交互作用中，始终处于调整和优化过程，从而形成了大学组织多元化的价值定位。

二、我国大学定位发展的演变过程

社会分工，是高等学校类型划分、定位的最终依据。高等学校的定位与

① 马志强．西方创业型大学的兴起与发展［D］．郑州：河南大学，2007：12.

发展，都必须遵循教育与社会发展关系规律①。在不同的发展阶段，社会分工不同，高等学校所承担的社会责任与使命也不同。因此，对我国大学的价值定位不仅要进行断代的、静态的研究，更要从大学定位的历史演进的过程中，从连续的、动态的视角分析大学组织的特性，用一种动态的眼光来看待学校的定位。

（一）政府主导定位阶段

从我国大学办学定位的发展历程来看，政府主导下的大学定位一般与特定的历史背景相联系，定位的原则是“出现了什么样的问题，需要什么样的解决办法，就进行什么样的定位选择”②。在计划经济时代，大学由政府举办、政府管理和政府办学。政府把社会资源按计划分配给大学，大学按政府计划培养学生，再按政府计划把学生分配给社会各部门。政府一方面代表人才需求方——社会，另一方面代表人才供给方——大学。

1958 年 4 月，中央发布《关于高等学校和中等技术学校下放问题的意见》，决定除少数高等学校由中央部门领导外，大部分高等学校下放到省、市、自治区领导。此后，我国的高等学校就有了中央直属与地方领导的区别，并突出了重点大学与非重点大学的区别。1959 年，中共中央发出《关于在大学中指定一批重点学校的决定》，并指定 16 所高校为全国重点大学。在“七五”“八五”期间，国家又在“重点大学”当中特别挑选出了北京大学、清华大学、复旦大学等 15 所大学，作为重点中的重点，并在资金和政策上给予支持。按照国家对大学的分类定位，各省也评选出一批省属重点大学。于是，非重点大学就常常要考虑如何跻身重点大学行列的问题。这是我国高等学校定位的初始，但这只是学校地位的定位，而且它不是学校自主的，是上级政府给予的定位。

虽然政府主导的定位方式减轻了大学发展的压力，并给予大学在运行中的大量自主权，但也使大学办学视野较为狭窄。

---

① 潘懋元．分类、定位、特点、质量——当前中国高等教育发展中的若干问题［J］．福建工程学院学报，2005，3（2）：103－108.

② 郭秋平．我国大学定位的发展演变和实践中的问题探讨［J］．郑州大学学报（哲学社会科学版），2009（3）：90－92.

（二）市场协调定位阶段

从 1992 年开始，我国的高等教育经历了近 10 年的宏观管理体制改革，共有 31 个省、市、自治区，60 多个国务院部门参与了这场以“共建、调整、合作、合并”八字方针为指导的“新一轮院系调整”，涉及高校 900 余所。1999 年 6 月，随着第三次全国教育工作会议做出的“积极发展高等教育”的决策，我国高等教育事业开始了前所未有的大发展。从数字上来看，我国高等教育毛入学率在 1999 年时为 10.5%，全国普通高等学校 1071 所，还处于高等教育的精英化教育阶段。而后迅速发展，在 2003 年，高等教育毛入学率就达到 17%，全国普通高等学校达 1552 所，迅速从精英教育迈向大众化教育阶段。高等教育管理体制改革，市场力量进入高等教育领域，带来了制度上的创新，扩大了高等学校发展的空间。

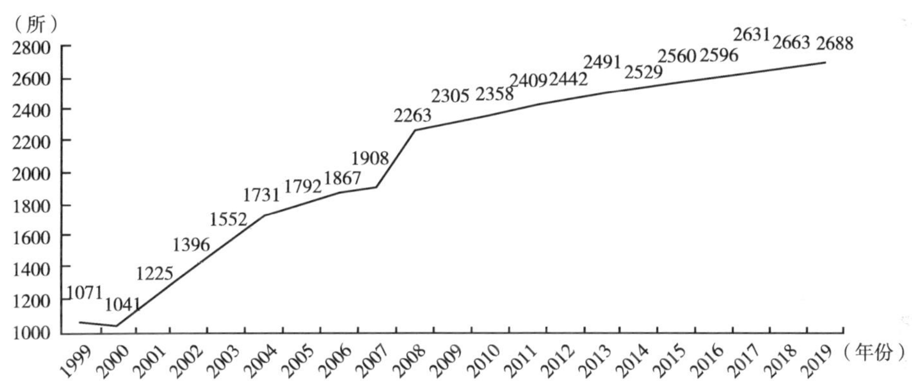

图 1-1　1999～2019 年我国普通高等学校校数变化情况

从 1999～2019 年，全国普通高等学校增加了 1617 所（见图 1-1），增加的高校一是经过扩充、重组、合并的地方本科院校，包括新建综合类学院、新建师范类学院、新建专业类学院；二是新建的独立学院；三是民办高等院校，民办学院的校隶属关系、办学主体以及经费来源则呈现出多样化；四是高职院校。这些高校数量庞大、情况复杂，有历史悠久、教育资源（经费、设备、师资）充足、水平很高的；也有刚从专科学校升格、教育资源不甚充足、水平较低的。

在现实发展中，这些高校由于没有一个明确的分类，但不能说完全没有分类，教育主管部门有分类：部属、省属、市属；干部管理部门有分类：副部级、厅级、副厅级；高中考生中有分类：一本、二本、高职高专；还有其他的分类：如理工农医师范、普通与成人、公立与私立、营利与非营利、“211”与“985”等，诸如此类中国特色的高等学校分类，既不能解决教育分类中的基本问题，也不能为大多数高等学校的未来发展提供基本指向，致使各院校在办学定位上不明确，在发展目标上出现错位，在发展规划上不合理。从而出现了如下的情况：

1. 层次上，层层攀高。在“大而全”和“升格热”的带动下，专科学校升本科，本科学院改成大学，大学升重点，造成“各类高校争升格，千军万马奔重点”的局面，并纷纷将目标定在“国内（省内）一流”“国际（国内）知名”“（教学）研究型”“高水平”的大学。

2. 规模上，越大越好。不少高校都花大力气来扩大学校的规模、扩大学科的覆盖面，单科性院校向多科性发展，多科性院校力图使自己成为综合性大学，无论什么类型院校都要使自己变得学科齐全。

3. 在人才培养上。表现为在人才培养的标准上以“学术性”为单一的标准。

4. 在学科设置上。一方面，学科设置趋同，特色不明显。以一个省的省属院校为例，近90%的本科院校都是7个学科门类：理学、工学、法学、管理学、经济学、文学、教育学，很难看出哪所学校在哪个学科上有明显优势①；另一方面，定位随着社会需求变化，一切以市场为导向，市场上什么专业热门就上什么专业，而很少关注自己能做什么，是否具备资源能力条件。比如：师资是否具备、设备是否配套、场地是否健全等②。

市场机制的引入，使得高等教育机构在类型和层次上都得到了极大的丰富和拓展，并为大学提供了更多的经费支持、生源，使其与经济、社会有着更强的联系。但各种新型的高等教育机构层出不穷，人们几乎来不及对它们做出科学的判断。因此，高校在实际办学实践中进入了误区，导致高校定位“趋同”和“攀升”现象严重。

---

① 邹晓平．高等学校的定位问题与分类框架［J］．高教探索，2004（3）：8－12.

② 郭秋平．我国大学定位的发展演变和实践中的问题探讨［J］．郑州大学学报（哲学社会科学版），2009（3）：90－92.

（三）大学自主定位阶段

这些“趋同”和“攀升”现象引起了社会的广泛关注，要使高等学校定位明确，各就各位，各定发展方向。分类指导的前提是科学的、恰当的分类。关于高等院校的“科学定位和分类指导”问题就成为高等教育结构和体系中必须要解决的问题。

虽然目前我国尚未建立明确的、社会普遍认可的高等学校分类体系，但以人才培养定位为基础，将高等学校总体分为研究型、应用型和职业技能型三大类型得到了确认。研究型高校以培养学术研究的创新型人才为主；应用型高校培养主要从事服务经济社会发展的本科以上层次应用型人才为主；职业技能型高校培养从事生产管理服务一线的专科层次技能型人才。每一类型都应有重点高校，都可以成为国内（省内）知名、国际（国内）有影响的名校。因此，高校在进行科学定位前，先明确自身是哪种类型的高校，然后在研究自身所处的区域环境、产业结构、文化沉淀、社会声誉、师资力量及特长的基础上进行的科学定位。

2014 年国务院召开的全国职业教育工作会议做出了引导一批普通本科高校向应用技术型高校转型发展的战略部署，转型院校涉及全国超 500 所院校，明确其为应用型。在明确了分类之后就要进行科学定位。每所学校能够生存，能够发展，就是要在社会发展中找到自己的发展空间，明确学校的责任与使命，发挥出应有的价值。大学的自主定位不是无视政府管理和社会需求盲目定位，而是在研究自身所处的区域环境、产业结构、文化沉淀、社会声誉、师资力量及特长的基础上进行的科学定位。

自主定位要突出特色，而不是大，因为大不等于强。因此，在一些高校盲目追求“大而全”的时候，部分院校已经在竞争中谋生存了。例如，现代音乐学院，是所民办院校，它规模不大，特色是什么呢？“中央音乐学院不设的专业我来设，不培养的人才我来培养。你搞高雅音乐，我搞流行音乐”。所以他们提出的口号是：避开竞争是最好的竞争①。再如，现在宁波财经学院，其前身是大红鹰职业技术学院，面对一个只有中小企业但产值很高的宁

① 潘懋元. 中国高等教育的定位、特色和质量［J］. 中国大学教学，2005（12）：6－8.

波大环境，它针对小规模的企业来培养人才，才能显出特色。中小企业请不起专门的外事秘书、财务秘书，秘书去了中小企业要什么事情都能管，什么事情都能做，不需要太高深，太专精。所以大红鹰职业技术学院培养的是多面手秘书，它培养的秘书价值定位就在此。而今，宁波财经学院已经是民办高校中的佼佼者，学校把中小企业数量持续增长和创新发展需要的创新创业人才培养作为办学的价值追求，并以此双创价值为引领，历经 10 余年的实践探索，重点服务区域中小企业发展，实现了由学科知识引领的人才培养理念向双创价值引领转变；由知识型学习的单一人才培养环境向创产学多维学习成长环境转变；由学术型人才培养模式向应用型转变；由单一学术型教师结构向多元教师队伍构成转变；形成了双创价值引领下创产教一体的地方应用大学办学模式，培养出了大批具备创新意识和创业能力的高素质应用型人才。正如伯顿·克拉克所言：“竞争的状态能激励一些院校像企业那样去寻找特色，并从中取得利益①。”在美国，既有闻名世界的哈佛、耶鲁，也有深受社区或某一地区、某一行业欢迎的专门学院、社区学院；在法国，既有培养研究型人才的大学，也有以培养高级工程技术人才和高级管理人才为办学宗旨的大学校，后者取得的成就举世瞩目；在德国，既有坚持洪堡思想的柏林大学，也有 20 世纪六七十年代才出现的应用科学大学，同样深受社会和企业的欢迎。因此，从世界范围看，分层分类发展才是高等教育的健康发展之路。

在同一国家的高等教育体系内，不同类型的院校科学定位，并行发展，分别为社会培养不同类型、不同层次的人才。这样，既能满足大众对高等教育的需求，促进社会的发展，也有利于高等教育自身的发展。由此可见，学术型（研究型）、应用型、职业型只是类型的差异，综合性、多科性、单科性也只是学科门类相互沟通与数量多少的差别，并非水平的高低。每所高校，在制定发展战略时，都必须实事求是地根据学校所处的客观环境、社会需要状况和自己的特点和优势，在各自的层次和类型中争创一流。

① 刘献君．论高等学校定位 [J]．高等教育研究，2003（1）．

第二章

应用本科价值定位

我国研究型大学以科学发现和技术创新，特别是 0－1 创新为办学价值追求，价值取向十分清晰，而我国应用型大学虽然经过长期的探索实践，基本的价值定位一直停留在培养应用型人才，服务区域经济社会发展等。区域经济的发展与中小企业发展息息相关，而中小企业数量持续增长，取决于创业人数不断增加，而创业者主要是应用型大学的毕业生，甚至在校生，创业一般是在创新基础上实现，创新常常是创业的前提。因此，应用型大学的办学价值，应定位在追求创新创业。当然，不是说所有的应用型大学的毕业生都能做到创新创业，实际上，研究型大学也不是全部毕业生都能做出科学发现和 0－1 创新的成就。

第一节　应用本科的出现

“应用技术大学”是 20 世纪 60 年代中期在欧洲出现的一种新的大学类型，它是伴随欧洲国家工业化与高等教育大众化进程而产生的。比较典型的是德国的应用科学大学，德国应用科学大学是与综合大学“不同类型、但是等值”的高等教育机构，据统计，德国共有各类高校 426 所，其中大学 179 所，应用科学大学 247 所[①]。在我国应用型本科建设提出较晚，1997 年学界

① 邓泽民．建设教育强国我国应大力发展专业学位教育［J］．中国职业技术教育，2018（4）：42－46.

发表第一篇有关应用型本科的文章①，政府、院校以及学者就一直在探索应用型本科建设，2013 年 6 月全国应用技术大学（学院）联盟在天津成立，2014 年国务院印发《关于加快发展现代职业教育的决定》，明确提出“引导普通本科院校向应用型院校转型”，应用型本科院校才开始正式出现。

一、产生的背景

我国应用型本科的出现，是经济发展、科技进步、高等教育大众化与多样化发展需要等多种因素共同作用的结果。

（一）产业结构转型升级与人才需求

20 世纪 80 年代以来，我国经济建设取得了举世瞩目的成就，随着我国生产力水平的提高和人均国民收入的增长，我国产业结构不断调整，经济也随之快速增长。1992 ~2001 年，我国三次产业结构发生了明显的变化，第一产业占比快速下降，第三产业占比快速提高，两者差距迅速拉大。虽然仍保持着“二、三、一”的结构，但第一产业产值比重从 1992 年的 21. 79% 下降到 2001 年的 14. 39%，第二产业基本保持小幅波动，第三产业从 1992 年的 34. 76% 上升到 2001 年的 40. 45%，首次超过 40%②。这一阶段产业结构的变化确立了以后产业结构的发展趋势。

产业结构的转型升级对人才类型和层次提出了新的更高要求。一方面，在我国多样化经济形态并存的经济结构转型时期，必然要求一个多样性的高等教育与之相适应，既需要有世界一流的高水平研究型大学，培养能引领产业结构升级和发展的精英人才，又需要以服务地方经济社会发展为使命的地方性院校，培养能推动经济快速增长的各行各业的从事技术开发、应用研究的应用型人才；另一方面，产业结构的转型升级是经济结构调整的必然趋势，随着我国走新型工业化发展道路和创新型国家战略的推进，对高级技术人才提出了更高的需求。根据对生产企业人才需求的调查，明确需求人才为

① 施芝元．办好共建专业为经济特区培养更多合格人才——浅议应用型工科本科教育［J］．发展研究，1997（8）：46 -47.

② 王莹．应用技术大学定位研究［D］．上海：华东师范大学．2016.

应用型人才的企业占 66.2%，需求创新开拓人才的企业为 13.7%，既需要应用型人才又需要创新型人才的企业占 9.8%①。

而且随着产业结构的升级、社会分工专业化程度的提高，人才需求的类型和规格多样化，新的专业技术性岗位不断产生。据统计，目前我国每年新增专业性岗位 40～50 种②，多种技术岗位的产生使人才需求的类型和规格发生着变化，人才需求的类型和规格随着社会专业分工的发展呈现多样化的趋势。这就需要高等教育的人才培养具有适应性和个性，从而满足不同层次、不同规格的用人需求。

（二）高等教育大众化的发展与推进

20 世纪 70 年代以后，马丁·特罗的高等教育大众化理论开始被我国高等教育学术界所关注和重视。20 世纪末，为了应对亚洲金融危机，进一步刺激国内消费市场和拉动内需，我国政府开始加快高等教育大众化的步伐。1998 年教育部公布了《面向 21 世纪教育振兴行动计划》，1999 年 1 月获得国务院批复正式公布，成为我国高等教育大众化启动的标志。该文件作为我国 21 世纪教育的行动纲领，提出了未来高等教育发展的两大重大战略构想：一是"积极稳步发展高等教育"。二是要全面振兴教育事业，实现高等教育规模较快发展，到 2010 年高等教育毛入学率要达到 15% 的指标。1999 年在北京召开的第三次全国教育工作会议，进一步明确了要扩大现有普通高校的招生规模，尽可能满足人民群众接受高等教育的要求。随后，中央政府发布《关于深化教育改革，全面推进素质教育的决定》，再次强调"要扩大高等教育规模，通过多种形式积极发展高等教育，并再次提出到 2010 年将我国适龄人口高等教育入学率从现在的 9% 提高至 15% 左右"。

在政府推进"高等教育大众化"的导向下，高等教育进入规模急剧扩张时期，并在较短时间内完成了高等教育规模由精英向大众高等教育的转变。尽管我国高等教育大众化是政府主导的，并非是高等教育内部发展使然，但不可置否的是我国高等教育规模得到了快速扩张，高校在校生人数急剧上

---

① 邵波．我国高等教育大众化进程中的应用型本科教育研究［D］．南京：南京师范大学．

② 李彬．产业结构的调整与人才需求及其培养模式［J］．高等工程教育研究，2006（5）：70－74．

升。1999 年我国普通本专科招生总数 159. 68 万人，比上年的 108. 36 万人增加 51. 32 万人，增长 47. 5%，成为新中国成立以来高校招生增幅最大的一年，此后连续 8 年时间内，我国高等教育的年招生量和在校生规模一直保持较大的增长幅度，2002 年我国普通高等教育招生数达 320. 50 万人，在校生人数达 903. 36 万人，高等教育毛入学率达 15%，进入高等教育大众化阶段。截至 2008 年，我国普通高校招生 607. 66 万，高校在学人数达 2097 万人，毛入学率为 23. 3%。至此，中国已超越美国，成为世界高等教育规模最大的国家。在此过程中，部属高校和重点高校则基本上保持了原有的规模，而地方性高等学校的数量显著扩大。

不可否认，我国高等教育规模在短期内实现了迅速扩充，高校招生人数、入学人数和在校生数量等指标均得到迅速提升，满足了人们对接受高等教育的急迫需求，对我国现代化建设的发展起到了重要的推动作用。

（三）高等院校分类定位的客观要求

截至 2011 年，全国共批准设置新建本科院校 278 所，其中大部分是从原有专科层次升格而成的。这些新建本科院校在长期的办学过程中逐步形成了“以就业为导向，为生产、建设、管理、服务第一线培养应用型人才”的办学模式，为地方经济建设发展做出了较大贡献，其办学特色也得到了行业与企业的认可。

但是，由于我国传统的本科是单一的学术性、理论型本科教育模式，而且很多“升本”院校是在原有高等职业院校的基础上进行的，因此就面临在传统本科与新兴的高职高专院校的夹缝中求生存的紧迫问题。一方面，升格为本科院校，在“老本科院校”中处于弱势与末流地位，如果一味模仿和遵循传统本科的发展模式，则只能处于追随和追赶，跟不上发展速度和要求；另一方面，在专科时期形成的办学特色如何在本科教育时期保持发展，并提升到本科教育层次和水平等一系列问题，也伴随着升本而愈发凸显。在处于发展道路选择的十字路口时，部分新建本科院校有盲目跟从传统学术性、研究型大学发展的趋势。事实上，这些院校有许多共同特征决定了其不适合走研究型高等教育的发展道路。如本科办学时间不长，多数为地方管理院校，或原为行业所属院校，随着高等教育管理体制的变革被划归地方管理；以本科层次教育为主，少数兼有少量的研究生教育；有一定的科研能力，但科研能力不强，而且其科研大多是原专科时期适应行业和地方需要的科技开发型研究。

在上述情况下，如果定位为传统的学术型高等教育为其发展方向，盲目跟随和攀高，则既不符合社会发展对人才多样化、多规格、多层次的需求，也违背了大众化高等教育的发展规律。因此，这些新建本科院校都面临着向何方发展，定位在何方的严峻挑战，都在思考发展什么和如何发展的问题。

二、发展的历程

我国应用型本科的发展以 1999 年高等教育大规模扩招和 2013 年应用技术大学（学院）联盟成立为重要节点，大致可分为三个发展阶段。

（一）萌芽阶段：1999 年之前

从新中国成立到高等教育扩招前期，是我国应用型本科教育的萌芽阶段。新中国成立后至 1955 年，我国没有地方政府管理的高校，1958 年 9 月，中共中央发布《关于教育工作的指示》，187 所原中央部（委）所属高校下放给地方政府，从而我国首批地方高校产生。截至 1978 年，全国普通高校 598 所，其中教育部高校 38 所，其他部（委）属高校 217 所，省属高校 343 所①。1986 年国务院发布了《高等教育管理职责暂行规定》，进一步强化地方办学的责任和权力。1995 年国家教委经国务院批准发布《关于深化高等教育体制改革的若干意见》，不仅推动了中央与地方共建、共管高校，还促进了高校之间的合并与合作。1998 年，国家启动办学体制改革，国务院作出《关于调整撤并部门所属学校管理体制的决定》，随后又下发《关于调整撤并部门所属学校管理体制实施意见的通知》，将国务院九部委所属的 165 所高校中，除北京科技大学、东北大学等 10 所学校划入中央办学体制，由教育部管理外，其余全部下放地方管理。这些政策文件为之后地方本科院校的

---

① 胡万山．中国应用型本科教育发展 70 年：历程，经验及展望［J］．黑龙江高教研究，2020（7）：34－38.

快速发展提供了引导和保障。

在本科教育人才培养上，初期为培养社会主义建设急需的应用型人才，我国全面学习苏联高等教育模式，进行了大范围的高校院系调整，形成了以培养“专才”为核心的人才培养体系。自20世纪80年代，教育提出要加强应用性人才培养，要把本科教育培养目标的“专门人才”基本定位修改为“实际工作者”。1990年国家教委下发的《关于深化改革高等理工教育的意见》中提出：“把多数理科毕业生培养成为适应实际应用部门需要的、具有良好科学素养的应用性人才，促进理科人才流向厂矿企业和其他应用部门是今后一个时期高等理科教育改革的重点。”在1993年的《中国教育改革和发展纲要》中明确提出“重点发展应用性学科和专业，重视培养社会主义建设急需的高层次应用型和复合型人才”，这些政策直接促进了应用型本科办学模式的初步形成，使得应用型本科办学有了立足地方发展的政策依据和改革方向。

但从整体上看，这一阶段的“应用型本科”基本上是一个单纯的学术性概念，仅在一些相关研究、学术研讨会中有所提及，学校办学处于摸索阶段，还未真正从实践或政策层面明确应用型本科教育的内涵、性质、特征等，应用型本科办学模式还处于萌芽中。

（二）探索阶段：1999～2013年

从高校扩招到国家有意识地引导和发展应用型本科教育之前，是我国应用型本科的探索阶段。为了适应社会经济持续快速发展，1999年国务院决定大幅扩大高等教育招生规模。中共中央国务院在同年发布的《关于深化教育改革全面推进素质教育的决定》中明确提出，要通过各种形式积极发展高等教育。2001年，教育部发布的《关于做好普通高等学校本科学科专业结构调整工作的若干原则意见》，提及“随着我国高等教育规模的扩大及产业结构调整步伐的加快，社会对高层次应用型人才的需求将更加迫切，高等学校尤其是地方高等学校，要紧密结合地方经济发展需要，科学运用市场调节机制，合理调整和配置教育资源，加强应用型学科专业建设，积极设置主要面向地方支柱产业、高新技术产业、服务产业的应用型学科专业，为地方经济建设输送各类应用型人才”。2006年成立中国高等职业技术教育研究会应用型本科教育工作委员会，2007 年成立全国高等学校教学研究会应用型本科院校专门委员会，2008 年成立“全国新建本科院校联席会议”。2010 年，在国家颁布的《国家中长期教育改革和发展规划纲要（2010～2020 年）》中提出：我国高等教育要“适应国家和经济社会发展需要”“重点扩大应用型、复合型、技能型人才的规模”，着力培养“高素质专门人才和拔尖创新人才”；2012 年《国家教育事业发展第十二个五年规划》又提出：“扩大应用型、技能型人才培养比例，地方高等学校以培养应用型、技能型人才为主。”

这一时期，随着高等教育大众化的推进，高等教育机构向着多样化发展，除了已经存在的地方本科院校，还有将国有资产与社会资本相结合，依托公办大学创立的独立学院，如浙江大学城市学院等；有新创办或由民办专科高校升格而来的本科高校，如北京城市学院、西安培华学院等；还有由国家公办专科高校升格而来的本科高校，如保定学院、安康学院等。这些高校在创办或升格转型后基本都定位于“教学为主”“面向地方”“全面应用”，被学界统称为“新建本科院校”。截至 2013 年，我国共有普通高校 2491 所，其中，公办地方本科院校、民办普通本科院校、独立学院分别达到 668 所、100 所和 292 所①，大部分高校在办学实践中提出举办“应用型本科教育”的主张，着力培养本科层次应用型人才，为我国经济社会发展做出了重要贡献。

然而，由于“重学轻术”等传统思想根深蒂固，本应作为技术应用型人才培养中坚力量的地方本科高校，却长期沿用研究型高校的思路办学，造成人才供求结构性矛盾突出，地方本科高校毕业生的就业情况令人堪忧。根据应用技术大学（学院）联盟 2013 年秋季发布的报告显示，在地方本科院校，尤其是在 1999 年以后成立的地方本科院校的毕业生中，存在大量未就业和专业不对口就业的现象，少部分就业的学生反映就业满意度不足，质量不高。这表明地方本科院校的人才培养缺陷越来越明显，如果不加快地方本科院校的转型发展，它们有可能会在社会经济和高等教育改革中被淘汰②。

为了解决地方本科院校人才培养规格与社会人才需求结构相脱节的问题，国家教育部提出地方本科院校要向应用技术大学转型。2013 年初，教育

① 谢焕忠．中国教育统计年鉴［M］．北京：人民教育出版社，2013.

② 龙惜雨．我国地方本科院校向应用技术型高校转型的困境与对策研究［D］．重庆：西南大学，2015.

部启动地方本科高校转型发展和应用技术大学改革试点战略研究工作，来自13个省（市、自治区）的共33所地方本科院校以及多个科研院所参与了项目研究。2013年6月，在教育部的推动与指导下，国内35所地方本科院校发起成立应用技术大学（学院）联盟，致力于中国应用技术大学的建设与发展，为地方高校转型发展提供经验，促进中国高等教育的分类管理，完善现代职业技术教育体系。

（三）发展阶段：2014年至今

2014年以来，国家大力发展现代职业教育一系列政策的出台，推进我国应用型本科教育步入了转型发展时期。

2014年6月，国务院《关于加快发展现代职业教育的决定》首次从国家政策层面明确提出“引导普通本科院校向应用型院校转型”的要求。随后，教育部等六部门印发《现代职业教育体系建设规划（2014～2020年）》，明确“应用技术类型高等学校是高等教育体系的重要组成部分，与其他普通本科学校具有平等地位”，并指出应用技术大学是“直接服务区域经济社会发展，举办本科职业教育为重点，融职业教育、高等教育和继续教育于一体的新型大学”。2015年三部委联合出台的《关于引导部分地方普通本科高校向应用型转变的意见》中，对引导部分地方本科高校向应用型转变做出了全面部署。国家有计划地引导和发展应用型本科教育，也标志着我国应用型本科发展步入了全新的发展阶段。

当前，“应用型本科”已成为我国高等教育体系的重要组成部分，成为地方本科院校办学实践与高职院校转型发展的重要方向，是国家教育发展的一项重要战略。国家通过一系列政策举措，进一步明确大力发展应用型本科教育的战略导向。在前期系统顶层设计的基础上，《国民经济和社会发展第十三个五年规划纲要》《国家教育事业发展“十三五”规划》《国家职业教育改革实施方案》等重要文件都再次强调了“推进具备条件的普通本科高校向应用型转变”的政策要求，并出台了《国务院办公厅关于深化产教融合的若干意见》、实施了“‘十三五’应用型本科产教融合发展工程”等重点推进应用型本科教育高质量发展的政策文件，促进我国应用型本科教育进入了转型发展时期。

第二节　地方本科的转型

面对经济结构深刻调整、产业升级加快步伐、社会文化建设不断推进特别是创新驱动发展战略的实施，我国高等教育结构性矛盾更加突出。为此，我国迫切需要引导部分地方本科高校向应用型转变，回归本质、担当起自己的社会责任，走与地方经济社会发展和产业技术进步融合发展之路，直接面向地方和行业发展需求培养应用人才，践行自己为地方经济社会和学习者发展创造更大价值的历史使命，全面增强服务区域经济社会发展的能力，为全面建成小康社会提供有力的支撑①。欧洲高等教育在20世纪60年代，为了解决产业发展对高端人才的需求，也提出过转型。

一、国家展开顶层设计

引领地方普通本科高校向应用型转变目的：是要引导高校把办学思路真正转到服务地方经济社会发展上来，把办学定位转到培养应用型技术技能型人才上来，转到增强学生就业创业能力上来，把办学模式转到产教融合校企合作上来，形成科学合理的高等教育结构，提高人才培养质量②。为形成转型发展的政策体系和激励机制，更好地促进这些高校直接面向地方和行业发展需求培养应用人才，为全面建成小康社会提供有力的支撑，国家进行了系统设计。

2014年6月23日国务院召开的全国职业教育工作会议做出了引导一批普通本科高校向应用技术型高校转型发展的战略部署，《国务院关于加快发展现代职业教育的决定》《现代职业教育体系建设规划（2014～2020年）》对转型发展提出了明确要求。2015年10月23日，教育部、国家发改委、财

① 邓泽民，董慧超．地方普通本科高校向应用型转变的探索［J］．中国职业技术教育，2016（32）：77－82．

② 任淑淳．新建应用型本科院校共性问题研究［J］．教育发展研究，2003，23（11）：58－60．

政部印发了《关于引导部分地方普通本科高校向应用型转变的指导意见》进一步明确了普通本科高校向应用型转变的主体是学校，责任在地方。指出：要“确立应用型的类型定位和培养应用型技术技能型人才的职责使命”“建立以提高实践能力为引领的人才培养流程，率先应用‘卓越计划’的改革成果，建立产教融合、协同育人的人才培养模式”“建立适应应用型高校的人才培养、科学研究质量标准、内控体系和评估制度”“建立高校分类体系，实行分类管理，制定应用型高校的设置标准”“各地要结合本地本科高校的改革意愿和办学基础，在充分评估试点方案的基础上确定试点高校”“加大改革试点的经费支持”。2015 年 10 月 26 日召开的党的十八届五中全会审议通过的《中共中央关于制定国民经济和社会发展第十三个五年规划的建议》明确提出“优化学科专业布局和人才培养机制，鼓励具备条件的普通本科高校向应用型转变”，这为“十三五”时期我国高等教育改革发展指明了方向，进一步坚定了地方普通本科转型发展的信心。

2017 年国务院印发《国家教育事业发展“十三五”规划》，明确提出要“优先发展应用技术类型高校、小规模有特色学院”“推动具备条件的普通本科高校向应用型转变”“到“十三五”末，建成一批直接为区域发展和产业振兴服务的中国特色高水平应用型高校，形成科学合理的高等教育结构”。2019 年《国家职业教育改革实施方案》指出要“推动具备条件的普通本科高校向应用型转变，鼓励有条件的普通高校开办应用技术类型专业或课程”。2020 年，中共中央国务院印发《深化新时代教育评价改革总体方案》提出“探索建立应用型本科评价标准，突出培养相应专业能力和实践应用能力”。

二、省级统筹启动试点

（一）各地转型试点学校的分布

到 2019 年，据不完全统计，有 25 个省（自治区、直辖市）正式发文确定了 334 所高校整体转型，122 所高校部分转型以及 438 个专业（集群）转型。这些省（自治区、直辖市）地方本科高校数量、转型高校数量和高校占全部高校的比例见表 2 – 1。

表 2-1　全国部分省（自治区、直辖市）地方本科高校转型情况

序号	省市	地方本科高校数	转型学校数量	比例	备注
1	河北省	59	10	16.94%	整体转型
2	山西省	33	8	24.24%	整体转型
3	辽宁省	64	51	79.69%	21 所高校和另 30 所高校的 200 个专业分别承担学校整体和专业转型试点
4	吉林省	37	33	89.19%	整体转型试点高校 9 所、二级学院转型试点 4 个、专业（集群）转型试点 20 个
5	黑龙江省	39	24	61.54%	整体转型与部分转型相结合
6	上海市	39	25	64.10%	应用型本科试点专业（已公布 6 批，共 152 个专业试点）
7	江苏省	77	27	52.90%	整体转型
8	浙江省	59	41	69.49%	整体转型
9	安徽省	46	22	47.82%	整体转型
10	福建省	39	31	79.49%	整体转型试点 18 所，专业群试点 13 个
11	江西省	45	10	22.22%	整体转型
12	山东省	68	26	38.24%	整体转型
13	河南省	57	15	26.32%	整体转型
14	湖北省	67	18	26.87%	整体转型
15	湖南省	51	3	5.89%	整体转型
16	广东省	67	14	20.90%	整体转型
17	广西壮族自治区	38	19	50.00%	整体转型与部分转型相结合
18	海南省	8	3	37.50%	整体转型
19	重庆市	26	18	69.23%	整体转型与部分转型相结合
20	四川省	52	16	30.77%	整体转型与部分转型相结合
21	贵州省	29	11	37.93%	整体转型
22	云南省	32	23	71.88%	整体转型与部分转型相结合
23	陕西省	56	14	25.00%	整体转型
24	甘肃省	22	8	36.40%	整体转型
25	宁夏回族自治区	8	7	87.50%	5 所整体转型试点高校、4 个二级学院转型试点单位、1 个专业集群转型试点单位

（二）各地统筹推动转型的做法

截至2019年底，全国各省（市、自治区）正式出台了推动地方本科转型的政策措施。其中，22个省（市）出台的是实施意见，10个省（市）出台了具体的实施方案，有8个省（市）明确提出设立专项经费、资金用于支持转型，此外，在招生、师资等方面也采取了措施，但力度大、可操作性的政策还不够。具体见表2－2。

表2－2　全国各省（市、自治区）出台地方本科高校转型政策情况

序号	省市	时间	政策文本	政策措施
1	河北省	2015	《普通本科高等学校转型发展试点工作实施方案（征求意见稿）》	设立专项补助资金用于支持试点学校转型发展，与各试点学校签订《本科高校转型发展试点任务书》。
		2016	《河北省本科高校转型发展试点工作实施方案》	到2020年，建成10所左右普通本科高校转型发展示范校。
2	山西省	2018	《山西省促进产教融合实施方案》	推动一批普通本科院校向应用技术型转变。
3	辽宁省	2015	《辽宁省人民政府关于加快发展现代职业教育的意见》	支持试点高校和试点专业校企合作项目列入省财政支持企业技术创新资金重点支持范围。
		2016	《辽宁省本科高校向应用型转变试点学校指导性评价指标体系（试行）》 《辽宁省本科高校向应用型转变试点专业指导性评价指标体系（试行）》	2个指导性评价指标体系均包括一级指标、二级指标和评价要素三个部分。
4	吉林省	2015	《中共吉林省委、吉林省人民政府关于加快发展吉林特色现代职业教育的实施意见》	支持20所左右普通本科院校和部分高校的分院（专业）向应用技术类型转型。
		2016	《吉林省教育厅关于推动省属普通本科高校向应用型转变的实施意见》	按照试点一批、带动一片的要求，确定一批有条件、有意愿的试点高校率先探索应用型（含应用技术大学、学院、专业群）发展模式。

续表

序号	省市	时间	政策文本	政策措施
5	黑龙江省	2018	《黑龙江省教育厅关于引导地方普通本科高等学校向应用型转变的实施方案》	经过四至五年的建设，建成10所左右地方高水平应用型本科示范高校和10大类100个左右应用型本科示范专业（集群）。
6	上海市	2015	《上海高校应用型本科试点专业建设管理意见》	将应用型本科试点专业建设作为上海市应用型本科院校转型发展的助推剂，形成从中职，高职到应用本科，直至专业学位研究生的完整培养体系。
		2018	《上海市地方高校应用型本科试点专业建设项目专项经费管理办法》	专项经费用于支持建设方案中研制特色鲜明的人才培养方案、构建以技术技能为本的课程体系、深入推进教学方法改革、形成校企联合运行机制、完善实践教学条件、打造特色师资队伍、深化国际合作与交流和加强专业建设管理等重点建设任务。
7	江苏省	2014	《江苏省政府关于加快推进现代职业教育体系建设的实施意见》	鼓励应用技术型本科高校将专业设置由学科定位转向职业岗位分类，倾斜支持品牌专业建设，扩大应用本科高校招收中高职毕业生规模。
		2018	《省政府办公厅关于深化产教融合的实施意见》	出台专项激励政策，建设10所高水平应用型本科院校。
8	浙江省	2015	《关于积极促进更多本科高校加强应用型建设的指导意见》	择优遴选应用型本科院校进行重点指导，专业学位设置及专业研究生计划分配应重点向高水平应用型高校倾斜；支持应用型本科高校开展国际合作办学，多形式引进优质教育资源，参与国内外专业认证。
9	安徽省	2014	《安徽现代职业教育体系建设规划（2014～2020年）》	引导本科院校向应用技术型高校转型，到2020年，建10所应用技术型示范本科院校。
		2019	《安徽省职业教育改革实施方案》	重点建设10所左右高水平应用型本科院校，普通本科高校新增招生计划主要用于高层次技术技能人才培养，逐步扩大应用型本科高校面向职业院校毕业生的招生计划，2022年达到招生总计划30%以上。

续表

序号	省市	时间	政策文本	政策措施
10	福建省	2015	《福建省教育厅 福建省发展和改革委员会 福建省财政厅关于开展普通本科高校向应用型转变试点工作的通知》	支持组建应用型本科高校联盟，建立转型试点工作年度报告制度，试点项目进展情况纳入高校办学绩效拨款范围。
11	江西省	2014	《关于在全省普通本科高校开展转型发展试点工作》的通知	省级财政支持地方高等教育的专项资金，将对试点高校予以倾斜；在试点高校设立“江西产业特聘教授”岗位；支持有条件的试点高校探索建立“应用技术本科—专业学位研究生”一体化人才培养体系。
12	山东省	2019	《山东省教育厅等 11 部门关于办好新时代职业教育的十条意见》	系统构建从中职、专科、职业教育本科、应用型本科到专业学位研究生的培养体系。
13	河南省	2014	《河南省人民政府关于加快发展现代职业教育的意见》	同步启动院校整体转型、专业转型试点，开展“3 +4”中职与应用技术类型本科贯通试点； 2014 年省财政投入 1 亿元专项资金，对转型发展成效显著的高校予以重点支持。
		2016	《河南省教育厅 河南省发展和改革委员会 河南省财政厅关于引导部分本科高校向应用型转变的实施意见》	强化省级统筹建设应用型高校的责任，引导转型发展高校强化功能定位和特色发展意识。
14	湖北省	2014	《关于在省属本科高校中开展转型发展试点工作的意见》	支持试点高校和科研机构实行合作、联合和合并重组；“湖北产业特聘教授”优先在试点高校设岗；试点高校来自中高职优秀毕业生的招生比例逐步达到 15% 以上。
15	湖南省	2015	《湖南省教育综合改革方案（2015 ~ 2020 年）》	出台推动地方本科高校向应用技术型发展的政策措施，组织开展省级试点；建立健全高校分类管理体系；推动高校建立专业退出机制和学位授权点自主调节机制；建立应用型人才培养行业企业协同机制。

续表

序号	省市	时间	政策文本	政策措施
15	湖南省	2020	《湖南省职业教育改革实施方案》	推动具备条件的普通本科高校向应用型转变，鼓励有条件的普通高校开办应用技术类型专业或课程；开展本科层次职业教育试点；探索优质高职院校升格为应用型本科高校。
16	广东省	2015	《广东省人民政府关于创建现代职业教育综合改革试点省的意见》	引导一批本科高等学校向应用技术类型高等学校转型发展，鼓励独立学院转设为应用技术类型高等学校。
17	广西壮族自治区	2014	《广西壮族自治区人民政府关于贯彻国务院关于加快发展现代职业教育的决定的实施意见》	到2020年，建成6所普通本科转型发展示范校，重点建设450个（300个中职、100个高职、50个应用技术型本科）。
		2019	《广西壮族自治区地方应用型本科院校建设评价指标（试行）》	包括一级指标（8项）、二级指标（23项）和考察评价要素及指标三个部分。
18	海南省	2015	《海南省人民政府关于加快发展海南省现代职业教育的实施意见》	引导本省2～3所普通本科高等学校转型为应用技术类型高等学校。
		2016	《关于推动本科高校向应用型转变的实施意见》	到2020年，建成1～2所省级转型发展示范学校和一批应用专业（群），形成示范和辐射引领的作用。
19	重庆市	2015	《重庆市人民政府关于加快发展现代职业教育的实施意见》	探索中职与应用本科一体化的“3+4”人才培养模式；鼓励应用技术本科院校与示范性（骨干）高职院校合作办学；增加专业学位研究生和应用技术本科生数量。
		2019	《重庆市深化职业教育改革实施方案》	到2022年，6所以上普通本科高等学校向应用型转变。
20	四川省	2014	《四川省现代职业教育体系建设规划（2014～2020年）》	引导200个本科专业（群）、50个二级本科院系、部分地方本科高校开展转型改革试点。
		2016	《四川省关于引导部分地方普通本科高校向应用型转变的实施意见》	力争到2020年，全省建成15所普通本科转型发展示范院校、200个应用型示范专业。

续表

序号	省市	时间	政策文本	政策措施
21	贵州省	2015	《贵州省职业教育条例》	引导部分普通本科高等学校向应用技术类型本科高等学校转型，鼓励、支持普通本科高等学校开设应用技术类型专业。
22	云南省	2014	《云南省教育厅关于推动部分本科高校转型发展的实施意见》	以2000年以来成立的新建本科高校为重点，试点包括公办本科高校、独立学院和民办本科高校，并采取综合试点和单项试点两种转型试点方式；设立试点专项经费。
		2017	《云南省教育厅关于推动部分本科高校转型发展的实施意见》	本科高校转型发展试点项目，采取综合试点和单项试点两种转型试点方式，综合试点有所侧重，单项试点兼顾面上和一般。
23	陕西省	2015	《陕西省现代职业教育体系建设规划（2015～2020年）》	探索开展与应用型本科院校联合培养本科层次技术技能人才。
24	甘肃省	2015	《甘肃省教育厅关于引导部分省属本科院校向应用技术型大学转型发展》的通知	从办学体制改革、项目资金投入、招生计划、教师队伍建设、校企合作、技术创新、国际交流等方面加大对试点学校的支持力度。
25	青海省	2015	《青海省人民政府贯彻落实国务院关于加快发展现代职业教育决定的实施意见》	支持省内有条件的普通高等学校整体或部分向应用技术类高等学校转型。
26	宁夏回族自治区	2015	《宁夏回族自治区党委人民政府关于加快发展现代职业教育的意见》	试办“宁夏应用技术联合大学”；探索建立高级技能型人才通过应用本科教育对口培养的制度。

三、地方本科转型实践

近几年，地方本科转型实践持续升温，从全国地方本科转型实践分析，主要分为整体转型和部分转型两种。

（一）整体转型

整体转型是指学校作为一个整体在学校的办学定位、办学思路、学科专业、人才培养、课程教材、师资队伍、科学研究、社会服务、办学条件、学校文化等各个方面进行的全方位转型。

整体转型的学校主要是近年升格的地方本科院校。这些高校一部分是师专升格的。这些高校转型的任务十分繁重，不但要从师专到本科进行层次的提升，更艰巨的是从师范教育到应用教育的转型。另一部分是民办高职升格的。这些高校转型的任务相对轻一些，但实现从高职到应用本科的层次整体转型也需要花费较长时间。

从知网文献看，师专升格的地方本科院校强烈意识到了其发展必须进行整体转型，并积极开展转型实践。虽然这类地方本科高校纷纷聘请专家指导，甚至跟踪指导，开展了全员教师培训，采购了大量的实训设备，但效果并不理想。主要问题是由于对应用技术大学没有本质认识，加之转型没有整体规划，致使转型策略不清晰、措施不得力。民办高职升格的地方本科院校，在长期的职业教育实践中，认识并实践着应用型教育，虽然一个是职业教育，另一个是专业教育，但其教育理念，特别是课程与教学理论与方法是相通的。因此，它们的整体转型一般都较为顺利。

（二）部分转型

部分转型是指学校的部分系、专业的转型。在部分转型的学校中，一类是选择出学校的一个或者几个二级学院或者专业进行转型试点，目的是通过部分转型积累经验、建立信心，为最终过渡到整体转型做准备；另一类是在保留学校学术优势的同时，在一定范围内发展应用型教育，从而形成二者和谐共存的中间状态。

一般先拿出学校的一个或者几个二级学院或者专业进行转型试点的学校是地方本科院校中学校规模较大的学校。这不但是为了积极稳妥，更有资金、人力、物力的支撑不够。保留学校学术优势的同时，在一定范围内发展应用型教育的学校一般是办学历史较长的地方本科院校。

四、学界研究关注转型

长期以来，我国高校普遍重视学术型人才培养，但随着现代经济社会的发展，对人才多样性的需求增加，学界开始认识到应用型人才的重要性。从关注应用型人才培养到提出本科转型经历了20多年，截至2021年4月，在知网，以“本科转型”为篇名进行检索，相关文献达2336篇（见图2－1），对本科转型定位、政策、人才培养、师资及国际借鉴方面有了一定的研究，但从文献发表数量及趋势来看，在2014年之前学界关于本科转型的研究较少，从2014年开始，关于本科转型的研究逐渐增多，但在2016年之后又呈下降趋势。

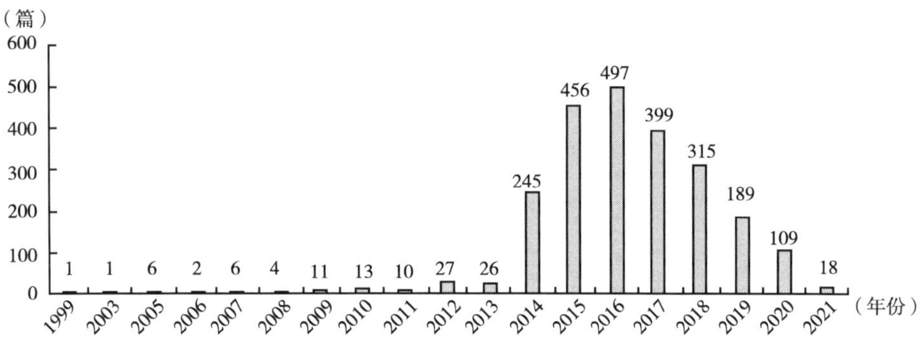

图2－1　1999～2021年关于“本科转型”的文献研究数量情况

（一）关于本科转型定位的研究

地方本科高校转型首先需要搞清楚现在地方本科高校的办学定位和转型后的办学定位。文献研究表明，目前探讨地方本科院校转型定位的论文专著为数不少。这些研究通常都认为，新建地方本科院校办学定位应该以培养应用型人才为主，特色办学，服务地方，以质取胜等。如任淑淳认为，应用型本科院校的定位，在为中小企业服务方面，其专业设置、课程改革、人才培养计划等必然充满着企业味①。王丹中认为，一所普通本科院校转型为应用技术大学，其办学定位及由此产生的办学要素配置的调整变化是全方位的，是人才培养模式的“质变”②。陈新民认为，地方本科高校在办学定位上还

① 任淑淳．新建应用型本科院校共性问题研究［J］．教育发展研究，2003，23（11）：58－60．

② 王丹中．基于战略视角的应用技术大学发展路径——兼论当前应用技术大学发展中亟需关注的若干问题［J］．教育发展研究，2014，34（17）：6－11．

是普遍存在着不足，办学定位细化不够，尚未细化到课程、课堂等具体教学环节中①。张大良认为，地方本科高校在办学定位上，必须坚持以地方需求和学生就业为导向，立足“地方性”“应用型”“重特色”的办学定位，确定学校发展目标，明确发展思路，设计发展路径②。

从能够检索到的文献分析，专门、系统研究本科转型定位问题的文献比较少，而且关于高校转型前后办学定位的比较与研究的文献没有发现。

（二）关于本科转型政策的研究

本科转型政策对于引领部分地方本科高校向应用型转变十分重要。贾东荣认为，山东省近期出台的相关政策文件中，没有对应用型人才或应用型本科给予明确的内涵界定③。施晓光、游蠡认为，未来新建地方本科院校转型的挑战主要来自三个方面，即：观念、制度与行动。观念的挑战主要就是怎样理解“应用型本科”即转型的目标问题；制度的挑战其实主要回应的是平等地位、学术惯性与系统的开放性问题；行动的挑战在于地方本科院校在转型过程中缺乏必要的经验，譬如怎样构建校企合作的机制、怎样实现师资队伍的双师型转化等。而针对这一问题，目前的政策设计更多的是从转型实践领域指导的角度对院校提出方向要求④。张大良认为，引导部分地方本科高校转型发展是一项系统工程，涉及办学的方方面面和人才培养的各个环节，需要整体谋划，综合施策，统筹推进⑤。张琪午在梳理了2013～2015年国家和地方层面推进地方本科院校的政府要求和政策内容后，认为国家层面推进本科高校转型工作主要体现出三大特征，即：领导高度重视、政策体系初步形成、国家教育行政部门有序推进⑥。

虽然有学者对转型政策进行了一些研究，但可以看出系统性还不够。

---

① 陈新民．地方本科高校转型：分歧与共识［J］．教育发展研究，2015（7）：18－22.

②⑤ 张大良．把握“学校主体、地方主责”工作定位 积极引导部分地方本科高校转型发展［J］．中国高等教育，2015（10）：25－31.

③ 贾东荣．省属本科院校转型的现状、问题与对策［J］．山东高等教育，2014（4）：17－24.

④ 施晓光，游蠡．政策行动视角下的回顾与反思——新建地方本科院校转型的实践分析：基于政策行动研究的新视角［J］．景德镇高专学报，2015（4）：1－6.

⑥ 张祺午．地方本科院校转型：政策，实践与研究——地方本科院校转型：政府思路与政策设计［J］．职业技术教育，2015（12）：10－16.

为此，应对国家和地方已出台的政策进行了梳理，并对加大转型政策的研究。

（三）关于本科转型人才培养的研究

人才培养是本科转型的核心问题。学界对本科转型后的人才培养模式进行了研究。徐理勤、顾建民认为，应用型本科人才培养模式的构建应做到明确应用型本科人才培养规格，调整和优化人才培养方案，还要确保人才培养方案的实施①。普林林认为，应用型本科人才培养模式需要根据社会经济发展对人才的需求，适时调整培养目标、专业项目、课程设置、培养过程以及产学模式等，实现应用型人才知识体系、能力结构和综合素质的最佳培养途径②。刘焕阳、韩延伦认为，应用型人才培养体系建设应立足学科专业建设、课程和教学体系建设、教学支持和保障体系建设三大系统工程，强化以应用型人才培养为导向的学科专业建设，强调以应用型人才培养为目标的课程和教学体系建设，完善以提升应用型人才培养质量为指导的教学支持和保障体系建设③。石海信以钦州学院石化专业为例，认为应实施政产学研用结合的人才培养模式④。余孟辉认为，“应用型”人才培养的课程建设必须以专业为导向⑤。

关于应用型本科人才培养方面的研究是比较多的，但由于我国地方本科普通高校转型刚刚起步，应用型本科人才培养研究还需要进一步深入，特别是要总结我国应用型本科人才培养的经验，并借鉴国外应用科技大学人才培养的经验。

---

① 徐理勤，顾建民．应用型本科人才培养模式及其运行条件探讨［J］．高教探索，2007（2）：57－60.

② 普林林．应用型本科教育解构及其人才培养模式的建构［J］．教育与职业，2009（27）：8－10.

③ 刘焕阳，韩延伦．地方本科高校应用型人才培养定位及其体系建设［J］．教育研究，2012（12）：67－70.

④ 石海信．本科院校的转型与应用型人才培养模式探索——以钦州学院石化专业为例［J］．钦州学院学报，2013（8）：54－58.

⑤ 余孟辉．地方本科院校转型发展引领下的“应用型”人才培养探微［J］．继续教育，2016（1）：22－24.

（四）关于本科转型师资的研究

在本科转型的过程中，师资转型是关键，师资水平跟不上，培养应用型人才就难以实现。在有关师资的研究文献中，涉及师资培养的文章很多，且普遍认识到转型中教师队伍建设的重要性，同时也指出我国地方本科院校的师资队伍建设方面存在结构不合理和缺乏实践经验等问题。朱士中认为，在转型发展的诸种要素中，人的思想转型是第一位的，整个师资队伍的“应用型”转型是十分必要的①。韩伏彬、董建梅以衡水学院为调查对象，对学校转型背景下的师资状态进行调查，结果显示，教师普遍认同并支持学校转型，但教师自身在教学和科研方面与转型要求存在不小差距②。应雄从教育教学改革实际和应用性办学特征出发，探索构建“双向多元”型师资，形成应用导向的评价机制、双向发展的提升机制和多元融合的管理机制③。程德华分析了新建本科教师的转型困难，提出应用技术大学应对教师岗位进行分类管理，可将教师岗位设为理论教学岗、实践教学岗和实践引导岗三类岗位④。

从师资转型研究的文献分析，笼统介绍师资队伍建设的文章比较多，而专题研究本科转型中的师资问题的文章还很少，而我国应用技术大学师资转型以及后续的培养、来源等问题的解决，又是应用技术大学办学成败的关键。

（五）关于本科转型国际经验的借鉴

本科转型为应用型大学，该如何转，转向何处，在我国没有现成的经验，所以不少学者把眼光投向国外的大学，以期借鉴国外高校转型的经验对我国本科成功转型得出启示。关于德国应用科技大学的文献较多，而且开始

---

① 朱士中．论应用型本科高校师资队伍的转型发展［J］．当代教育科学，2010（9）：49－51.

② 韩伏彬，董建梅．地方本科高校转型背景下的师资队伍建设研究——基于衡水学院的调查［J］．高等教育研究：成都，2015，32（4）：43－45.

③ 应雄．“双向多元”型师资建设：地方本科高校转型发展的关键［J］．教育发展研究，2015，35（19）：46－52.

④ 程德华．教师分类：新建本科向应用技术大学转型的师资保障［J］．黑龙江高教研究，2015（2）：106－108.

关注德国应用科技大学的时间也很早。张富喜梳理了德国应用科技大学的改革历程并认为，在不断变革的过程中，德国应用科技大学形成了科学的人才质量保障体系，建构了具有创新性的教育学制，并与时俱进地推动办学模式改革[①]。董慧超系统分析了德国应用科学大学课程的特征，并认为，借鉴德国应用科学大学培养应用型人才的经验对于我国建设应用型本科，培养应用型人才有一定的价值[②]。还有不少学者从德国应用科技大学的培养目标、办学模式、专业设置、师资队伍、课程设置、人才培养模式等方面介绍其特点以及对我国本科转型的启示。虽然我国学者在关于德国应用科技大学办学经验对我国建设应用技术大学的启示作用方面达成一致，但专门研究关于德国高校如何成功转型或升格（合并）为应用科技大学的文章却罕见踪迹。

第三节　应用本科的定位

应用本科定位，对于欧洲和北美，都是在发展之初就明确了定位，区别于研究型大学的使命和责任，我国在 2010 年《国家中长期教育改革和发展规划纲要（2010～2020 年）》提出："引导高校合理定位，克服同质化倾向，形成各自的办学理念和风格，在不同层次、不同领域办出特色，争创一流。"引导高校合理定位，主要是应用型本科院校的定位问题，其定位的合理与否直接关系到我国高等教育应用型创新人才的培养。自 2014 年国务院颁布《关于加快发展现代职业教育的决定》，明确提出"引导一批普通本科高校向应用技术型高校转型"，关于"应用型本科"的研究就开始呈爆发式出现，这一点从知网发表的文献中可见一斑，在中国知网（CNKI），以"应用型本科"为篇名进行检索，截至 2021 年 4 月共有 19107 篇相关文章，其中关于应用型本科定位的文章仅 221 篇（见图 2－2）。虽然我国应用型大学经过了长期的探索实践，但其基本的价值定位一直停留在培养应用型人才，服务经济社会发展等，应用型本科的价值定位仍不清晰。

---

① 张福喜．德国应用科技型大学的变革趋势［J］．职业技术教育，2015（9）：70－73.

② 董慧超．德国应用科学大学课程研究［D］．秦皇岛：河北科技师范学院.

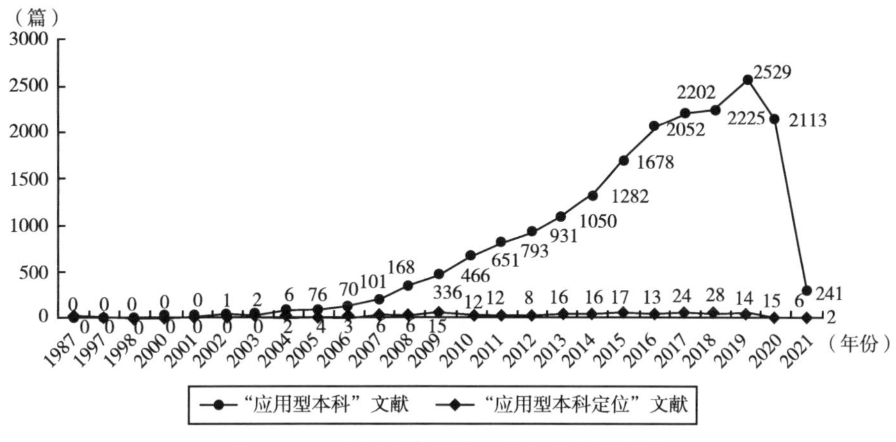

图 2－2　应用型本科及定位相关文献统计

一、发达国家应用大学定位

相比较而言，作为高等教育发达的国家，德国和加拿大的应用技术大学清晰、明确的办学定位在推动本国高等教育发展、实现高等教育大众化、形成高等教育合理的分类分层体系方面发挥了重要作用。"他山之石，可以攻玉"，通过对这两个国家高等学校定位的分析，借鉴他们成功的经验和做法可为我国应用型高校定位提供一定的参考。

（一）德国应用科学大学的定位

德国应用科学大学是在 20 世纪 60 年代末、70 年代初德国经济转型升级的大背景下，基于企业和社会对于既拥有良好的文化基础、掌握理论知识又具有实践能力和创新能力的高层次专业技术人员的大量需求，在原有的工程技术类学校基础上建立起来的。在其 50 多年的发展过程中，在应用性导向这一根本原则指导下，德国应用科学大学根据社会需求的变化对办学模式、专业设置和功能任务进行了不断地改革调整。德国联邦教育与研究部（BMBF）的数据显示，截至 2016 年德国已有 247 所应用科学大学，占到所有高等教育机构总量的 58%①。这些应用科学大学分散在德国各个州，与地

① 邓泽民. 建设教育强国我国应大力发展专业学位教育［J］. 中国职业技术教育，2018（4）：42－46.

方经济密切结合，针对区域产业结构和社会需求设置专业，并在人才培养、科学研究和学校管理等各个方面与地方企业深入合作，在与企业的良性互动中实现了双赢，成为区域经济发展的重要支撑，其毕业生极高的就业率和大比例的本地就业就是很好的证明。

1. 人才培养密切结合区域产业

德国应用科学大学隶属于各个联邦州，主要由各州政府管理和资助。应用科学大学的专业设置和人才培养也与地方经济密切结合。例如，在汽车制造业集中的地区，如奔驰公司总部所在的斯图加特地区和大众集团所在的沃尔斯堡，当地的应用科学大学都以工程制造、电子、汽车专业为特色，学生在学习过程中直接到这些企业进行实习，人才培养的针对性十分明确。再如，不莱梅应用科学大学就充分利用了港口城市的特色和近邻空中客车生产基地的优势，大力发展航空科技、船舶制造、航海技术等特色专业。这些学校在相关领域的科研实力和毕业生就业优势都十分突出。

德国应用科学大学的专业设置、人才培养也同样随着区域经济结构的调整和产业升级而进行调整。例如，多特蒙德应用科学大学位于德国莱茵河流域的传统工业区——鲁尔区，依赖天然煤炭资源优势和优越的地理位置，这一地区从 19 世纪工业革命一直到 20 世纪中期一直都是以煤炭、钢铁等资源型产业为特色的重工业基地。但是，随着鲁尔区在 20 世纪 70 ~ 80 年代进行产业结构调整，以煤炭、钢铁为核心的粗放型产业逐渐被由高新技术产业和服务业引领的资源节约型产业代替。特别是信息产业在这一地区有了长足发展，多特蒙德所在的北莱茵—威斯特法伦州计算机及信息技术的企业超过了 11 万家，各类电信公司有 380 多家。配合产业结构的调整对人才需求的变化，多特蒙德应用科学大学 80 年代以来先后开设了一系列新的专业，目前已经形成了以电子信息、计算机和通信技术为核心的专业群。

2. 为生产经营性部门培养人才

卡塞尔国际高等教育研究中心（The International Center for Higher Education Research，INCHER）的调查显示，应用科学大学毕业生在私营部门就业的比例高达 76%，而综合性大学毕业生则仅有 45% 在私营部门就业。应用科学大学毕业生在公共领域就业的比例仅为 17%，而综合性大学毕业生则高达50%。HIS对2001届高校毕业生的调查也显示，毕业五年之后，应用科学大学毕业生就业的主要经济领域是服务业（51%）和工业制造/建筑（30%），较少则从事教育、科研和文化工作（7%）。在私营经济部门，应用科学大学毕业生也受到大型企业的欢迎。从毕业生所在的企业类型看，个体企业占到45%，其次是跨国公司（40%）。正是由于毕业生主要服务于生产部门和第三产业，德国应用科学大学对于德国市场经济的繁荣发展而言具有重要的支持性作用。

由于与地方经济结合紧密，应用科学大学毕业生在本地区的就业比例很高。德国高校信息系统（Hochschul – Informations – System，HIS）的调查显示，高校学生毕业五年之后，应用科学大学工程和信息科学领域的毕业生中有57%的人在学校所在州就业，综合性大学毕业生中这一比例为46%。在经济类专业领域，则有48%的应用科学大学毕业生在本地就业，综合性大学同专业领域毕业生中在本地就业的比例仅为34%①。另外，一项针对巴伐利亚州高校毕业生就业状况的调查也显示应用科学大学毕业生在本地区就业的比例更高。在工商管理和信息技术两个专业领域，应用科学大学毕业生留在巴伐利亚州就业的比例分别高达73.4%和94%，同样的专业领域综合性大学毕业生留在本地就业的比例则分别为62%和90.2%。这也从一个方面反映出，应用科学大学的专业设置和人才培养与本地区经济产业结构、劳动力需求状况的联系更加紧密。

在今天的德国，综合性大学承担了培养研究型人才、推动一流的科技创新、参与国际科研竞争的任务；双元制职业教育体系则为德国经济的生命线——庞大的制造业培养具备良好技能的大批合格产业工人；而应用科学大学则在培养具有良好理论知识和文化基础、同时具备专业技能和实践能力的高层次应用型人才方面树立了典范，成为企业高层次技术人员、一线管理人员、社会服务领域专业从业人员的重要来源。

（二）加拿大应用技术大学的定位

加拿大应用技术学院则通过“三应用”来明确其办学定位。在20多年的

---

① 邓泽民，董慧超．德国应用科学大学研究［M］．北京：科学出版社，2017.

发展实践中，形成了以应用学位引领、突出应用研究、培养应用人才的“三应用”为基本特征的应用技术大学教育，对我国建设应用型本科有启示意义。

据加拿大学院大学协会（Canada’s colleges and institutes，CICan）的不完全统计，加拿大现有 129 所应用技术学院，为 3000 多个社区 150 万学习者提供超过 10000 种不同的教育服务和培训项目。其中，1/3 为成人学习者，在 2014～2015 年期间，加拿大应用技术学院和他们所培训的人员为加拿大国民经济创造了超过 1910 亿美元的额外收入①。

1. 通过应用学位引领保持鲜明的技术应用特色

为了保持应用技术大学教育特点，培养高技术产业的发展需要的技术应用人才，加拿大没有选择高等教育体系中已经存在的学术学位（academic degree）和专业学位（professional degree），而是创建了新的学位体系——应用学位。

在应用学位提出前，加拿大综合大学授予学术学位和专业学位。学术学位是以学术理论为主、按学科设立、以学术研究为导向、偏重理论和研究、培养大学教师和科研机构的研究人员。专业学位是相对于学术学位而言的学位类型，其目的是培养具有扎实理论基础，并适应特定行业或职业实际工作需要的应用型高层次专门人才。尽管专业学位的价值取向和加拿大应用技术学院教育价值取向趋同，但为了保持社区学院应用人才培养的特色，发挥应用技术大学应用人才培养的优势，避免高等教育的同质化、单一化，加拿大应用技术学院没有采用已经存在的专业学位，更不可能采用学术学位，而是提出并建立了应用学位体系。

应用学位的出现与发展，对加拿大社区学院发展成长为应用技术学院发挥十分重要的引导作用。现有 74 所应用技术学院提供学位课程，包括 508 个学士学位，31 个硕士学位和 786 个专业研究生课程。

2. 以应用研究提升加拿大的创新能力和生产力

在加拿大高技术产业发展中，存在着大量技术问题，需要依靠应用研究解决。所谓应用研究，就是运用新的或现有的知识来解决现实世界的实际问

---

① 邓泽民，Paul Brennan. 加拿大应用技术学院的特征研究及启示［J］. 中国职业技术教育，2019（18）.

题。因此，应用研究是加拿大创新能力和生产力提高的关键因素，也是加拿大应用技术学院教育不断发展壮大的重要原因和应用人才培养的重要内容。

据 CICan 研究发现，加拿大应用技术学院在全国建有 400 多个应用技术中心和实验室，涉及 900 多个项目或专业领域，主要集中在环境科学与技术、可再生能源和保护、生命科学与健康、农业、食品科技、信息和通信技术、制造业、建筑技术、林业和渔业以及社会创新十大领域；与全球近 7000 家企业和组织合作开展应用研究项目。其合作对象包括企业、公共组织、其他学院、国际组织以及那些需要解决问题的企业；超过 3000 名教职工从事应用研究；有 25000 名学生参与应用研究，其中有 13500 名学生的创业项目获得学校支持。加拿大政府和行业也已注意到，应用研究在推动加拿大创新和提高生产力方面可以发挥关键作用，并加大了对应用研究的资金投入，如 2018 年 9 月加拿大北阿尔伯塔理工学院（Northern Alberta Institute of Technology，NAIT）获得艾伯塔省政府 200 万美元的政府拨款，用于帮助工业开发替代能源解决方案。

加拿大应用技术学院通过开展应用研究为企业提供新技术、新产品、新服务，从而获得行业企业的信任，提高了应用技术学院的影响力，为学生深入企业实践奠定基础。此外，在为企业解决问题的过程中，获得企业人才需求标准和行业发展的前沿信息，及时应用到教育教学过程中，从而提高人才培养质量。

3. 以培养应用人才为应用技术学院教育的价值

加拿大应用技术学院教育为培养出一流的技术应用人才，秉持以学生为中心，以能力为本位的教育理念。

在教育教学中，学校提供多类型、不同层次的课程，如尼亚加拉学院（Niagara College Canada，NC）提供 100 多种课程，包括 1 年制的证书课程、2～3 年的文凭课程、4 年制的学士学位课程、1 年制的研究生课程、合作教育课程（Co－op）以及学徒课程等多种类型的全日制课程和一些非全日制课程，学生可根据自己的需要选择适合自己的课程类型。如果学生不能确定自己适合何种学习方式，学校还会提供帮助，首先帮助学生确定职业目标，然后学生服务中心就会帮助学生选择合适的课程。教育教学以体验式学习为主，注重学生实践能力和创新能力的培养，课程实行学分制，使各大学间更好地衔接和沟通，学生也可以在各院校顺利过渡和流转。

加拿大应用技术学院教育坚持以能力为本位来培养学生，通过实践学习机会和最先进的指导，使学生能够成为各自领域的领导者，同时确保学生能够满足不断变化的行业需求，并作出贡献，其宗旨是“解决当今的行业问题，培养明天的行业领导者”。

二、我国应用型本科的定位

2017 年教育部发布的《教育部关于“十三五”时期高等学校设置工作的意见》以人才培养定位为基础，将高等教育总体上分为：研究型、应用型和职业技能型。其中，应用型高等学校主要从事服务经济社会发展的本科以上层次应用型人才培养，并从事社会发展与科技应用等方面的研究。应用型本科的培养应用型人才、服务经济社会发展这一基本价值定位已基本取得共识，但基本定位确立后，就应该有更明确的价值定位。

地方经济社会发展不可或缺的力量是中小企业，中小企业数占我国企业总数的 90% 以上，贡献了全国 50% 以上的税收，60% 以上的 GDP，70% 以上的技术创新成果和 80% 以上的劳动力就业。而且实践证明，凡是中小企业发展得好，地区经济发展就会好；凡是中小企业发展得不好，地区经济发展就好不了①。中小企业是我国企业中数量最大、最具创新活力的企业群体，是推进大众创业、万众创新的基础。我国中小企业数量的持续增长，取决于创业人数不断增加，而创业者主要是应用型大学的毕业生，甚至在校生，比例占到 40% 以上，而且这一比例还在增加，而创业一般是在创新基础上实现，创新常常是创业的前提。因此，应用型大学的办学价值，应定位在追求创新创业。当然，不是说所有的应用型大学的毕业生都能做到创新创业，实际上，研究型大学也不是全部毕业生都能做出科学发现和 0 – 1 创新的成就。

（一）创新创业之创新型国家建设

党的十八大提出实施创新驱动发展战略，强调科技创新是提高社会生产

---

① 《中国中小企业年鉴》编委会．中国中小企业年鉴（2018）[M]．北京：企业管理出版社，2019.

力和综合国力的战略支撑，必须摆在国家发展全局的核心位置。《国家创新驱动发展战略纲要》（以下简称《纲要》）中提出：到2020年进入创新型国家行列，到2030年跻身创新型国家前列，到2050年建成世界科技创新强国，成为世界主要科学中心和创新高地，为我国建成富强民主文明和谐的社会主义现代化国家、实现中华民族伟大复兴的中国梦提供强大支撑。

《纲要》中提出要推动创新创业，激发全社会创造活力。建设和完善创新创业载体，发展创客经济，形成大众创业、万众创新的生动局面。一是发展众创空间；二是孵化培育创新型小微企业；三是鼓励人人创新。

1. 发展众创空间。依托移动互联网、大数据、云计算等现代信息技术，发展新型创业服务模式，建立一批低成本、便利化、开放式众创空间和虚拟创新社区，建设多种形式的孵化机构，构建“孵化＋创投”的创业模式，为创业者提供工作空间、网络空间、社交空间、共享空间，降低大众参与创新创业的成本和门槛。

2. 孵化培育创新型小微企业。适应小型化、智能化、专业化的产业组织新特征，推动分布式、网络化的创新，鼓励企业开展商业模式创新，引导社会资本参与建设面向小微企业的社会化技术创新公共服务平台，推动小微企业向“专精特新”发展，让大批创新活力旺盛的小微企业不断涌现。

3. 鼓励人人创新。推动创客文化进学校，设立创新创业课程，开展品牌性创客活动，鼓励学生动手、实践、创业。支持企业员工参与工艺改进和产品设计，鼓励一切有益的微创新、微创业和小发明、小改进，将奇思妙想、创新创意转化为实实在在的创业活动。

2020年，在题为“深入实施创新驱动发展战略 加快建设创新型国家”的国新办发布会上，科技部表示：中国正式迈入全球创新型国家行列。迈入创新型国家行列只是一个阶段性目标，为实现到2030年跻身创新型国家前列，到2050年建成世界科技创新强国的目标，需要培养更多的创新创业型人才。《纲要》中提出推动教育创新，改革人才培养模式，把科学精神、创新思维、创造能力和社会责任感的培养贯穿教育全过程。完善高端创新人才和产业技能人才“二元支撑”的人才培养体系，加强普通教育与职业教育衔接。

习近平总书记（2018年9月10日）在全国教育大会上提出：“要把创新创业教育贯穿人才培养全过程！以创造之教育培养创造人才，以创造人才造就创新之国家。”李克强总理在对首届中国“互联网+”大学生创新创业大赛作出重要批示：把创新创业教育融入人才培养，切实增强学生的创业意识、创新精神和创造能力；厚植大众创业、万众创新土壤，为创建创新型国家提供源源不断的人才智力支撑。

创新创业人才的培养，需要肩负这一责任与使命的大学，应用型本科有别于研究型大学，其价值不是聚焦于从0-1的理论创新，而是如何将已有的技术或者新技术与实际应用相结合，开发出新的应用途径，实现1-N的应用创新。可以说不是应用型本科选择了以双创为价值定位，是国家在发展中赋予了应用本科的责任与使命促使其这样定位。

（二）创新创业之经济社会的发展

中小企业活，则国民经济活。2003年我国《中小企业标准暂行规定》正式发布，根据《中国统计年鉴》公布数据，我国中小企业数量持续增长（见图2-3），2003年底，我国中小企业300.6万户，个体工商户2353.2万户，到2019年底，中小企业达3516.4万户，个体工商户达8261万户。根据2018年统计的中小企业在全国范围内的分布的情况来看，中小企业主要集中在东部和中部地区，东部地区的中小企业占比在58.2%；中部地区的中小企业数占23.50%；西部中小企业数占比在14.0%；东北部地区的中小企业数占比为4.3%。

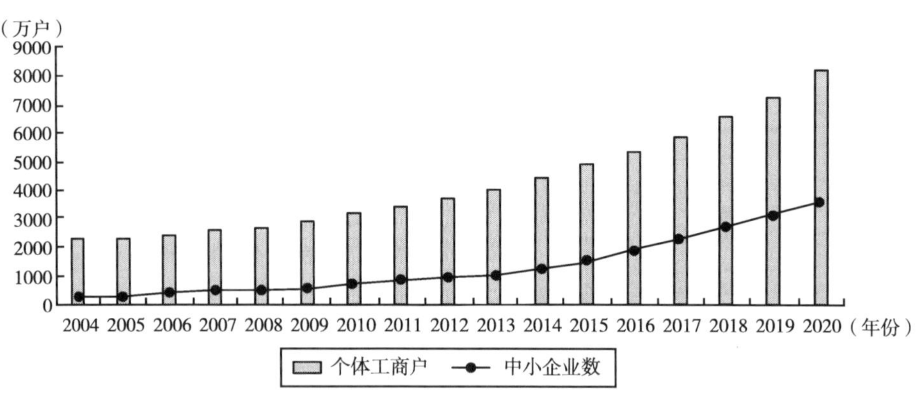

图2-3 2004~2020年我国中小企业及个体工商户数增长情况

数据来源：中国统计年鉴［EB/OL］. http：//www. stats. gov. cn/tjsj/ndsj/.

以工业为例，从企业占比来看，2007～2020年，中小工业企业占工业企业总数的比例一直在97%～99%（见表2－3）。

表2－3　我国中小工业企业数量及占比情况

年份	工业企业总数（户）	中型企业数（户）	占企业总数比例	小型企业数（户）	占企业总数比例
2007	301961	30245	10.02%	269031	89.09%
2008	336768	33596	9.98%	300262	89.16%
2009	426113	37204	8.73%	385721	90.52%
2010	434364	38036	8.76%	393074	90.49%
2011	452872	42906	9.47%	406224	89.70%
2012	325609	52236	16.04%	264262	81.16%
2013	343869	53866	15.66%	280455	81.56%
2014	352546	53817	15.27%	289318	82.07%
2015	377888	55408	14.66%	312587	82.72%
2016	383148	54070	14.11%	319445	83.37%
2017	378599	52681	13.91%	316287	83.54%
2018	372729	49614	13.31%	313875	84.21%
2019	378440	49778	13.15%	319559	84.44%
2020	377815	39974	10.58%	329631	87.25%

再如中小企业数量众多的浙江省，在2004年，其中小企业数已有30.2万户，占据全国中小企业总数的10%，虽然近年来占比有所下降，但其中小企业数量依然在不断增加（见图2－4）。

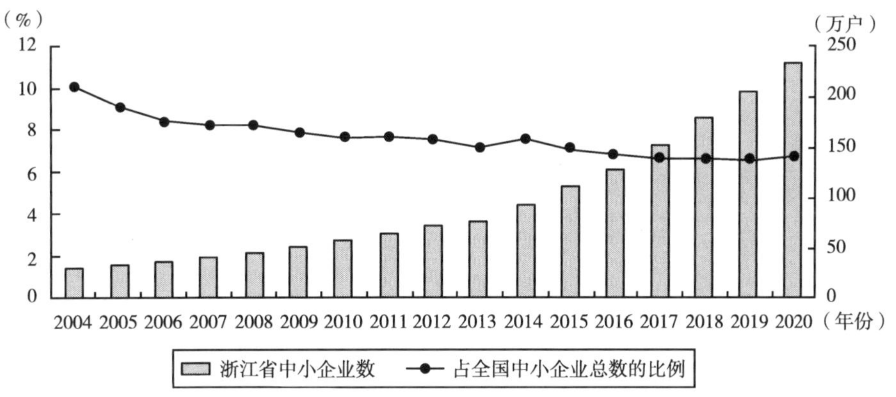

图2－4　浙江省中小企业数及在全国占比情况

中小企业数量不断增长的背后，是创新创业人才的不断增加，而双创人才的培养离不开以双创为价值引领的高校。如浙江省的宁波财经学院，学院以“双创”为价值定位，编制了《创新创业教育“十三五”规划》，把“建立创业教育与服务体系，构建创业人才培养新模式”作为打造办学特色的目标之一，学校培养的学生的自主创业率连续多年位居浙江省本科高校前列（见表 2 -4）。

表 2 -4　　宁波财经学院学生自主创业率

届别	宁波财经学院	浙江省本科平均	本科院校排名
2012 届	8.07%	3.15%	1
2013 届	7.39%	3.50%	2
2014 届	7.63%	3.76%	1
2015 届	6.22%	3.55%	2

（三）高等教育分类发展必然要求

联合国教科文组织在 1995 年发表的《关于高等教育的变革与发展的政策性文件》中指出，“在‘学位≠工作’这个公式不再成立的时代，人们希望高等教育的毕业生不仅是求职者，而且是成功的企业家和工作岗位的创造者”。联合国教科文组织 1998 年在巴黎召开的世界高等教育大会上进一步指出，“为方便毕业生就业，高等教育应主要培养创业技能与主动精神，毕业生将愈来愈不再仅仅是求职者，而首先将成为工作岗位的创造者”（世界高等教育宣言）①。“工作岗位的创造者与成功的企业家”概念的提出，是高等教育分类发展、精准定位的必然要求。

我国应用型本科的出现是随着高等教育大众化的发展而产生的，虽然其定位一直不明，但在高等教育与经济社会发展的过程中，也在或被动或主动的满足社会经济发展的要求，如在 2008 年，根据麦可思的调查，全国自主创业的学生占全部毕业生的 1.2%，其中，高职生占 1.8%，一般本科生占 0.8%，而最低的是“211”工程学校毕业生，只占 0.6%。也就是说，应用

① 曹胜利. 建设创新型国家与创新创业人才培养——关于“第三张教育通行证”几个认识问题的探讨［J］. 中国高教研究，2008（5）：59 -62.

型大学在创业上，体现了它自身的优势[①]。

2016 年，我国创业者的受教育水平已经以大专和本科为主，其中大专学历占到 35. 9%，本科学历占到 36. 6%[②]。到 2020 年，根据《中国青年创业发展报告（2020）》最新公布的数据，创业者中专科及以上学历占比已经超 80%，其中专科学历创业者 26. 4%，本科学历创业者占到 50. 6%[③]。本科的青年已经成为创业的主体，而培养能够满足中小企业数量持续增长和创新创业的人才正是应用型本科的价值所在（见图 2 –5）。

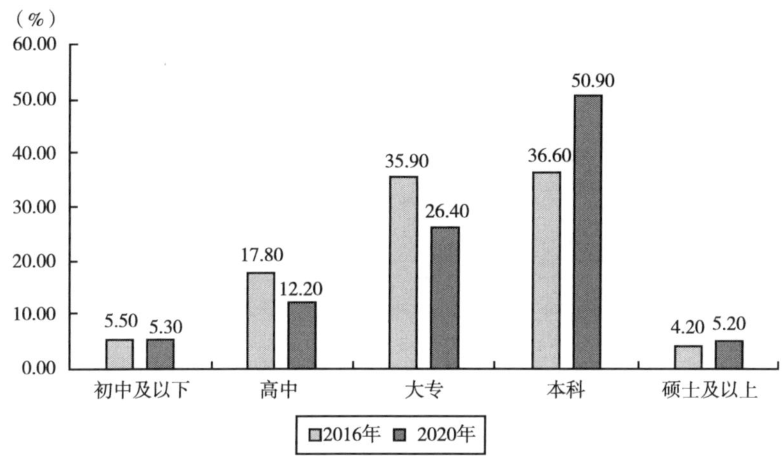

图 2 –5　我国青年创业者学历层次的变化趋势图

实际上，地方本科高校发展已由最初的“国家规划和指导”发展成为地方本科高校探索性的办学实践，部分地方本科高校在应用型大学转型试点工作中已取得一定成就。如浙江省首批十所应用型建设试点示范学校之一的宁波财经学院。学院地处浙江、江苏和上海区域，中小企业占比远高于全国平均水平，浙商、甬商之名更是远播海内外。作为一所坐落在宁波市的应用型财经类大学，应担负起为区域中小企业数量持续增长和中小企业创新发展的使命和责任。因此，学院把中小企业数量持续增长和创新发展需要的创新创

---

① 潘懋元．什么是应用型本科？［J］．高教探索，2010（1）：10 –11.

② 人社部劳动科学研究所．《中国青年创业现状报告》发布［J］．中国劳动，2016，381（9）：2.

③ 恒大研究院．《中国青年创业报告（2020）》［EB/OL］．http：//www. 199it. com/archives/1155898. html，2020 –11 –17.

业人才培养作为办学的价值追求，并以此双创价值为引领，创新教师队伍激励机制，把教师分为教学型、应用型、应用研究型、创业型，突破并发展了应用型大学长期秉持的“双师型”教师队伍建设理念。历经 10 余年的实践探索，重点服务区域中小企业发展，学院实现了由学科知识引领的人才培养理念向双创价值引领转变；由知识型学习的单一人才培养环境向创产学多维学习成长环境转变；由学术型人才培养模式向应用型转变；由单一学术型教师结构向多元教师队伍构成转变；形成了双创价值引领下创产教一体的地方应用大学办学模式，培养出了大批具备创新意识和创业能力的高素质应用型人才。

模式构建篇

模式是方法的总和。为了实现应用本科的双创价值定位，需要构建双创价值引领的人才培养模式。

| 第三章 |

双创价值引领人才培养的领导组织

双创价值引领的应用本科人才培养实践，需要具有双创价值引领应用本科人才培养理念的领导、组织和队伍。

第一节　双创价值引领人才培养实践的领导

一、双创教育领导小组及其职责

创新创业教育工作领导小组组长由学校党委书记担任，副组长由校党委副书记和分管教学副校长担任，成员由其他校领导、各二级学院院长以及学生处、团委、教务处、人事处、教师发展中心、科研处、就业指导中心、地方服务与合作处、宣传部、后勤处、产业管理处等相关职能部门负责人组成。领导小组下设秘书处，秘书处设在学生处，秘书长由分管学生工作校领导担任，副秘书长由学生处负责人担任。

学校大学生创新创业教育工作领导小组定期召开会议，审议并决定大学生创新创业教育工作主要制度及重大事项，审定年度工作要点及工作经费预决算。

二、双创教育领导小组成员职责

学生处牵头负责学校大学生创新创业教育工作的组织实施。教务处

（创业教育与服务中心）负责学校创新创业教育的课程开发、实验室和实践基地建设及各级各类学科竞赛等工作，建立创新创业课程资源库；创业教育与服务中心为非建制单位，创业教育与服务中心挂靠教务处，主任由教务处处长兼任，副主任由就业指导中心、团委、科研处、工商管理相关负责人兼任，另配专职副主任 1 名、专职工作人员 1 ~ 2 名。团委负责大学生创新创业训练计划、“挑战杯”竞赛、开展创新创业博览会、“创新创业训练营”等活动。人事处负责创业导师的培育及队伍建设工作，建立创业导师人才库。教师发展中心协助人事处做好创业导师的培育、指导工作，建立创业导师培训管理平台。就业指导中心负责校内大学生创业园区，统计各学院学生创业工作情况。地方合作与服务处负责对接校外创业园区，为在校学生入驻校外基地提供服务。产业管理处负责大学生创业基金运行管理，提供基金政策支持和服务工作。科研处负责创新创业教育相关课题的组织申报与管理。宣传处负责创新创业工作的外宣及校内氛围营造。后勤处负责学生创新创业场地建设。创业学院负责创业专业教育、学校创业教育专业化平台建设、校内创业孵化器建设。创业学院领导架构如图 3－1 所示。

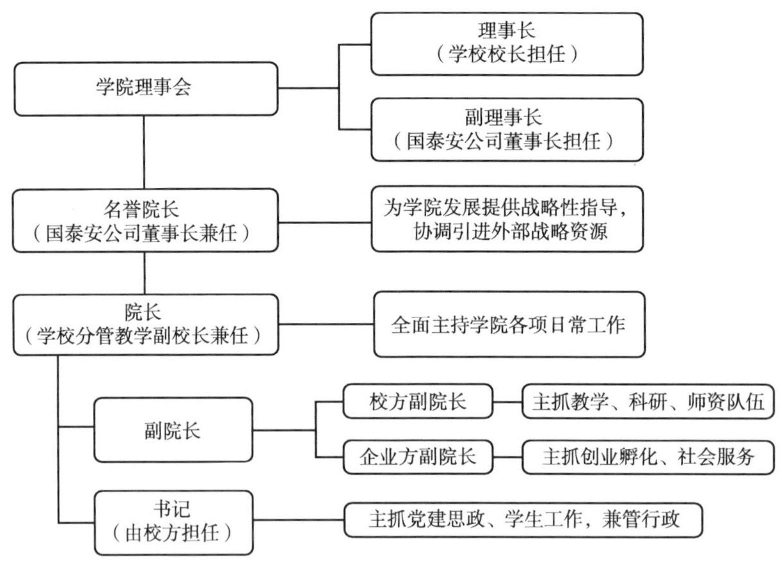

图 3－1　创业学院领导架构

第二节　双创价值引领人才培养队伍

"双创"导师即创新创业导师，是指具有创新创业必要的理论知识与实战经验，指导学生创新创业活动，并经认定达到学校相应标准的校内外教师，是学校应用型教师的重要组成。学校"双创"导师由校内导师和校外导师构成。校内导师由学校在职教师兼任；校外导师指熟悉国家相关政策法规，熟悉企业管理、市场运作、技术创新，并对科技、经济、市场发展有预判能力，在大学生创新创业指导、培训、创办或管理企业等方面有丰富经验或专业特长、有资金、技术、市场等资源的投融资机构和管理咨询机构的资深专家和其他创业成功人士。

一、"双创"导师来源

（一）内部转型

学校鼓励现有教研岗、科研岗教师立足专业发展与人才培养需要，自主参加或由组织安排行业企业实践锻炼，获取行业特许的职业资格或工程系列的专业技术职称，参与应用型课程开发、实践教学基地建设或从事应用性研究工作；对取得应用型教师资格的教师除了给予必要的补贴外，还将在职称晋升、实践锻炼、课题研究以及交流学习方面同等条件优先考虑，帮助其不断提升实践应用能力和资格等级。

（二）外部引进

应用型教师引进工作由二级学院具体负责实施，学校人事处协调、考核，地方服务与合作处配合。应用型教师的招聘计划由各学院根据学科、专业和实践教学发展需要做出，由学校人事处汇总、审核后，交由学校主管校领导批准。引进渠道，一是从社会上公开招聘，引进具有学校正式编制的应用型教师；二是与行业企业合作，兼职聘任应用型教师，重点是应用研究型和应用技术型教师。

二、"双创"导师认定

制定《创新创业导师管理试行办法》，对双创导师队伍的构成、等级标准、认定标准、聘任与考核、津贴标准、成长发展等都进行了明确规定。

（一）校内导师认定

1. 基本标准

（1）参加校内外创新创业导师专项培训，考核合格；

（2）三年内指导过学生创新创业项目。

2. 专业标准

（1）三年内每年开展与创新创业主题相关的课程、讲座、沙龙或论坛不少于两次，每次不少于2小时；或每年不少于两次的创业项目咨询，每次不少于3小时；

（2）三年内曾指导大学生创业项目全程，并获得风险投资或取得预期经济效益；

（3）三年内作为主要指导教师指导学生参加政府组织的创新创业大赛，获得省级三等奖及以上，或市级一等奖及以上业绩；

（4）各学院结合自身情况制定的其他标准。

（二）校外导师认定

1. 致力于帮助学生提高自主创新能力，愿意为学生创新创业的进步和社会经济发展提供公益性服务；志愿贡献时间、精力、智慧和经验，增加学生的创新创业知识，培养学生的创新创业意识，提升学生的创新创业潜力与能力；志愿提携和帮助创业者，追求创业企业成功运作所获得的精神回报和成就感。

2. 熟悉企业管理和市场运作，对科技、经济、市场发展有准确的预判；或经历创业过程并已经获得成功，具有对创业企业进行实际辅导的能力与经验，能对创业企业及创业者提供导向性、专业性、实践性辅导服务；有资金资源，愿意对初创企业进行小额资金扶持；对适合进行投资的项目和企业，愿意率先投入，并积极向创业投资机构推荐。

3. 各学院结合自身情况制定的其他标准。

三、“双创”导师发展

学校以创新创业导师培育工程为平台，加强创新创业导师培养提升，实施内外结合，以内为主的培训方式，校本培训责任部门为教师发展中心。学校制定了校内外导师不同的发展体系，其中校内创新创业导师分为初、中、高三级，校外创新创业导师不分层级，每一个聘期评选出20%左右的优秀创新创业导师，给予相应的奖励（见表3－1）。

表3－1　“双创”导师发展体系

<table>
<tr><th>导师队伍</th><th colspan="2">等级标准</th><th>认定标准</th><th>津贴标准</th></tr>
<tr><td rowspan="3">校内导师</td><td>初级</td><td>为初次参加校内创新创业导师认定经认定达到标准的教师；</td><td rowspan="3">“准入标准＋专业标准”6个维度的认定标准。</td><td>400元/月</td></tr>
<tr><td>中级</td><td>原则上取得初级创新创业导师资格满3年，考核业绩优秀，且业绩位列校内创新创业导师前20%的教师；或虽初次参加认定但取得成果在学校具有首创性、标志性或产生重大影响，经学校创新创业教育工作领导小组审定，可破格认定为中级创新创业导师；</td><td>600元/月</td></tr>
<tr><td>高级</td><td>原则上取得中级创新创业导师资格满3年，考核业绩优秀，且业绩在中级创新创业导师中位列前20%的教师；或取得成果在学校具有首创性、标志性或重大影响力的初级创新创业导师，经学校创新创业教育工作领导小组审定，可破格晋升为高级创新创业导师。</td><td>1000元/月</td></tr>
<tr><td>校外导师</td><td colspan="4">校外“双创”导师不分层级，每一个聘期评选出20%左右的优秀“双创”导师，给予相应的奖励。实行“年度工作补贴＋聘期绩效奖金”的方式。</td></tr>
<tr><td>聘期及考核</td><td colspan="4">“双创”导师资格认定工作每年一次，安排在上半年举行；教师创新创业导师资格聘期为三年。</td></tr>
</table>

目前，通过学校“双创”导师认定的导师95人，其中校内导师42人，校外导师53人。

| 第四章 |

双创价值引领人才培养双创课程

双创价值引领人才培养实践的核心是课程问题。为此，学院建立双创课程开发中心，出台《课程建设规划》《宁波财经学院课程标准编制与实施管理办法（试行）》等文件，开展双创价值引领下的课程分析（附件1、2、3、4），校企联合开发融合式课程118门，开发创业实训类课程430门，形成双创学科课程，积累800余双创案例，形成了双创案例课程。

第一节　双创学科课程

一、双创学科课程体系

学校通过修订人才培养方案，构建了多层次创新创业教育课程体系，包含有四年制创业管理专业教育课程体系、“3+1”专创融合教育课程体系、面向全体学生的创业通识教育课程模块以及各专业创业课程模块（见图4-1）。

1. 四年制创业管理专业教育课程体系

目标定位：中小企业优秀的职业经理人、具有创新意识的民营企业接班人、具有内在创业动力的中小企业新一代创业者。

课程体系：依托工商管理专业，构建了注重创新创业意识与素养教育、突出商业模式设计与实现能力培养的四年制人才培养课程体系（见表4-1）。

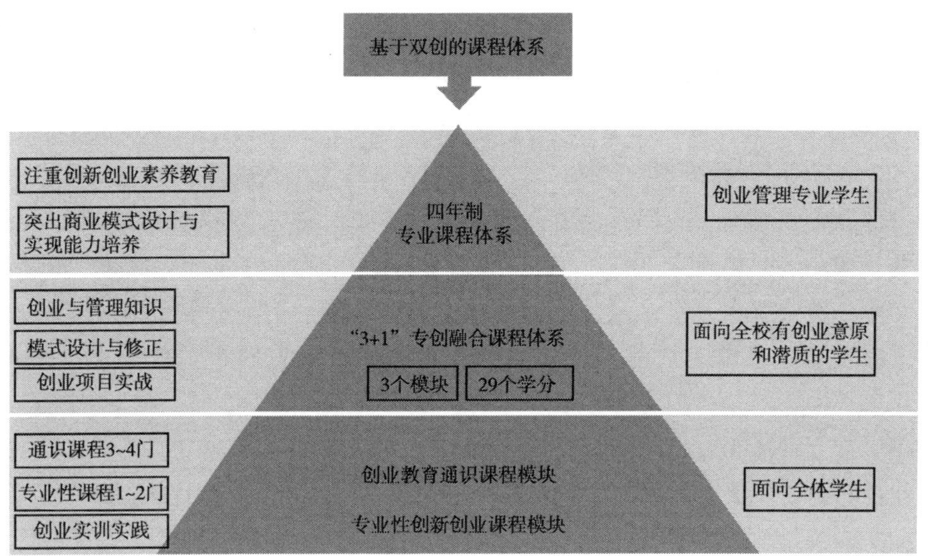

图 4－1　多层次双创教育课程体系

表 4－1　　创业管理专业教育课程体系

课程模块		学分	占比（%）	备注
通识教育类课程模块		68	42.50	在人才培养全过程，注重创新创业素养教育，强化创新创业实践活动
工商管理学科、专业基础课程模块		23	14.40	
创业管理专业教育课程模块	创业意识与素质教育课程	10	23.75	
	商业模式设计与实现课程	12		
	创业基础知识及能力培养课程	16		
集中创业实践课程模块		31	19.40	
合计		160		

教学模式：专业课程全部采用"课程总监＋专家主讲＋课程助理"教学模式，课程内容融入中小企业和民营企业家创业经验与创业案例。企业家和企业高管担任课程总监，行业专家担任课程主讲，校内专业教师到企业锻炼并获得企业运行与管理经验后担任课程助理。

创业实践：学生每学期至少有 2 周时间参加集中创业实践活动，从第 6 学期暑假启动毕业实习，要求每位学生必须有 6 个月以上的创业实践活动经历，作为学生毕业的基本条件之一。

建设成效：该专业（方向）被列为浙江省"十二五"新兴特色专业建

设项目、浙江省“十三五”特色专业，首届毕业生154人，工商注册企业法人的学生数占比19%。

2. “3+1”专创融合教育课程体系

依托创业学院的优质资源，面向全校有创业意愿和潜质的学生实施“3+1”专创融合教育，前3年，学生在专业学院学习，完成专业必修课程的学习任务和要求。第4年进入专创融合班，按此方案执行。4年结束时，满足专业总学分要求，符合《宁波财经学院学士学位授予工作实施细则》中有关授予学士学位条件的，可颁发原专业毕业证书和授予学位证书。第4年，学生在“3+1”专创融合班学习，成绩合格者由学校颁发“3+1”专创融合班研修证书。“3+1”专创融合班实施由创业与管理知识模块、模式设计与修证模块、创业项目实战模块三个模块共12门课程组成的课程体系（见表4-2）。

表4-2 “3+1”专创融合教育课程体系

<table>
<tr><th>1~3年专业教育</th><th colspan="4">第4年创业教育</th></tr>
<tr><th>通识教育课程</th><th>课程模块</th><th>课程名称</th><th>学分</th><th>备注</th></tr>
<tr><td rowspan="13">专业教育课程</td><td rowspan="4">发现与探索</td><td>卓有成效的管理者</td><td>2</td><td rowspan="4">必修</td></tr>
<tr><td>小微企业创业背景</td><td>3</td></tr>
<tr><td>创业投资与风险管理</td><td>3</td></tr>
<tr><td>商业计划撰写与展示</td><td>2</td></tr>
<tr><td rowspan="5">选择与聚焦</td><td>商业模式设计</td><td>2</td><td rowspan="2">必修</td></tr>
<tr><td>机会识别与项目选择</td><td>2</td></tr>
<tr><td>“创业”+自选领域</td><td>2</td><td rowspan="3">选修</td></tr>
<tr><td>创业人文修养</td><td>2</td></tr>
<tr><td>创业管理素养</td><td>2</td></tr>
<tr><td rowspan="5">实践与提高</td><td>创业活动操作实务</td><td>2</td><td rowspan="2">2选1</td></tr>
<tr><td>专业领域创业实务</td><td>2</td></tr>
<tr><td>创业实践</td><td>4</td><td rowspan="2">2选1</td></tr>
<tr><td>岗位创业实践</td><td>4</td></tr>
<tr><td>毕业项目书</td><td>10</td><td>必修</td></tr>
</table>

3. 创新创业通识课程

学校构建面向全校学生的创业通识课程模块，开设有创新创业必修和选修课程，开设了修读不少于7学分的创新创业教育通识课程模块（见表4－3），其中《专业导论》课为各专业必须开设的课程，并计入基于专业的创新创业模块中。

表4－3 创新创业通识教育课程一览表

课程名称	课程性质	学分	开课方式	开课学期
专业导论	必修	1	讲座＋讨论	1
创业基础	必修	1	讲授＋讨论＋体验	1～2
职业规划与创新创业	必修	1	讲座＋讨论＋竞赛	3～7
微学分课程	必修（内容自选）	2	线上、线下课程选修，自主学习为主	3～4
创新思维训练	选修	1	讲座＋体验式训练	1～2
商业模式认知与体验	选修	1	线上自主学习＋讲座＋体验	1～2
企业家之路	选修	1	企业家讲堂	1～2
职业发展力课程	选修	2	讲授＋讲座＋实践	6～8

除创业管理专业课程体系、“3＋1”专创融合课程体系外，各专业还结合自身特点设置必修与选修相结合的创业通识教育课程、专业性创业课程、创业实训实践环节等25学分左右的创新创业课程体系。如国际经济与贸易专业开设《跨境电商创新创业》《创业学》；金融工程专业开设《互联网商业模式创新》《金融创新案例分析》等。各专业一般将创新创业教育集中实践课程选修模块，如岗位创业实践、毕业项目书等纳入了培养方案。

二、双创学科课程教材

为满足学生多样化学习需求，学校联合企业共同开发创新创业教材39本，出版21本（见表4－4）。

表 4－4　校企合作开发创新创业教材

序号	教材名称	课程名称	联合开发单位	出版情况
1	创业基础理论与实践	创业基础理论与实践	深圳国泰安教育技术股份有限公司	已出版
2	大学生创业理论与实践	创业学	深圳国泰安教育技术股份有限公司	已出版
3	大学生创业管理教程	创业学	深圳国泰安教育技术股份有限公司	已出版
4	企业家之路	企业家之路	深圳国泰安教育技术股份有限公司	已出版
5	机会识别与项目选择	机会识别与项目选择	深圳国泰安教育技术股份有限公司	已出版
6	商业计划书	商业计划书	深圳国泰安教育技术股份有限公司	已出版
7	大宗商品投资分析	投资技术分析	长城企业战略研究所	已出版
8	大宗商品物流	大宗商品物流	长城企业战略研究所	已出版
9	大宗商品概论	大宗商品概论	长城企业战略研究所	已出版
10	大宗商品交割实务	大宗商品交割实务	长城企业战略研究所	已出版
11	大宗商品物流综合实验	大宗商品物流综合实验	杭州高达软件系统股份有限公司	已出版
12	大宗商品金融综合实验	大宗商品金融综合实验	长城企业战略研究所	已出版
13	大宗商品电子商务综合实验	大宗商品电子商务综合实验	杭州高达软件系统股份有限公司	已出版
14	大宗商品经济导论	大宗商品经济导论	长城企业战略研究所	已出版
15	家族财富管理概论	家族财富管理概论	蓝源家族财富管理研究院	已出版
16	家族企业文化	家族企业文化	蓝源家族财富管理研究院	已出版
17	大宗商品交易分析师培训教程	大宗商品交易实战	杭州高达软件系统股份有限公司	已出版
18	大宗商品采购与价格管理	大宗商品采购与价格管理	长城企业战略研究所	已出版

续表

序号	教材名称	课程名称	联合开发单位	出版情况
19	大宗商品交易	大宗商品交易	杭州高达软件系统股份有限公司	已出版
20	大宗商品供应链金融	大宗商品供应链金融	长城企业战略研究所	已出版
21	家族信托	家族信托	蓝源家族财富管理研究院	已出版
22	现代科学技术与创业	现代科学与技术	深圳国泰安教育技术股份有限公司	校企合作开发校本教材
23	现代服务业概论	现代服务业概论	深圳国泰安教育技术股份有限公司	校企合作开发校本教材
24	创业领导力	领导科学与艺术	深圳国泰安教育技术股份有限公司	校企合作开发校本教材
25	创新思维训练与创造力开发	创新思维训练与创造力开发	深圳国泰安教育技术股份有限公司	校企合作开发校本教材
26	创业基础与实务	创业学	深圳国泰安教育技术股份有限公司	校企合作开发校本教材
27	商业模式创新概论	商业模式创新概论	深圳国泰安教育技术股份有限公司	校企合作开发校本教材
28	商业伦理	商业伦理	深圳国泰安教育技术股份有限公司	校企合作开发校本教材
29	项目管理	项目管理	深圳国泰安教育技术股份有限公司	校企合作开发校本教材
30	资本运营与 IPO 实务	资本运营与 IPO 实务	深圳国泰安教育技术股份有限公司	校企合作开发校本教材
31	企业战略管理	企业战略管理	深圳国泰安教育技术股份有限公司	校企合作开发校本教材
32	企业发展与公司治理	企业发展与公司治理	深圳国泰安教育技术股份有限公司	校企合作开发校本教材
33	创业模拟实训	创业模拟实训	深圳国泰安教育技术股份有限公司	校企合作开发校本教材

续表

序号	教材名称	课程名称	联合开发单位	出版情况
34	创业实践与实战	创业实践与实战	深圳国泰安教育技术股份有限公司	校企合作开发校本教材
35	政府行政体系概论	政府行政体系概论	深圳国泰安教育技术股份有限公司	校企合作开发校本教材
36	商务谈判	商务谈判	深圳国泰安教育技术股份有限公司	校企合作开发校本教材
37	家族财富管理法律与案例	家族财富管理法律与案例	蓝源家族财富管理研究院	校企合作开发校本教材
38	家族基金运作	家族基金运作	蓝源家族财富管理研究院	校企合作开发校本教材
39	家族资产配置	家族资产配置	蓝源家族财富管理研究院	校企合作开发校本教材

第二节　双创案例课程

案例教学在开发学生学习潜能、培养学生创新思维、创造性分析解决实际问题能力方面发挥着重要作用，因此学校将案例库建设和案例教学试点推广列为学校专项工作，由学校主要领导牵头，教务处、科研处、人事处及相关专业学院重点参与，联合长城所组建“案例库建设及案例教学推进工作组”。目前，校企联合开发融合式课程 118 门，开发创业实训类课程 430 门，积累创业案例 800 余例，通过双创课程中心，将部分经典案例形成创新案例课程和创业案例课程，并入案例库，从而让真实的创新创业案例走进课堂。

一、创新案例课程

案例来源：来自产业学院、协同创新中心的创新研究项目、教学研究项目（横向课题、纵向课题）、成果转化项目、研究报告等。表4－5为财富管理学院财务管理（家族财富管理）专业的创新案例课程——家族财富管理法律与案例（必修课）。

表4－5　　　　　　家族财富管理法律与案例

案例名称	家族财富管理法律与案例
课程描述	《家族财富管理法律与案例》是财务管理（家族财富管理）专业的一门专业必修课程。本课程主要阐述家族财富管理中涉及的法律问题及解决方法。本课程是在学习财富管理课程的基础上开设的，通过对本课程的学习，可以培养学生从事财富管理业务时所需要的法律思维，提高处理财富管理事务中法律问题的敏感度及提出基本法律意见和解决基本法律问题的能力，以及良好的职业素质。
课程主要内容	私人财富传承法律问题解决方案：家族财富传承；股权转让纠纷处理；家族企业传承；债务纠纷处理与债务隔离；不动产置业与传承；企业与公司治理；婚姻财富保全；企业家经济犯罪风险防范
案例所需知识点	遗产继承中的相关法律； 企业传承时相关的股权、债权债务、企业家刑事犯罪的相关法律； 婚姻关系中夫妻财产的相关法律规定及财产分配； 法律法规在财富传承中所起的重要作用。
能力目标	掌握与财富传承相关的基本法律规定； 提高运用财富管理知识及相关法律知识观察问题、分析问题和解决问题的能力； 建立从事财富传承业务时法律问题敏感性思维，提升获取法律专业新知识并加以运用的能力； 讨论、沟通、交流和合作能力； 自主学习能力。
考核办法	平时成绩（40%）+理论考核（60%）

二、创业案例课程

案例来源：企业提供案例；学生创业案例；“企业家大讲堂”“阳明文化大讲堂”提供案例；创业类竞赛获奖项目；家族企业等等。表4－6为工商管理（创业管理）专业的创业课程——毕业项目书（必修课）的举例。

表 4－6　　　　　　　　　　　毕业项目书

<table>
<tr><td>案例名称</td><td>毕业项目书</td></tr>
<tr><td>课程描述</td><td>工商管理（创业管理）专业毕业项目书需在从事以下五大创业实践、实战活动的基础上完成：①自创综合性公司；②协助家族企业管理；③自创营销型企业；④创业型企业实习；⑤参加创业类竞赛获奖。</td></tr>
<tr><td>课程主要内容</td><td>
<table>
<tr><th>活动类型</th><th>活动说明</th><th>项目书组成</th></tr>
<tr><td>自创综合性公司</td><td>独资或与个人合资实际创设公司，且公司已完成注册登记。</td><td>①已注册公司的商业计划书
②创业成果
③个人工作总结报告</td></tr>
<tr><td>协助家族企业管理</td><td>提出家族企业管理方案，并达到实际效果。</td><td>①家族企业管理方案
②管理成果
③个人工作总结报告</td></tr>
<tr><td>自创营销型企业</td><td>以个人或小组为单位提出产品经销计划书并实际落实一定目标销售额。</td><td>①营销计划书
②营销成果
③个人工作总结报告</td></tr>
<tr><td>创业型企业实习</td><td>通过参与本校或校外创业团队，完成实习企业经营状况分析报告，提出自己未来创业设想，并形成创业计划书。</td><td>①实习企业经营状况分析报告
②未来创业计划书</td></tr>
<tr><td>参加创业类竞赛获奖</td><td>以具体产品、技术或商业策划案参加省级及以上级别创业类竞赛，获得三等奖及以上级别奖项。</td><td>①参赛成果
②论文（结合竞赛主题在正式刊物发表与创新创业相关的论文）
③个人工作总结报告</td></tr>
</table>
</td></tr>
<tr><td>案例所需知识点</td><td>管理数学、英语、计算机等专业必学的基础知识；管理学、经济学等工商管理学科的基本理论；商业模式设计、创业管理等专业知识；我国工商企业管理和创业管理相关的方针、政策和法规等。</td></tr>
<tr><td>能力目标</td><td>通过毕业项目书的撰写，使学生综合运用所学基础理论、专业知识和基本技能分析解决实际问题，培养学生综合素质和解决实际问题的能力。</td></tr>
<tr><td>考核办法</td><td>所有学生必须完成毕业项目书的撰写，并通过项目路演的方式进行答辩。</td></tr>
</table>

第五章

双创价值引领人才培养双创平台

双创价值引领人才培养需要构建平台。因此，学校在双创价值引领下，面向区域中小企业及新兴产业发展需求，围绕大宗商品流通、中小企业创新创业、家族财富管理、金融大数据技术、文物保护与文物遗产、新一代电子信息技术、文化传播与视觉系统设计、影视制作与影视产业管理等研究领域，建设创新平台和孵化平台。

第一节　创新平台

学校服务产业升级发展，系统规划建设 19 个研发机构和 47 个创新平台。通过创新平台的建设，使学校对企业的服务更有吸引力，对中小企业发展更有支撑作用，吸引更多中小企业进入平台，同时引入项目，使更多的学生参与到实际项目中，使更多的企业人员参与到教学中，使更多的教师参与到企业的生产管理中，从而获得更有价值的应用人才培养模式。

一、研发机构

学校与宁波市政府机关部门、校内不同学科合作共建，涵盖社科类和科技类两大学科门类的 19 个一级学科的校级研究所、宁波市哲学科学（重点）研究基地、宁波市协同创新中心等 19 个研发机构（见表 5－1）。

表 5 – 1　　　　　　　　宁波财经学院研发机构一览表

序号	机构名称	学科门类	一级学科	机构级别	机构类别
1	数字媒体艺术研究所	社科类	新闻学与传播学	学校级	校研究所
2	艺术设计研究所	社科类	艺术学	学校级	校研究所
3	中小企业管理与发展研究所	社科类	经济学	学校级	校研究所
4	应用传播研究所	社科类	艺术学	学校级	校研究所
5	区域金融研究所	社科类	经济学	学校级	校研究所
6	语言翻译研究所	社科类	语言学	学校级	学校与宁波市政府机关部门合作共建的科研平台
7	地方历史文化研究所	社科类	历史学	学校级	校研究所
8	电气工程与自动化研究所	科技类	动力与电气工程	学校级	校研究所
9	机械工程研究所	科技类	机械工程	学校级	校研究所
10	图像技术与智能系统研究所	科技类	信息与系统科学相关工程与技术	学校级	校研究所
11	工业设计研究所	科技类	机械工程	学校级	校研究所
12	现代服务业发展研究所	社科类	经济学	学校级	校研究所
13	埃美柯自动化装备协同创新研究院（研究机构）	科技类	机械工程	学校级	校研究所
14	思想政治研究所	社科类	政治学	学校级	校研究所
15	宁波市大宗商品交易研究基地	社科类	经济学	市厅级	宁波市哲学科学（重点）研究基地
16	创新经济研究所	社科类	经济学	区局级	学校与宁波市政府机关部门合作共建的科研平台
17	宁波大宗商品流通协同创新中心	社科类	经济学	市厅级	宁波市协同创新中心
18	宁波市影视产业发展研究基地	社科类	经济学	市厅级	宁波市哲学科学（重点）研究基地
19	宁波市新经济与创新创业研究基地	社科类	管理学	市厅级	宁波市哲学科学（重点）研究基地

学校围绕浙江省支柱产业创新发展建设创新平台 47 个（见表 5 – 2）。不同产业背景下的创新平台运作模式不同，如宁波大宗商品流通协同创新中

心是由学院牵头，西安交通大学、华中科技大学、中国物流与采购联合会、宁波大宗商品交易所、宁波神华化学品经营有限公司、北京长城战略咨询研究院等多方协作的专业研究组织。中心实行理事会领导下的主任负责制，采取“平台＋任务”的基本运作形式。自中心成立以来，成功组建校级首批研究团队3个，第二批研究团队5个。主持或参与主持完成20多项省部级课题、20多项市厅级课题，累计完成两批校级大宗商品专项课题研究。目前，正致力于完成商务部《全国商品现货电子交易市场发展规划》、2014年基地专项课题、国家软科学孵化课题等多项研究任务。

表5－2　　　　宁波财经学院创新平台一览表

序号	平台名称	合作单位	备注
1	高校科技经纪人试点单位	浙江省教育厅办公室	省级平台
2	宁波大宗商品交易研究基地	宁波市哲学社会科学发展规划领导小组办公室	市级平台
3	宁波大宗商品流通协同创新中心	宁波盈士达公司等	市级平台
4	创新经济研究所	宁波市人民政府发展研究中心	市级平台
5	图像技术与智能系统研究所	宁波魅形智能科技有限公司	
6	大宗商品产学研战略联盟	华商商品交易所、宁波维科工贸有限公司、宁波钱塘有色矿产品交易中心有限公司等	
7	中小企业研究基地	慈溪市庵东商会	
8	浙江省现代大宗商品产业体系协同创新中心	北京市长城企业战略研究所、浙江网盛生意宝股份有限公司、美尔雅期货经纪有限公司、宁波市证券期货业协会等	
9	蓝源家族财富管理研究院	浙江蓝源投资管理有限公司	
10	舒能LED照明研究所	宁波艾易迪照明有限公司	
11	语言翻译研究所	宁波市江东拉拉翻译有限公司	
12	东金科技产品构型结构综合研究基地	宁波市日聘工贸有限公司	
13	社交网络及应用研究所	上海唐腾信息技术有限公司	
14	“毕升文化”联盟工程	宁波毕升四迪创意彩印有限公司	

续表

序号	平台名称	合作单位	备注
15	信息文化传播研究所	浙江优创信息技术有限公司	
16	应用传播研究所	宁波陆宝食品有限公司	
17	宁波大红鹰学院埃美柯自动化装备协同创新研究院	埃美柯集团有限公司	
18	智能电子产业技术研究院	宁波新然电子信息科技发展有限公司	
19	地方历史文化传播研究所	宁波海曙枫林晚文化传播有限公司	
20	对冲量化研究所	宁波冠瑜投资管理公司	
21	机械工程研究所	宁波东昊汽车部件有限公司	
22	工业设计研究所	宁波和丰创意广场投资经营有限公司	
23	现代会计与财税研究所	宁波世明会计师事务所有限公司	
24	宁波市国泰安高校创新创业教育中心	深圳国泰安教育技术股份有限公司	
25	跨境电商大学生创业园	宁波望春工业园区管理委员会	
26	坤九集团宁波大红鹰学院研发中心	宁波坤九投资管理有限公司	
27	恒胜物流宁波大红鹰学院国际物流研究中心	宁波恒胜物流有限公司	
28	临港经济研究院	嘉兴港区开发建设管理委员会	
29	宁波神化大红鹰学院研究基地	宁波神化化学品经营有限责任公司	
30	宁波大宗商品交易研究中心	山东寿光蔬菜产业集团（天津）商品交易市场有限公司	
31	现代服务业发展研究所	浙江泰隆商业银行宁波分行	
32	泥金彩漆（漆艺）产品创新研究所	宁波市鼎太风华艺术有限公司	
33	百蝶信息宁波大红鹰学院物流新技术研究中心	上海百蝶计算机信息有限公司	
34	艺术设计研究所	浙江数联云集团有限公司、宁波市江北康柒装饰成品化研究所	
35	欧琳——宁波大红鹰学院先进制造企业物流研究中心	宁波欧琳厨具有限公司	

续表

序号	平台名称	合作单位	备注
36	自由港——大红鹰全球供应链物流研究基地	宁波自由港网络科技有限公司	
37	区域经济研究所	宁波太平鸟时尚服饰股份有限公司	
38	诚捷模具研发中心	宁波市鄞州诚捷模具有限公司	
39	增材制造（3D 打印）技术应用研究中心	杭州先临三维科技股份有限公司	
40	慧科互联网产学研平台	北京知行慧科教育科技有限公司	
41	宁波财经学院象山影视学院	象山县人民政府	
42	万盛文创园创客空间	宁波万盛实业有限公司 宁波鄞州安然文化传播有限公司	
43	商丘市梁园区产业聚集区中小微企业创新创业战略合作平台	商丘市梁园产业集聚区管理委员会	
44	物流产学研联盟	宁波市鄞州区物贸联合会	
45	跨境贸易创业平台	杭州赢动教育咨询有限公司	
46	清华大学技术创新研究中心宁波分中心	清华大学技术创新研究中心	
47	产学研战略合作平台	宁波（国际）电子商务产业园	

二、研发团队

创新平台的建设给学校研发团队的组建提供了平台和空间，目前学校成功组建 42 支学历水平较高、科研能力较强的研究团队（见表 5－3）。

表 5－3　　宁波财经学院创新团队一览表

序号	团队研究方向	所在学院/部门
1	模式识别和图像工程	数字技术与工程学院
2	视觉传达设计	艺术设计学院
3	区域转型升级与大宗商品国际贸易研究	国际经济贸易学院
4	公共危机管理与整合研究	人文学院

续表

序号	团队研究方向	所在学院/部门
5	以服务中小企业为导向的民办高校发展研究	行政部门
6	基于新时期高等教育分类管理的应用型大学发展研究	行政部门
7	数据挖掘与分析	数字技术与工程学院
8	企业计算	金融与信息学院
9	嵌入式智能系统设计	数字技术与工程学院
10	云制造模式下的机电产品语义建模理论与方法研究	数字技术与工程学院
11	区域经济转型发展与产学研与协同创新研究	国际经济贸易学院
12	文化社会学与文艺政治学视角下中国主流文化研究	人文学院
13	高校大学生素质教育的创新与实践	行政部门
14	基于应用技术大学建设的教师发展研究	国际经济贸易学院
15	区域服务业研究	财富管理学院
16	服务业创新与管理	金融与信息学院
17	机电类应用型课程建设研究	金融与信息学院
18	应用技术大学学生就业能力	行政部门
19	可拓学与创新管理	马克思主义学院
20	创新管理与文化发展研究	工商管理学院
21	智能制造及机器人技术	数字技术与工程学院
22	数据挖掘技术的应用研究	数字技术与工程学院
23	新型城镇生态环境应用研究	艺术设计学院
24	地域性文创产品开发设计	艺术设计学院
25	大宗商品贸易与投资	国际经济贸易学院
26	教育国际化背景下的专业建设改革研究	国际经济贸易学院
27	基于“互联网+”移动互联工程产业化	数字技术与工程学院
28	区域人口与区域经济增长研究	国际经济贸易学院
29	大宗农产品贸易与区域经济转型升级研究	国际经济贸易学院
30	中小企业再创业与家族企业传承研究	工商管理学院
31	创新创业生态系统研究	工商管理学院
32	家族财富管理研究	财富管理学院
33	特色文化传播研究	象山影视学院

续表

序号	团队研究方向	所在学院/部门
34	数据挖掘和神经网络应用研究	金融与信息学院
35	人工智能及其应用研究	金融与信息学院
36	共享经济环境下供应链优化与决策研究	行政部门
37	财税理论及应用研究	财富管理学院
38	“互联网＋” 服务及应用	金融与信息学院
39	互动媒体艺术	艺术设计学院
40	传统造物设计文化与创新发展应用研究	艺术设计学院
41	模型优化与统计分析	基础学院
42	公司治理与公司金融	财富管理学院

第二节　孵化平台

创新平台中出现的新项目、新产品还需通过孵化平台进行落地。因此，学校提供商业模式实验室和资金来支持大学生的创新创业。

一、模式验证

学校自主研发了服务全校、辐射全市大学生的商业模式实验室（Business Model Lab，简称 BM－Lab）。BM－Lab 面向学校及全市大学生创业企业（项目）开放，重点围绕“商业模式验证及完善”，通过商业模式感知与激发、商业模式验证与修正、商业模式实施与支持，帮助创业团队完善商业模式，力争让大学生创业项目在实验室能得到科学、准确的判断与验证，帮助其从创业想法到创业实施、做大做强，打造成为宁波大学生创意想法、创业项目验证的试验中心（见图 5－1）。

感知激发区：提供大量案例库、行业库、项目库供学生学习和参考，开发“商业模式”创业类课程，指导学生开展创业。

验证修正区：线上线下验证修正，线上提供在线验证和创业类软件测试系统，线下由导师进行专题辅导。

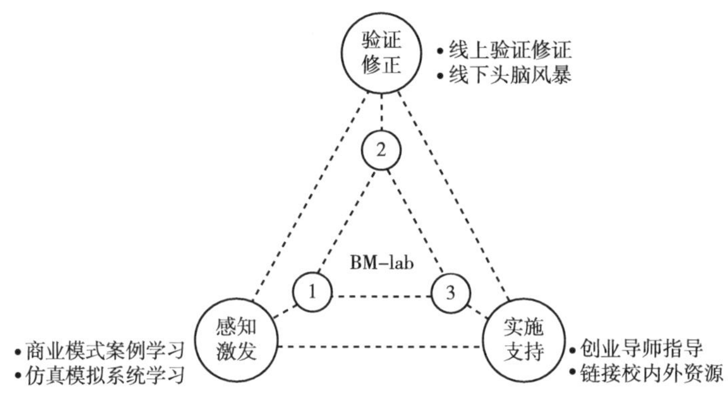

图 5-1　BM-Lab 功能结构图

实施支持区：对项目进行导师、场地、资源、资金等全链条支持，提供“一园一街多空间”孵化大学生创业项目，一园：大学生创业项目孵化园，一街：创业一条街，多空间：校内各众创空间（匠心创客空间、信息创客空间、电商创客空间、文创空间等），校外孵化基地和众创空间（望春科技园、高新区孵化基地、长城战略研究所等）。

项目服务对象：宁波财经学院、宁波市其他高校在校学生及毕业 5 年内的青年创业者提供创业辅导服务。

项目服务流程：项目收集、项目筛选、项目初步打磨、项目头脑风暴会、项目进一步完善、项目链接与支持、项目路演及线下系列培训讲座等（见图 5-2）。

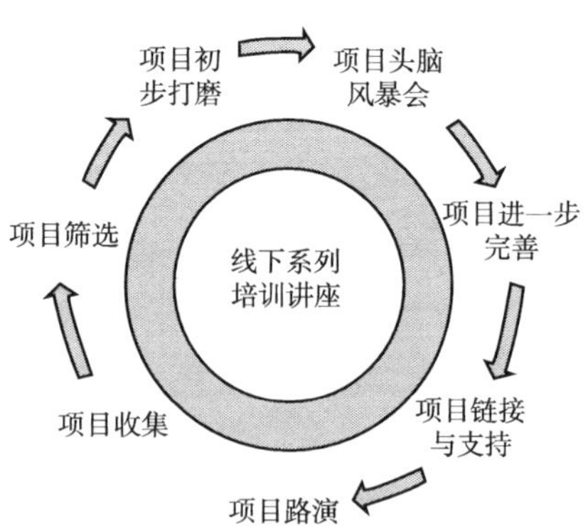

图 5-2　项目服务流程图

二、资金支持

学校在年度预算中专设创新创业教育经费，每年列支 1500 余万元，设立了 100 万元年度创新创业专项奖励和 20 万元企业年度创业奖学金，对学生创新创业成果予以奖励。此外，学校还通过多渠道筹建创业扶持基金，如与政府、企业共筹 800 余万元创业扶持资金，设立注册资金为 3000 万元的“宁波市大学生创新创业投资基金”，促进创业人才和创业公司的持续发展；由宁波市教育局等政府部门出资 201 万元创设“大学生创新创业资金”等。学校出台《宁波财经学院大学生创业实践项目资助资金管理暂行办法》《大学生创业实践项目资助资金管理办法》等文件支持大学生创新创业，并保障资金使用的规范。

（一）宁波市大学生创新创业投资基金

在宁波市教育局牵头下，学校与企业合作设立“宁波市大学生创业创新投资基金”（以下简称创投基金）。创投基金规模为人民币 3000 万元，组织形式为有限合伙制，由学校和企业共同对基金进行管理。基金主要用于培育、孵化宁波市及外地大学生来甬创业项目，包括学院、宁波市及外地来宁波的大学生、研究生的创新项目和大学技术成果转移项目。

（二）宁波财经学院大学生创业项目资助资金

学校设立宁波财经学院大学生创业项目资助资金（以下简称“资助资金”）。资助资金是学校支持大学生创业项目实践的引导经费，对有价值有潜力有科技含量的创业项目进行资助，分为 1 万元、2 万元的项目启动资金和 3 万元、5 万元的项目发展资金。学校创投基金不在此办法之列。资助资金主要用于资助经学校创业教育与服务中心审核认定的大学生创业项目，资助对象为我校在校大学生。资助资金来源包括：学校创业教育专项规划下拨资金、政府专项创业资助资金、社会其他资助资金。

环境创设篇

环境是人成长与发展的基本要素。为了培养出双创价值引领的应用人才，需要创设双创价值引领的应用人才培养环境。

| 第六章 |

双创价值引领人才培养双创园区

学校在双创价值引领下，建设各类双创园区，为人才培养创设环境；为63个研究院（所）创设分布式创新园区和集中式创业园区；为开展创新研究和举办双创博览会、科技文化节、科创训练营、创新创业竞赛等双创活动提供优质环境和空间。

第一节　分布式创新园区

为深入生产实践，积极服务产业企业创新，学校先后与600多家行业企业合作，共建创新研究基地。

一、区域产业创新研究基地

区域产业创新研究基地是专门致力于新经济与创新创业研究的学术与政策咨询机构。

基地积极构建新经济与创新创业研究特色研究方向。通过整合资源构建“新经济下创新创业生态系统研究”“新经济下中小企业商业模式创新研究”“新经济下的家族企业再创业与成长研究”“新经济下的创业服务与教育研究”。承担省部级科研项目8项、科研到款512万元；发表核心期刊论文40余篇；获各类科研成果奖14项；学术专著5部；教材15部。

基地积极构建科研团队和学科平台。成功组建一支学历水平较高、科研能力较强的研究团队。基地拥有一支结构合理、基础扎实、富有创新精神的学术团队。现有专任教师 49 人，其中教授 10 人，博士学位教师 15 人，博士后 1 人，40% 以上教师为应用型教师或创业导师。与清华大学、吉林大学、复旦大学等国内著名高校及宁波市发展研究院具有不同层面的专业合作。

基地积极服务于地方经济社会发展。聚焦中小企业创新创业，撰写并发布的《浙江小微企业创新指数报告》已经被省政府采纳，被国家工信部、新华社、中央广播电台、凤凰网、宁波日报等国内权威媒体或部门报道，形成了较大的学术与社会服务影响力。

二、大宗商品协同创新中心

宁波现代大宗商品产业体系协同创新中心是由宁波财经学院牵头，西安交通大学、华中科技大学、中国物流与采购联合会、宁波大宗商品交易所、宁波神华化学品经营有限公司、北京长城战略咨询研究院等多方协作的专业研究组织。中心实行理事会领导下的主任负责制，采取“平台 + 任务”的基本运作形式。中心拥有一支结构合理、基础扎实、富有创新精神的学术团队，现有专职研究人员 17 人，兼职研究人员 11 人，其中教授（研究员）14 人，60% 成员具有博士学位。

中心将紧紧把握浙江海洋经济发展战略重大机遇，汇聚多方优势资源，系统规划、有序推进、科学管理，以大宗商品企业商业模式创新、交易市场品种与机制创新、现代物流服务创新、现代信息服务创新、高级专门人才培养和大宗商品产业基础理论研究为任务导向，努力建设成为集理论研究、技术服务、政策咨询、人才培养等功能为一体的国内大宗商品领域高端创新平台。

中心积极推进产学研战略合作。立足宁波，与国内外、省内外高校、学术机构、政府职能部门以及行业界进行广泛的产学研合作，引进聘任了一批企业部门主管、专业机构研究员、高校专家学者，担当企业讲师（短期课程计划）、讲座教授、兼职（客座）教授、特聘研究员等，优化教学和科研人才队伍。

中心积极推进人才培养创新。通过实施科研合作、课程对接、专家授课、顾问咨询、行业研讨交流、共建实习基地等多种方式，积极探索校企共育模式，联合培养大宗商品高素质专门人才。

中心积极推进学科科研建设。依托宁波财经学院“国际贸易学”“宁波市大宗商品交易研究基地”等重点学科、基地资源，先后成立了“宁波国际大宗商品研究中心”“宁波现代金融研究所”和“宁波现代服务业发展研究所”等研究机构，积极构建科研团队和学科平台。成功组建校级首批研究团队 3 个，第二批研究团队 5 个。主持或参与主持完成 20 多项省部级课题、20 多项市厅级课题，累计完成两批校级大宗商品专项课题研究。目前，正致力于完成商务部《全国商品现货电子交易市场发展规划》、2014 年基地专项课题、国家软科学孵化课题等多项研究任务。

三、大宗商品交易研究基地

宁波市大宗商品交易研究基地是专门致力于大宗商品交易研究的学术与政策咨询机构。基地拥有一支结构合理、基础扎实、富有创新精神的学术团队，现有专职研究人员 11 人，兼职人员 4 人，其中专职研究人员有教授 4 名，65% 的成员具有博士学位。

基地积极构建大宗商品特色研究方向。通过整合资源构建“宁波构建国际化大宗商品市场理论与实践研究”“宁波大宗商品交易电子交易平台建设”“宁波大宗商品产业体系协同创新研究”三个特色方向。基地注重理论研究与决策实践相结合，积极服务地方经济社会发展战略，深化大宗商品交易理论和政策研究。

基地积极构建科研团队机制和学科平台。成功组建校级首批研究团队 3 个，第二批研究团队 5 个。“国际贸易学”成功申报宁波市重点学科，“大宗商品交易学”列入校级首批重点建设学科。主持或参与主持完成 10 多项省部级课题、20 多项市厅级课题，累计完成两批校级大宗商品专项课题研究。目前，正致力于完成基地 2014 年专项课题研究和国家软科学孵化课题研究。

基地积极服务于地方经济社会发展。立足宁波，与国内外、省内外高校、学术机构、政府职能部门以及行业界进行广泛的产学研合作。依托学科团队资源，积极开展服务地方发展各项社会培训，完成山西晋煤集团一期培训、宁波市大宗商品交易分析师培训等。目前正主持浙江省“大宗商品交易分析师”职业标准及培训体系开发建设。

四、自动化装备协同研究院

宁波财经学院埃美柯自动化装备协同创新研究院是宁波财经学院下属的二级研究机构，由埃美柯集团有限公司与宁波财经学院共同投入建立，其宗旨是坚持“科技是第一生产力”的发展理念，发挥合作方各自的优势，开展自动化装备领域的技术研究和人才培养，满足“机器换人”的时代要求。

研究院的功能定位：一是根据产业界的需求，从事制造业的共性技术、关键技术和前瞻性技术研究开发，以提升行业创新能力，加速产业的转型升级；二是开展自动化设备研发、自动化生产流水线改造、产品在线检验、产品工业设计等方面研究，进行成果转化及推广；三是培育产业技术人才，为企业输送及培养相关的优秀人才，条件成熟时开展研究生联合培养工作。

双方共同组织研究力量，联合推进重大科技创新工程技术攻关，开展新产品开发、先进制造技术、机器人、制造信息化等关键技术研究；申报和承担国家与省市各级科研项目，共同提出研究项目的立项、研发和产业化（转化）。

五、创投创管创新实践基地

学校先后与600多家行业企业合作，建有校外实践基地485个。鉴于实践基地数量庞大，本节仅以创业管理专业建设的创投类校外创新实践基地为例（见表6－1）。

创业管理专业是浙江省新兴特色专业，将理论教学、实训操作与创业实战完美融合，以创业领域专家学者、高校优秀教师、行业资深专家、实战派企业经营管理者、创业导师等组建学院师资队伍，形成了“课程总监＋专家主讲＋课程助理”的教学模式与“四位一体，六方联动”的实践模式；以强调塑造创新精神、培养创业能力的课程设置、教材配备和实训资源支持，全方位打造创新创业教学实训平台、创新创业研究平台、创业孵化支持平台，构建完整的创业教育与服务体系。

专业与国内多家创投企业、协会建立了战略合作伙伴关系，建设创投类校外实习基地33个，提供创新实践和实习机会，学生可进入知名企业担任中高层管理者的助理（如见习总裁助理、见习总监助理等），向成功者学习，接受一对一个性化培训辅导，参与企业决策与管理、解决企业经营过程中的实际问题。

表6-1　　　　创管创投类校外创新实践基地列表

序号	基地名称	合作单位名称	共建依托专业
1	全国工商管理案例中心长三角中小企业案例研究基地	清华大学经济管理学院	工商管理·创业管理
2	全球创业研究中心	浙江大学	工商管理·创业管理
3	创新经济研究所	宁波市人民政府发展研究中心	工商管理·创业管理
4	宁波国泰安创新创业教育中心	宁波市教育局、深圳国泰安教育股份有限公司	工商管理·创业管理
5	中国创业研究院	深圳国泰安教育股份有限公司	工商管理·创业管理
6	宁波大泽天成云空间设计有限公司校外创新实践基地	宁波大泽天成云空间设计有限公司	工商管理·创业管理
7	宣城市仁杰医院（仁杰医院）校外创新实践基地	宣城市仁杰医院（仁杰医院）	工商管理·创业管理
8	宁波义萌进出口有限公司校外创新实践基地	宁波义萌进出口有限公司	工商管理·创业管理
9	浙江华润慈客隆超市有限公司校外创新实践基地	浙江华润慈客隆超市有限公司	工商管理·创业管理
10	宁波牛吃草餐饮管理有限公司校外创新实践基地	宁波牛吃草餐饮管理有限公司	工商管理·创业管理
11	浙江综讯数码产品有限公司校外创新实践基地	浙江综讯数码产品有限公司	工商管理·创业管理
12	宁波易健贸易有限公司校外创新实践基地	宁波易健贸易有限公司	工商管理·创业管理

续表

序号	基地名称	合作单位名称	共建依托专业
13	浙江欧意维陆商贸有限公司校外创新实践基地	浙江欧意维陆商贸有限公司	工商管理·创业管理
14	浙江桂富宝电子商务有限公司校外创新实践基地	浙江桂富宝电子商务有限公司	工商管理·创业管理
15	宁波蓝一宝互联网科技有限公司校外创新实践基地	宁波蓝一宝互联网科技有限公司	工商管理·创业管理
16	深圳市国泰安信息技术有限公司校外创新实践基地	深圳市国泰安信息技术有限公司	工商管理·创业管理
17	上海上振振动电机有限公司校外创新实践基地	上海上振振动电机有限公司	工商管理·创业管理
18	宁波东利智能科技有限公司校外创新实践基地	宁波东利智能科技有限公司	工商管理·创业管理
19	宁波九五九投资管理有限公司校外创新实践基地	宁波九五九投资管理有限公司	工商管理·创业管理
20	小码大众（北京）技术有限公司校外创新实践基地	小码大众（北京）技术有限公司	工商管理·创业管理
21	宁波千成资产管理有限公司校外创新实践基地	宁波千成资产管理有限公司	工商管理·创业管理
22	西藏新城物业服务有限公司杭州分公司校外创新实践基地	西藏新城物业服务有限公司杭州分公司	工商管理·创业管理
23	成都市秀域健康科技有限公司校外创新实践基地	成都市秀域健康科技有限公司	工商管理·创业管理
24	上海舞九信息科技有限公司校外创新实践基地	上海舞九信息科技有限公司	工商管理·创业管理
25	长兴夹浦海旺磨毛厂工校外创新实践基地	长兴夹浦海旺磨毛厂工	工商管理·创业管理
26	杭州招银商品服务有限公司校外创新实践基地	杭州招银商品服务有限公司	工商管理·创业管理
27	宁波奥克斯物业服务有限公司校外创新实践基地	宁波奥克斯物业服务有限公司	工商管理·创业管理

续表

序号	基地名称	合作单位名称	共建依托专业
28	宁波百容网络科技有限公司校外创新实践基地	宁波百容网络科技有限公司	工商管理·创业管理
29	利时集团股份有限公司校外创新实践基地	利时集团股份有限公司	工商管理·创业管理
30	宁波聚众广告传媒有限公司校外创新实践基地	宁波聚众广告传媒有限公司	工商管理·创业管理
31	宁波沃车仓二手车经纪有限公司校外创新实践基地	宁波沃车仓二手车经纪有限公司	工商管理·创业管理
32	宁波市鄞州区五乡镇精思培训学校有限公司校外创新实践基地	宁波市鄞州区五乡镇精思培训学校有限公司	工商管理·创业管理
33	宁波赋活派文化发展有限公司校外创新实践基地	宁波赋活派文化发展有限公司	工商管理·创业管理

第二节　集中式创业园区

商业模式实验室（BUSINESS MODEL LAB，简称 BM－Lab）是宁波财经学院的创业教育重点实验室，实验室面向学校及全市大学生创业企业（项目），重点围绕“商业模式验证及完善”，通过商业模式感知与激发、商业模式验证与修正、商业模式实施与支持，帮助创业团队完善商业模式，力争让大学生创业项目在实验室能得到科学、准确的判断与验证，帮助其从创业想法到创业实施、做大做强，打造成为宁波大学生创意想法、创业项目验证的试验中心。实验室依托宁波财经学院国泰安创业学院，由宁波财经学院联合北京市长城企业战略研究所、深圳国泰安教育技术股份有限公司三方合作共建，宁波财经学院负责实验室具体运营。商业模式实验室目前建有“一园一街多空间”创业格局，一园：大学生创业项目孵化园；一街：创业一条街；多空间：校内各众创空间（匠心创客空间、“互联网＋”高校创客中心、艺传创客空间、文创空间、创富空间等）、校外孵化基地和众创空间（望春科技园、宁波国际电子商务产业园、高新区孵化基地、长城战略研究所等）。

一、创业孵化园

创业孵化园主要集中在学生活动中心3楼和杭州湾校区科创大楼8层。

（一）创业项目孵化园

集大学生创新创业、科研孵化、综合服务为一体的大学生创新创业基地（见图6－1）。园区功能：为大学生创业者提供办公场所、办公设备，进行创业素质测评、创业培训、创业指导，提供投融资、人力资源、项目申报、法律咨询、知识产权、市场拓展等服务，从资源、商务、教育、信息、金融、市场等不同领域为创业者提供各种支持，积极促进大学生创业团队快速成长；园区宗旨：以优良的创业环境，一流的创业孵化服务，扶植创业团队，培养创业人才。力争建设成为融大学生创业的成长基地、创新服务的试验基地和科技成果转化的孵化基地于一体的大学生创业服务平台。

图6－1　创业项目孵化园图

（二）杭州湾校区科创大楼

宁波财经学院杭州湾校区科创大楼，集“创业孵化、创业活动、创业服务”等功能为一体，重点面向（宁波财经学院）杭州湾校区的全体学生的创业团队、创业项目、初创企业等（以下统称为创业项目）开放。目前已经有10个大学生创业团队入驻孵化园。具体创业团队项目（见表6－2）：

表6－2　杭州湾创业项目孵化园入园项目

序号	项目名称	申请人	学院	班级
1	精选好“李”——助力果农奔小康	杨思思	财富管理学院	18财管3班
2	线上线下图书共享平台——爱读客二手书店	李昌洲	财富管理学院	18会计2班
3	春秋战国	陈莉玲	工商管理学院	18营销2班
4	身临其境——U创“试衣”平台	杨翔宇	工商管理学院	18营销3班
5	路游（私人订制旅行计划）	殷凤娟	工商管理学院	19长城菁鹰1班
6	泉遇文创	曾海航	工商管理学院	19长城菁鹰2班
7	共享座位“歇歇脚”	李雨倩	工商管理学院	19长城菁鹰2班
8	振兴“老”年风骨	吕龙奥	工商管理学院	19长城菁鹰2班
9	拼友汇	邱盟哲	工商管理学院	19长城菁鹰2班
10	易有钱二手交易平台	杨文杰	工商管理学院	19长城菁鹰2班

二、创业一条街

创业一条街位于学校南区商业街，适合店铺类型经营的创业团队入驻，是集大学生创新创业、综合服务于一体的大学生创新创业基地。园区功能：为大学生创业者提供办公场所、办公设备，进行创业素质测评、创业培训、创业指导，提供投融资、人力资源、项目申报、法律咨询、知识产权、市场拓展等服务，从资源、商务、教育、信息、金融、市场等不同领域为创业者提供各种支持，积极促进大学生创业团队快速成长；创业一条街宗旨：以优良的创业环境，一流的创业孵化服务，扶植创业团队，培养创业人才。力争建设成为融大学生创业的成长基地、创新服务的试验基地和科技成果转化的孵化基地于一体的大学生创业服务平台。

三、创业多空间

多空间主要是指校内各众创空间（匠心创客空间、“互联网＋”高校创客中心、艺传创客空间、文创空间、创富空间等），校外孵化基地和众创空间（宁波海创园、望春科技园、宁波国际电子商务产业园、高新区孵化基地、长城战略研究所等）。

（一）校内众创空间

1. 匠心创客空间

匠心创客空间成立于 2016 年 4 月，具有交流、培训、制作、服务、展示等功能，集创意空间、工作空间、社交空间、资源共享空间于一体。

创客空间分为基本部分和拓展部分，基本部分由分布在一楼和二楼的创意主题活动室、模型工作坊、机构工作坊、3D 打印工作坊、智能硬件工作坊、软件设计工作坊、小试工作坊、改良创新工作坊、人机交互工作坊、工业设计创新研究所、学生科创成果展览室等组成，面积约 1200 平方米，主要为创客和学生提供主题活动讨论、聚会、产品制作场所；拓展部分由各专业的创新实验室、TI 大学计划联合实验室和其他校企合作共建实验室组成，主要结合专业课程教学实践开展大学生科技活动和学科竞赛培育。

创客空间以“创意、创新、实践、分享”为发展理念，与宁波中科院创客空间、深圳柴火创客空间、杭州云栖小镇硬功鎗、西安电子科技大学宁波产业园（西电筋斗云众创空间）、宁波硬功馆科技有限公司等知名创客空间密切合作，致力于吸引校内外广大创客和大学生进入创客空间开展头脑风暴、项目研讨、经验分享、成果展示等一系列活动，共同推进大学生创新创业活动，提高人才培养质量。

2. “互联网 +”创客空间

“互联网 +”创客空间成立于 2016 年 12 月，创客空间兼具创新创业和科技成果转化功能。着力打造以软件技术研发、跨境电商、信息数据挖掘、大数据为主要方向的创新创业团队，以资源整合、模式创新、服务主导为核心理念，以互联网、云服务、社交工具为技术支撑，着力从服务平台、运营机制、载体空间、创新学院、文化氛围等方面推动学院大众创业、万众创新，以学校助推改革创新人才培养。

创客空间面积 1000 余平方米，配备办公桌椅、无线网络、投影仪等办公设备。主要为创客和学生提供主题活动讨论、技术交流、产品研发场所，同时结合专业课程教学实践开展大学生科技活动和学科竞赛培育。目前第一批共六个团队入驻，包括“幂次方”团队、“FPS”团队、“UPIC 创新创业工作室”“微创联盟”“鑫杰科技”“启明星队”。

（二）校外孵化基地

宁波海创园是由海曙区科技局和望春管委会主导下的海曙区首家民营企业国家级孵化器，也是海曙“众创孵化平台”的重要组成部分。创立以来，宁波海创园聚焦节能环保、新材料、新能源、电子信息、生物医药等战略性新兴产业，通过打造“创客 + 创业苗圃 + 孵化器 + 加速器”的梯级众创孵化全生态链，为创客团队入驻营造良好的创业环境。迄今园区已孵化 27 家科技创新企业，其中一家企业成功登陆“新三板”，多家企业产值超亿元。

宁波海创园总建筑面积 5.43 万平方米，厂房及办公楼 6 栋，其中直接用于科技企业孵化的面积 4.3 万平方米，由宁波恩科投资有限公司负责出租、营运、招商、日常维护管理等工作，设立自有投资基金 4 家，种子基金 1 个，引进投资机构 2 家，与 1 家融资银行战略合作。

| 第七章 |

双创价值引领人才培养双创文化

学校在双创价值引领下，创设双创社团、举办双创博览会、科技文化节、科创训练营、创新创业竞赛等校级品牌活动，搭建“一院一品”特色文化月等院级特色活动，营造创新创业文化。

第一节 双创社团

高校社团是丰富大学生课外生活、提高大学生素养和能力的一种重要形式。高校社团类型丰富，对于宁波财经学院而言，创新创业型社团是其重要的组织部分，为广大创新创业学生提供了平台。学校先后成立了青年梦想家创业协会、大学生发明协会、大学生 KAB 创业俱乐部等 5 个创新创业型社团。其中，为了提升同学创新创业的兴趣、增强创新创业能力、培养良好创业精神、让同学们感知创业的氛围的 U 创社比较典型，先后举办协办商业模式思维训练营、创业 48 小时、创业导师面对面、创业沙龙、商业模式设计大赛暨奇思妙想大赛等活动。除此之外，还进行创业孵化园、双创活动吧的管理等工作。

一、U 创社基本情况

U 创社设在杭州湾校区创业项目孵化园，这个孵化园是学院大学生创新创业园区的重要组成部分，是大学生创业基地，孵化园设备齐全，对每个入驻的创业项目都提供了尽可能的支持。在这里，入驻团队可以在孵化园中从事创业活动，创业团队可使用创业空间，共享资源。

除此之外，U 创社还拥有按照“打磨、风暴、链接”的服务机制的商业模式实验室，商业模式实验室也会通过开展头脑风暴会、创业导师面对面、创业沙龙等活动对入驻孵化园项目进行打磨并链接资源，这里还会邀请企业家、咨询师、投资者、产业管理专家等各领域专家推演商业模式，促进大学生创业项目厘定发展战略、优化商业模式。它孵化了享旅、“Warm. You”动画、即食佳、闪开来电等项目，助力了泉遇文创、予初手作等共九个项目。商业模式实验室还向学生创业团队提供了创业诊断和辅导，降低了大学生创业运营风险，提高了学生创业成功率。

在商业模式实验室的协助下，孵化园中的创业团队入驻孵化园的时间均不到两年，但是通过在商业模式实验室的精心培养下，多个创业团队均已取得不俗的成绩，在“互联网 +”、挑战杯等省级比赛中取得优异成绩。目前孵化园对于创业团队可提供独立团队创业空间，定期开展创业沙龙、创业导师面对面和头脑风暴等活动，以此来降低大学生创业运营风险，提高学生创业成功率，助力学生创业项目快速成长。

二、U 创社机构建设

U 创社发展至目前，已经形成了成熟的组织体系，U 创社由工商管理学院主管、校团委分管、以主任为中心，下设“两部一室”的形式，主任、各部门负责人职数和职责如表 7 – 1、表 7 – 2 所示。

表 7 – 1　　U 创社机构主任、部门负责人职数

职位	职能	相关要求
U 创社副主任（1 名）	辅助主任并对其进行监督，审核监督相关活动的策划、进程。统筹组织的各项工作以及审核监督活动进程的安排，处理与其余校级部门及老师的公共关系。	1. 具有较强的统筹规划及组织协调能力 2. 有较强的洞察力 3. 对三大组织具有较明晰的发展目标与规划 4. 有较强的语言沟通能力 5. 能够熟悉运用各种办公软件 6. 文笔较好 7. 具有较强的信息处理能力（有工作经验者优先）

续表

职位	职能	相关要求
办公室副主任（2名）	辅助部长对部员进行考核，文件制作、处理、加工、提交，协助审核新闻稿、总结撰写工作（本部有值班工作）。	1. 具有一定的统筹规划能力 2. 能够熟悉运用各种办公软件 3. 文笔较好并能够及时完成任务 4. 具有较强的信息处理能力（有工作经验者优先）
媒体部副部长（2名）	辅助部长对部员进行考核，安排并监督人员进行各项任务的工作、处理公共关系，审核照片及推送的质量。	1. 具有一定的统筹规划能力 2. 微信推送编辑能力 3. 文笔较好，有较强的图文编辑能力 4. 熟悉各种多媒体运用 5. 掌握一定的图片处理技术，如 PS 等（有工作经验者优先）
活动部副部长（2名）	辅助部长进行活动策划及开展，统筹兼顾、出谋划策、处理公共关系。	1. 具有一定的统筹规划能力 2. 活动组织能力强 3. 有较强的沟通交际能力 4. 有想法、办事认真（有经验者优先）

表 7－2　　U 创社机构部门职责

部门	职责
媒体部	1. 公众号 BM－Lab 的推文发送（公众号推文只能由两位部长发），活动结束后两天内必须发送推文，可以提前进行推文的编写。 2. 活动拍照。 3. 活动海报的制作，需要提前 5 天交给部长、负责人审核，海报上需要有活动时间和地点。 4. 易拉宝的制作。 5. 活动结束后三天内整理照片、通讯稿、会议纪要、总结等所有文件，打包成文件夹发给负责人。
活动部	1. 每三周组织一次活动。 2. 活动前两周开始写策划案，准备活动前材料，提前和媒体部沟通制作海报。 3. 活动时的场内维护、活动环节推动、签到。 4. 活动后的场地打扫。 5. 制作活动 PPT，提前 5 天完成 PPT 并交给部长初审核，后交给负责人复核。
办公室	1. 每个月 1 号和 15 号统计 8 楼所有办公室（除了长城商学院办公室）的桌子、椅子、柜子的数量。 2. 统计每次活动的参与人员名单。 3. 管理大型活动签到（例如商业模式训练营）4 管理孵化园。 4. 部分文件的编写。 5. 在网上查找各类竞赛的通知文件和报名途径，发给负责人，然后由负责人发在 U 创社大群里。

三、U 创社制度建设

（一）U 创社协会章程

U 创社本着“合作、创新、服务”的宗旨，以“创新引领时代，创业书写未来”为口号，面向全体在校大学生，只要是思想端正，认真负责，品学兼优，对创业有着浓厚的兴趣，并志愿自觉履行协会的各项义务，可由本人提出书面申请，经面试合格者，均可成为协会会员。协会管理机构设主任一名、副主任一名，干事若干，本协会负责人均通过民主方法选举产生，特殊情况下也可公开招聘，U 创社主要开展大创业 48 小时，读书分享会，奇思妙想大赛等提高在校大学生创业能力的活动，通过整体规划和落实，力争在校园内创建培训、实践、服务为一体的校园团队和交流平台，成为学生联系社会的有力载体。协会将在院团委、学生工作处大的领导下，高举“创新创业”励志旗帜，为广大学生创业能力的提高贡献力量。

（二）U 创社日常管理

主任负责把握社团的发展方向并对团委负责，对外代表 U 创社，在学期初，主任需要组织 U 创办公会议，制定学期工作计划并负责落实与实施。在学期末时，主任要共 U 创办公做好学期的工作总结，提出下学期工作的初步设想。除此之外，主任还要做好社团负责人队伍建设，发挥集体作用，监督好各项规章制度的修订与更新工作。副主任和干事则需要协助主任开展工作，做好学生社团的日常管理工作，负责做好每学期学生社团系列活动的计划制定活动布置及总结工作，对各个活动进行审批，监督与总结，在社团学生发生矛盾与冲突时，副主任和干事要做好协调工作，共同创造一个和谐向上的社团。

（三）U 创社财务管理

学生社团经济来源主要来自于会员所交会员费，社团还会通过举办培训班、有偿服务；企业、社会团体和个人赞助、捐赠等方式获取资金。为了保证财务的安全性，财务保管人员除了需要定期向社团主席团成员汇报财务状况，接受全体社团会员的监督以外，社团还会不定期的检查财务，当社团活动需要经费时，活动人员需要提前向财务保管人员进行申请，经过审批后方可领取活动经费。

四、U 创社社团服务

U 创社的核心职能概括为：搭平台，汇资源，聚人气，齐发力，促创新，助创业，他们在做氛围营造，项目孵化，实践指导，整合政府，企业，专家资源。U 创社拥有一整套完整的组织架构体系，部门成员和社团会员涵盖学校的各个专业，这就能很好地吸取各个专业的优势与特长，推进科技成果转化。他们开设双创培训班，创业培训在“双创”教育体系中起着承前启后的关键作用。通过通俗易懂、简明实用，以实践训练为主、符合应用型人才培养模式的创业培训，使学生进一步理清创业思路，普及创业意识，培养创新精神，增强创业能力，提高创业成功率，以提升“双创”教育整体水平。

（一）KAB/SYB 培训

KAB 包含三种类型的课程：一是学科课程；二是活动课程；三是实践课程（商业模拟游戏）。学科课程注重创业知识的传授；活动课程注重创业意识与技能的培养；实践课程注重创业模拟演练。KAB 三种类型课程形成了互为补充、互有侧重、立体的综合对应关系。课程的实施注重教学活动的设计，使学生在参与中体验创业过程、激发创业激情、提升创业技能。KAB 创业教育包括 8 个教学模块：创业者特征、创业意识与毅力的培养、创业者能力的开发与提高、创业原理、产生企业想法、评估商业机会、组建及经营小徽企业相关知识、撰写商业计划书。每个模块都有特色主题，但各个模块之间又彼此关联。

SYB 的培训教程分为两大部分及附加内容。第一部分是创业意识培训（GYB 内容），主要是创业适应性分析与创业项目构思和项目选择；第二部分是创业计划培训，涉及市场分析、组织架构、法律法规、利润预测、资金需求、开办企业流程等内容；附加内容包括两个游戏模块、创业政策讲解、创业项目调研和分析以及指导、完成创业（商业）计划书。

（二）创客实践班

“创客实践班”以国家创新驱动发展战略要求为出发点，基于 CDIO 育人理念，开发独特的教学体系和培养模式，旨在对机、电、控方向有兴趣与爱好的学生“引上路”“扶上马”“送一程”，助力学生将梦想转变为现实。“创客实践班”第一学年开设创新基础课及专业方向导学课，将根据学生兴趣或拟研究方向推荐到相关企业进行假期实习；第二学年学生自主发现问题，凝练研究方向，编写开题报告，进行项目论证；完成设计、制作、装配、调试及运行；参加各级创新创业大赛，撰写论文、专利申请及成果转化。

（三）CEO 创业精英班

“CEO 创业精英班”在创新突破方面实现了质的飞跃：第一，将创业课程纳入人才培养方案，可替换培养计划中的 8 个学分；第二，课程设计突出专创融合，根据学校专业特色，设置了涉及 IT 互联网创新创业、跨境电子商务创业、文化传媒创意创业、物联网创业、医疗保健产业创业 5 个方向的专创融合课程模块；第三，根据学生个性化发展需求，有针对性地定制课程，实行弹性学制。

第二节　双创活动

一、双创博览会

为激发学生创新创业热情，培育学生创新精神和创业能力，营造更加浓郁的创新创业文化氛围，学校每年举办贯穿全年、全员参与的双创博览会，并出台《关于举办大学生创新创业博览会的实施意见》，常态化举办贯穿全年的“双创博览会”，以创新创业项目立项培育为起点，以创新创业成果展示、评比、表彰为终点，突出教师指导全程化、学生创意成果化、活动参与全员化。每届平均收到师生作品近 6000 件，展示作品 4000 余件，展示创新创业项目近百项，大力营造了校园创新创业文化氛围，激发了师生参与创新创业活动的热情（见图 7－1）。

图 7－1　双创博览现场图

（一）博览组织

成立“大学生创新创业博览会工作领导小组”，由主要校领导任组长，各学院、团委、学生处、宣传部、教务处、科研处、就业指导中心、后勤处、公共文体部等相关部门负责人为成员；领导小组下设创博会工作办公室，办公室设在团委。领导小组各成员单位职责明确，学校层面主要负责创博会总体策划、物质保障和制度配套，各学院负责本单位创博会项目申报、项目运营管理、相关活动开展等事宜。

博览会开展开闭幕式、立项项目成果展、各学院创新创业成果展、大学生创新创意互动展、创新创业讲座论坛、创业校友企业家论坛等专题活动。

（二）博览准备工作

1. 创新创业项目招标工作

组织和发动本单位师生策划申报各类活动项目，重点发挥学生及学生团队的创造性，组织专业社团、工作室、训练营的学生参与其中。申报项目原则上要有较广覆盖面，专业性比较强且师生参与面较为局限的活动不在此列。学院申报总数不得低于 8 个，其中学生团队项目至少占 50%，涵盖至少两个以上类型，原则上活动项目针对全校举办。各职能部门根据实际情况单独申报或联合申报 1 ~ 2 项。由项目评审组对所有申报项目进行评审，博览会立项数一般不超过 50 项，每个项目均由学校给予资金支持，其中表现优秀的项目给予奖励。

2. 创设创客学堂和创客空间

发挥创客学堂和创客空间作用，组织开展创新创客沙龙、寻找身边的创客、创意制作与分享、创意众筹等一系列丰富多彩的活动，为青年大学生创新创业提供一个发展创意的孵化空间，培植一批大学生创客，助推大学生创新创业，营造良好氛围。

3. 创新创业活动项目实战

获得立项的各创新创业活动项目按照项目计划书进行实战操作，完成竞赛初赛、优秀队伍选拔、科技创新成果优化、创业成果孵化、应用实践与案例演练等准备工作。学校针对此次活动，制定相关考评制度，由项目评审组对各项目进行全程考核，并定期向工作领导小组汇报项目进展情况。

4. 创新创业教育工作交流会

邀请校内外专家及兄弟院校同行，围绕大学生创新创业教育工作相关问题研讨和交流。

（三）大学生创新创业博览会系列活动

每年7月面向全校各单位征集创博会立项项目，涉及创业实践、专业竞技、文化创意、科技创新等方面。立项项目均由学校给予资金支持，要求按照项目计划书进行实战操作、接受全程考核，并在第二年4月举行的创博会上进行项目决赛及成果展示。展示采取路演、汇报会、交流会、成果展、竞技互动等方式，在博览会期间集中展示创新创业优秀成果，开展各类创新创业活动项目的决赛及其他相关活动（见表7－3、表7－4）。

表7－3　　　　大学生创新创业博览会进程安排表

序号	活动名称	负责单位	工作内容	具体时间
1	前期准备	校团委 学生处 宣传部 各学院	制定并落实相关通知文件，指导各学院积极申报创新创业活动项目，拟定具体实施方案，广泛宣传。	7月1日～ 9月上旬
2	大学生创新创业活动项目申报及立项	校团委 科研处 就业指导中心	评审各学院活动项目，择优给予立项。	9月上旬～ 30日

续表

序号	活动名称	负责单位	工作内容	具体时间
3	大学生创新创业博览会动员会	校团委	博览会相关工作发布。	10月上旬
4	项目实战操作	各学院及其他立项单位	各单位根据项目计划，实战操作。	10月至次年4月间开展
5	创新创业教育工作交流会	校团委 教务处 科研处	邀请校内外专家及兄弟院校同行，围绕创新创业教育工作相关问题研讨和交流。	博览会期间
6	大学生创新创业博览会	学校办公室 校团委 宣传部 后勤	举办开幕仪式，开展博览会。	次年4月下旬
7	大学生创新创业博览会总结暨表彰大会	校团委 学生处 科研处 各学院	对上一学年大学生创新创业工作进行总结及表彰，并对下一届大学生的创新创业博览会做部署。	次年5月中旬

表7-4　　历届双创博览会主题一览表

序号	主题	时间	概况
第一届	创新创业成就青年梦想	2016年	本届博览会主题鲜明、目标明确、组织精细、成果丰硕，参与人员之广、参与热情之高、活动项目之多、影响力之大，当属我校大学生校园文化活动之最。从去年5月启动至今，历时1年之中，吸引了14300余名师生参与和关注；通过实施“双创积分制”，共有7万余人次参与实践体验；33个校级活动立项，展示团队500多组、项目近百项、师生创意作品4000余件；智力运动会、科创嘉年华以及专业特色体验等互动性和趣味性强；39场讲座、讲坛等研讨活动在校内15个场地次第开展，“中华博士会‘双创’进校园”及“2016创新创业论坛”更是邀请到了国内顶尖专家现场演讲，增加了浓厚的学术气息。期间，人民网、中国教育在线、中青在线、宁波日报、宁波电视台、宁波晚报、新浪浙江教育、网易等10余家媒体记者深入现场报道盛况。

续表

序号	主题	时间	概况
第二届	智绘青春·创赢未来	2017 年	本届博览会总共立项 47 个校级项目，开展 111 项活动，举办 65 场讲座，展示师生创新创意作品 2100 余件；大力神（泰坦）半自动协力骨骼系统、智能立体车库、智能交互机器人、智能机械手、VR 动画游戏体验、智能家居、智能车、3D 打印互动等成果作品琳琅满目；智力运动会、科创嘉年华、专业特色体验活动互动性和趣味性强。同时，65 场讲座、讲坛等研讨活动在校内 15 个场地次第开展，更是邀请到了国内顶尖专家大咖现场演讲，增加了浓厚的学术气息。经主办单位初步统计，本届博览会前后共有 12 万余人次的学生参与各级各类活动。期间，人民网、光明网、中国教育报、中国教育在线、宁波电视台、现代金报、东南商报以及浙江新闻客户端、甬派新闻客户端、网易等 10 余家媒体记者深入现场报道盛况，形成了一定的社会影响力。
第三届	创新无止境 创业践于行	2018 年	共立项校级博览会项目 36 项，开展各类创新创意互动项目 63 项，举办各类讲座论坛 73 场，展示师生团队 550 多组、历届项目 100 余项、创新创意作品 5000 余件。本届博览会呈现出“育人主旨更加突出”“师生参与的广度和深度得以拓展和强化”“成果效应持续发力”等特点，吸引 11000 余名师生参与，接待外单位参观来访 50 余次，得到了新闻媒体的广泛报道，引起了社会各界的极大关注。
第四届	青春展风采 创业赢未来	2019 年	本届博览会以“突出教师指导全程化、学生创意成果化、活动参与全员化”为宗旨，师生申报项目近 200 项，博览会期间共展示各类创新创意作品 6000 余件，展示团队 550 多组，邀请校内外专家及知名校友来校开展各类论坛、报告、讲座活动 62 场，首次协同宁波市科协、市知识产权保护中心开展科普信息、知识产权服务等内容的宣讲和展览。本届博览会呈现出“响应时代号召，凸显高校担当”“提前谋划、全员参与、科技含量进一步提升”“落实创新创业理念，推进产教协同”等特点，吸引 12000 余名师生参与，接待外单位参观来访 60 余次，得到了省、市主流媒体的宣传报道，引起了社会各界的积极反响。

一年一度的创博成果展示会，成为全校师生共同参与的盛会。展馆内，各学院精品项目、特色作品精彩纷呈，无不体现出创意灵感与学科专业的魅力，吸引着校内外媒体、友人、校友的高度关注，也使全校各级领导、教师、学生流连忘返，参与其中。

场馆外，各类讲座、论坛、研讨、辩论、决赛等精彩活动热火朝天。有创新创业导师就当下的经济形势与行业特点与师生对话和讨论，有创业家将自己的创业经验结合大学生的创业梦想、人生理想进行分享讲解，并提出中肯建议和意见，力助师生创新创业。每场讲座都吸引了来自不同学院的师生。精彩的演讲和轻松的互动中让参与的师生感受到创意、创新、创业所打造的精彩人生，也体会到了创新精神的无限可能。

创博会营造了生机勃勃的创新创业文化氛围，激起了全体教师参与创新创业教育的热情和积极性，激发了全体学生的创新精神和创业意识，有效促进了学校创新创业教育向更深层次发展。

二、双创多道赛

目前创新创业大赛分为三个层级：一是国家级，以“创青春”“挑战杯”以及“互联网 +”大学生创新创业大赛等为代表；二是省市级创新创业类大赛、浙江省大学生职业生涯规划与创业大赛等为代表；三是校级各类竞赛。本节以 2019 年“互联网 +”大学生创新创业大赛为例介绍双创竞赛。

（一）大赛类型

大赛类型主要包括：“互联网 +”现代农业、“互联网 +”制造业、“互联网 +”信息技术服务、“互联网 +”文化创意服务、“互联网 +”社会服务、“互联网 +”公益创业六大类。

赛道分为普通赛道、红色赛道和留学生组赛道，其中普通赛道包括创意组、初创组、成长组和就业型创业组四组；红色赛道为青年红色筑梦之旅，包含有乡村振兴、精准扶贫脱贫、质量兴农、绿色兴农、科技兴农、电商兴农和教育兴农；留学生组赛道为特色赛道，参赛负责人和成员应用我校全日制在校留学生（可为本专科生、研究生，不含在职生），成员中中国籍学生不超过 2 人。

（二）参赛项目要求

参赛项目能够将移动互联网、云计算、大数据、人工智能、物联网等新一代信息技术与经济社会各领域紧密结合，培育新产品、新服务、新业态、新模式；发挥互联网在促进产业升级以及信息化和工业化深度融合中的作用，促进制造业、农业、能源、环保等产业转型升级；发挥互联网在社会服务中的作用，创新网络化服务模式，促进互联网与教育、医疗、交通、金融、消费生活等深度融合。参赛项目主要包括以下类型：

1. “互联网＋”现代农业，包括农林牧渔等；

2. “互联网＋”制造业，包括智能硬件、先进制造、工业自动化、生物医药、节能环保、新材料、军工等；

3. “互联网＋”信息技术服务，包括人工智能技术、物联网技术、网络空间安全技术、大数据、云计算、工具软件、社交网络、媒体门户、企业服务等；

4. “互联网＋”文化创意服务，包括广播影视、设计服务、文化艺术、旅游休闲、艺术品交易、广告会展、动漫娱乐、体育竞技等；

5. “互联网＋”社会服务，包括电子商务、消费生活、金融、财经法务、房产家居、高效物流、教育培训、医疗健康、交通、人力资源服务等；

6. “互联网＋”公益创业，以社会价值为导向的非营利性创业。

参赛项目不只限于“互联网＋”项目，鼓励各类创新创业项目参赛，根据行业背景选择相应类型。以上各类项目可自主选择参加“青年红色筑梦之旅”活动。

参赛项目须真实、健康、合法，无任何不良信息，项目立意应弘扬正能量，践行社会主义核心价值观。参赛项目不得侵犯他人知识产权；所涉及的发明创造、专利技术、资源等必须拥有清晰合法的知识产权或物权；抄袭、盗用、提供虚假材料或违反相关法律法规一经发现即刻丧失参赛相关权利并自负一切法律责任。

参赛项目涉及他人知识产权的，报名时需提交完整的具有法律效力的所有人书面授权许可书、专利证书等；已完成工商登记注册的创业项目，报名时需提交单位概况、法定代表人情况、股权结构、组织机构代码复印件等。参赛项目可提供当前财务数据、已获投资情况、带动就业情况等相关证明材料。

（三）参赛对象

根据参赛项目所处的创业阶段、已获投资情况和项目特点，大赛分为创意组、初创组、成长组、就业型创业组。具体参赛条件如下：

1. 普通赛道

（1）创意组。参赛项目具有较好的创意和较为成型的产品原型或服务模式，在2019年5月31日（以下时间均包含当日）前尚未完成工商登记注册。参赛申报人须为团队负责人，须为我校在校生。

（2）初创组。参赛项目工商登记注册未满3年（2016年3月1日后注册），且获机构或个人股权投资不超过1轮次。参赛申报人须为初创企业法人代表，须为我校在校生，或毕业5年以内的毕业生（2014年之后毕业的我校学生）。企业法人在2019年3月8日后进行变更的不予认可。

（3）成长组。参赛项目工商登记注册3年以上（2016年3月1日前注册）；或工商登记注册未满3年（2016年3月1日后注册），且获机构或个人股权投资2轮次以上（含2轮次）。参赛申报人须为企业法人代表，须为我校在校生，或我校毕业5年以内的毕业生（2014年之后毕业的）。企业法人在2019年3月8日后进行变更的不予认可。

（4）就业型创业组。参赛项目能有效提升大学生就业数量与就业质量，若参赛项目在2019年5月31日前尚未完成工商登记注册，参赛申报人须为团队负责人，须为我校在校生。若参赛项目在2019年5月31日前已完成工商登记注册，参赛申报人须为企业法人代表，须为我校在校生或毕业5年以内的毕业生（2014年之后毕业的）。企业法人在2019年3月8日后进行变更的不予认可。

以团队为单位报名参赛。允许跨校组建团队，每个团队的参赛成员不少于3人，须为项目的实际成员。参赛团队所报参赛创业项目，须为本团队策划或经营的项目，不可借用他人项目参赛。已获往届中国“互联网+”大学生创新创业大赛全国总决赛金奖和银奖的项目，不再报名参赛。

初创组、成长组、就业型创业组已完成工商登记注册参赛项目的股权结构中，参赛成员合计不得少于1/3。

高校教师科技成果转化的师生共创项目不能参加创意组，允许将拥有科研成果的教师的股权合并计算，合并计算的股权不得少于50%（其中参赛成员合计不得少于15%）。

2. 青年红色筑梦之旅

组织理工、农林、医学、师范、法律、人文社科等各专业大学生以及企业家、投资人等，以“红色启航小分队”（以红色基因传承为特色的项目）、“绿色发展小分队”（践行“绿水青山就是金山银山”发展理念的项目）、“蓝色创新小分队”（与海洋强省关联的项目）或项目团队组团等形式，走进革命老区、贫困地区、山区和海岛，接受思想洗礼、学习革命精神、传承红色基因，将高校的智力、技术和项目资源辐射到广大农村地区。组织团队到各自对接的县、乡、村和农户，从质量兴农、绿色兴农、科技兴农、电商兴农、教育兴农等多个方面开展帮扶工作，推动当地社会经济建设，助力精准扶贫和乡村振兴。

3. “留学生组”赛道

留学生组赛道为浙江省特色赛道，参赛负责人和成员应为我校全日制在校留学生（可为本专科生、研究生，不含在职生），成员中中国籍学生不超过2人。本组项目不参加校赛，直接进入省赛，并单独设奖。

（四）赛程安排

2019年比赛将采取初赛训练营选拔（4月）、决赛训练营选拔（5月）和重点项目一对一辅导（5~6月）等环节递进组成，优秀项目推荐参加省赛国赛。

三、科创训练营

创新创业训练项目是国家为提升学生创新和创业能力而实施的一项实践项目，主要以国家创新创业训练项目，浙江省新苗计划项目以及学校大学生科研项目为主，表7-5、表7-6和表7-7主要统计了2015~2017年国家级大学生的各类训练项目。

表 7－5　　2015～2017 年国家级大学生创新训练项目表

序号	项目名称	项目负责人	指导教师
1	儿童雾化器研究与设计	刘　敏	皮　珊、常秋香
2	超高频 RFID 读写器安全设计	陈涨兴	马长安、潘铁军
3	迷你雕刻机的设计及制作	张翔宇	程　越
4	多目标组合优化的旅游线路推荐系统	李　婧	熊松泉、蔡天鸣
5	全自动螺丝锁付机床	林建刚	岑理章、何润琴
6	浙江省沿海经济环境下大学生创业路径研究	顾秋阳	冶治玲、王志军
7	“互联网＋大宗商品现货交易”服务创新模式研究——基于长三角化工品交易的调研	周洁祥	王　瑞、徐妙君
8	一种可以进行权限管理和记录使用状态的智能保管柜	薛泽鳌	王　飞、常秋香
9	半自动协力骨骼装置	郑　旺	左桂兰、程　越
10	长江三角洲地区大宗商品仓储物流产业水平时空格局、机理及其效应	顾秋阳	蒋天颖、麻黎黎
11	构建网络游戏第三方服务平台——知了说	陈嘉昌	周巧萍、徐妙君
12	浙江“海上丝路”服务贸易新增长点培育及对策研究	黄晔琛	王永龙、张海峰
13	基于内容图片检索技术（CBIR）的商务社交平台	袁佳琪	张　琪
14	基于自创引擎技术的 DOTAHD 游戏	余津建	周春良、赵　娜
15	基于点集拓扑群变幻的生物信息认证云计算平台可信接入技术	杨晟杰	王麟阁
16	AR 汽车实景导航设计与开发	王城锋	陆正球、王　水
17	2D/3D 智能工业相机	蒋　望	周光宇、王　飞
18	特色、动态的城市空间色彩体系研究——以宁波为例	沈陈敏	刘　岚、张霞儿
19	多功能助步器	王鹏程	魏　斌、潘孝杰
20	环保材料再利用创新设计——以竹箨为例	徐宇星	皮　珊
21	一种货盘的简易层叠装置	徐　莹	费江波、陈光群
22	基于贫困地区儿童光学实验的研究	钟　倩	皮　珊
23	生命教育视角下临终关怀现状调查分析及对策	孙　璇	周莹莹
24	中国对丝绸之路沿线国农产品贸易特征与潜力研究	徐　艳	王　瑞
25	特色小镇空间风貌变迁实证研究——以浙江省为例	陈和君	樊燚琴
26	微信控制 LED 植物生长灯	彭柏恒	鲍建宇
27	蜡染艺术在民宿空间软装中的创新应用研究	包倩倩	洪　磊
28	基于卡尔曼滤波姿态检测的智能颈环	翁益磊	李晓蕾

续表

序号	项目名称	项目负责人	指导教师
29	自动人工智能轮椅	陈鸿波	陈光群
30	地域文化的传承与创新——以宁波保国寺砖雕文创设计为例	郭名佳	梁　伟　吕焕琴
31	基于移动互联 App 技术的国家非遗宁波“泥金彩漆”数字化传播研究	章经伦	李兴远　李永平
32	互联网模式下智慧养老关键技术研究	曹允瑶	王景丽
33	DressU 智能穿衣搭配	邬晓杰	陆正球
34	基于“互联网+”的 V 创客云平台	吕鑫康	潘铁军
35	基于 RFID + GPS 技术的智能物流平台	袁志强	张海峰

表 7-6　　2015~2017 年国家级大学生创业训练项目表

序号	项目名称	项目负责人	指导教师
1	通魔工坊	吴德堪	周春良　王　拓
2	“创吧”创意平台	汪俊杰	康志辉　李书进
3	基于移动互联网条形码信息植入技术的创业实践——“码上说”项目	王　燕	储智鹏　张志军
4	风铃影娱服务项目	赏吉飞	陈光梅　王　勇
5	创 E 汇有限责任公司	高　倩	吴鹏跃　夏红霞
6	宁波鄞州悠哈商贸有限公司	兰夏晨皓	马孟俊　陈丽丽
7	DAMD 项目商业计划	王晨峰	周春良　吴克总
8	VR 全景漫游技术商业推广应用	郑泽宇	马长安　梁腾达
9	灵枢智链	卢炜楠	朱世峰　葛云锋
10	智能遮阳板产品创新与推广	章　腾	孔素然　赵振宇

表 7-7　2015~2017 年浙江省大学生科技创新活动计划暨新苗人才计划立项项目统计表

序号	项目名称	负责人	指导老师
1	面向慢性病患者的移动互联网健康医疗平台的设计与实现	孙　涛	陆正球　周春良
2	基于情感化设计理论的图书馆吊灯设计	王柳漫	任文永
3	智能锁付机器人	陈建瑶	何润琴

续表

序号	项目名称	负责人	指导老师
4	绍兴传统台门建筑的现代应用研究	潘　虹	倪　妍　余　薇　张铁墨
5	小型齿轮质量检测系统研究	钱旭烽	谢佩军
6	新型多功能导盲棒的开发	陈钱江	高晓红　常秋香
7	农田机器人自动避障技术研究	汤东鑫	胡　晔　李延芳　李　燕
8	螺杆校直机关键技术研究	叶忠义	黄鲁燕
9	新兴应用型本科院校贫困生幸福感影响因素及对策研究	朱胜男	滕秋玲　王显金
10	跳出异星球——游戏开发	喻　炳	刘邦权
11	基于大数据的以图搜图社交平台研究与设计	瞿瑞坚	张　琪
12	O2O 模式下商场库存协同处理的设计与实现	朱曜宇	王　乐　章秋红
13	社会主义核心价值观视域下中国主流文化对民众影响的调查研究	齐一嫣	常勤毅
14	宁波大宗商品市场发展的现状、趋势及对策研究	孙露霞	李书彦　陈启虎
15	基于低功耗蓝牙技术的室内定位导航系统	魏必成	陆正球
16	钉子助钉器	丁维平	张玉玺
17	宁波市大宗商品物流产业时空演化及影响机理的研究	朱佳青	蒋天颖
18	证券分析报告对金融动力学的影响	李飞燕	蒋雄飞
19	股票程序化交易软件设计与应用	骆锦涛	马长安　黄　莉
20	基于车联网的智能行车伴侣的设计研究	王永伟	李晓蕾　张雨刚
21	基于支持向量机的电子商城用户分类和个性化推荐系统研究	王　洁	唐辉军
22	“产销直接对接”新型订单农业电商营销平台的建设	董腾舟	李占平
23	儿童智能汗巾创新设计	陈坤琦	皮　珊
24	“互联网+”视角下高校社区化创业网络平台构建	嵇美霞	郑　果
25	本土品牌视觉形象提升与设计研究——以缙云烧饼为例	陈思易	吕焕琴　梁　伟
26	在线预约停车管理系统	陈　静	姚晋丽
27	农用半自动炒茶机	叶　微	陈文颖　丁胜年
28	基于“互联网+”的众包合弄云服务平台	吕鑫康	潘铁军
29	基于 AR 概念的英语早教软件	郑国旦	周春良
30	基于卡尔曼滤波姿态检测的智能颈环的设计研究	吴艳琪	李晓蕾

续表

序号	项目名称	负责人	指导老师
31	智能试剂柜管理信息系统开发	杨　铖	常秋香
32	远程用药提醒药盒	王文超	吴　勇
33	基于 RFID + GPS 技术在智能物流系统中的应用	袁志强	张海峰　李书彦
34	“双创时代”大学生互联网创业情况调查分析及对策研究	吕昊恩	周莹莹　林豪杰　姜　帆
35	基于垃圾分类宣传宁波垃圾桶设计研究	陈婷婷	王艳艳　余　毅
36	城市化进程中嘉兴地名文化的传承与保护策略研究	沈家鑫	夏晓云　刘凤阁
37	“新常态”下制造业民营高新技术企业经营状况、发展潜在危机及对策研究	贾舒丹	李　繁

四、特色文化月

（一）创业大讲堂

创业大讲堂由创业学院主办。主题精彩纷呈，从介绍从产品研发到 IPO 企业会经历哪些过程，再到海外企业如何通过技术创新谋求发展；研发模式的历史沿革，比如爱迪生个人天才型地创办通用电气，到两次世界大战中的政府主导研发，再到后来的私人、企业和政府资助型研发等从多渠道获取研发支持；新加坡、美国等国家的研发资助类型，以及科技企业从项目评估到上市的成长过程等。使大家从研发到 IPO 有了一个直观的了解，分享了不同类型（实验室类型和技术产品类型）的科技企业化模式、发展方向，以及三种评估技术价值的方法，成熟科技市场与新兴科技市场的异同，给大家开启了一扇了解海外创新型企业发展模式的大门。

（二）“聚焦营改增 助力创业梦”

主题沙龙由财富管理学院主办。主题为“聚焦营改增 助力创业梦”。参加本次沙龙活动的有宁波市国家税务局直属分税局相关领导、宁波市地方税务局直属分局相关领导、财富学院教师代表以及有创业意向的相关学生。沙龙活动分为两个部分：

首先，由宁波市国税直属分局以及地税局直属分局领导为学生讲解相关的税收知识，普及增值税相关优惠政策同时向学生详细介绍了全面推开营改增试点后地税机关征管范围；其次，同学们与税务局领导进行了良好的互动，积极提出自身创业就业过程中遇到的困难，税务局领导们根据实际的工作经验用生动的例子跟大家进行分享，在交流互动过程中各类疑问得到了很好的解决，现场氛围热烈。活动历时两个小时，在活动中同学们对税务相关知识制度有了进一步的了解，本次活动为学生与税务局之间面对面交流沟通建立了桥梁，创造了机会。财富管理学院的学生是与税收息息相关的，通过这一次的沙龙活动让同学进一步了解税收知识，帮助同学们构建起了一个更加立体的框架。

（三）“图变青春”机电文化节

机电文化节由机械与电气工程学院主办。历时 1 个多月，共举办了竞赛类、学术报告类、活动类三大类项目。其中竞赛类包括机械制图大赛、CAD 制图大赛、工业设计大赛、手绘大赛等；活动形式包括讲座、论坛、竞赛、技能比拼、科研创新、发明创造、科创标兵的评选等。参与活动学生人数达到 1078 人次，占机电学院总人数的 70.59%。

（四）“以‘创’为马”

“以‘创’为马”由工商管理学院主办。为充分调动我院青年学生参与创新创业的激情，弘扬我校“自信”“专注”的校训，打造学院创新创业特色，深入践行“创”文化内涵，突出专业特色，以“创”为马，不负青春，为学生提供一个展示自己和锻炼自己的平台，共同营造积极向上的校园文化氛围，特开展“以‘创’为马”特色月系列活动，打造“创”造系列活动。

随着启动仪式的圆满落幕，特色月正式拉开了帷幕。借着创新创业博览会和特色月的契机珍惜这大好春光，学子积极参与到各类活动中，以“创”为马，不负韶华，在营造良好的校园文化氛围的同时不断提高自己的创新创业技能。在创新创业的浪潮中集思广益、头脑风暴，在梦想的咖啡屋，迸发出一个个神奇的 idea，让同学们更深入地了解到创业并非一蹴而就，选择自己热爱的创业方向更是重要，并且要及时调整自己的心态以应对瞬息万变的创业环境。

学校品牌活动案例

品牌活动一：创业面对面

“创业面对面，我们一同走过”，创业面对面主要围绕创业环境、创业心态、创业资源、创业团队与学生进行沟通和交流，并针对学生的创业经历及疑问点评指正、答疑解惑，有效地帮助创业学生感受创业过程，掌握创业运营技巧，完成认知调整与能力储备，为成功创业奠定良好基础。

品牌活动二：创业 Partner

“创业在路上，我们结伴行”，创业 Partner 主要搭建一个平台，让创业者在这里寻找志同道合的伙伴，组建适合自己的一个创业团队，融技术、运营、商务、市场、资本等为一体的创业团队，为学生的创业提供基本保障。

品牌活动三：创业导师千里寻

“大学生创业导师，陪伴创业者成长”，创业导师千里寻主要是在大学生创业过程中，为了降低试错成本，寻找一位导师能给创业指明一个方向或者推荐其他专家，接受导师提供的人脉资源、资金、技能解决方案，最终形成一种陪伴式的创业成长。

品牌活动四：创业落地有声

“让创业梦想落地生根，助创业者一臂之力”，创业落地主要采取他模式分享和头脑风暴的方式，通过分享、研讨、点评等方式，借鉴国内外涌现出的新型商业模式，组织企业家、咨询师、投资人、创业导师、产业专家等群策群力激发创意，打磨商业模式，链接多方资源，助推项目从想法变为企业。

品牌活动五：创业资源汇

“汇才、汇智、汇资，让创业资源无缝对接”，创业资源汇主要通过链接校内外资源，为社会创业者或初创企业加强资源对接、整合，让创业变得高效，快速。在这里不仅可以寻找到适合自己的人才、资源、项目等，还可以让社会资本在这里找寻到适合的项目进行投资，实现社会创业与大学生创业的融合。

制度创新篇

制度是人们行动的准则和依据。为了实现应用本科的双创价值定位，需要构建双创价值引领的一系列行动依据与准则。

| 第八章 |

双创价值引领下人才培养学生激励机制

在双创价值引领下，加强对大学生创新创业政策支持，出台《创新创业实践奖励学分认定办法》《大学生创业实践项目资助资金管理办法》等系列政策，形成双创价值引领下人才培养学生激励制度，为学生创新创业创造良好环境，为创业学生提供便利，促进学生的创新创业活动有序进行。

第一节　学分认定

出台《宁波财经学院学生创新实践奖励学分认定办法（修订）》，鼓励学生通过创新创业项目和活动获得学分，允许毕业实习、毕业设计（论文）等集中实践和综合考核环节与个性化的创新创业实践活动进行学分互换，修订《学籍管理办法》，允许学生在学习年限内保留学籍休学创业，因创新创业原因申请休学者最长学习年限延长到16年。

一、认定范围

为鼓励学生通过参加第二课堂、社会实践、职业资格证书考试、大学生科技竞赛等方式提高自身的综合能力和素质，特设立各类创新创业实践奖励学分予以奖励。学生获得的创新实践奖励学分可充抵公共选修和专业拓展课程学分。

各模块课程采用灵活多样的课程内容及学分互认模式，已修过相同课程或相近课程的学生，凭所在院系开设成绩合格证明，可免修该课程，直接认定学分。此外，为鼓励在校大学生创办企业，依据《宁波财经学院本科学生学分制实施细则》第三十一、三十二条规定及《宁波财经学院学生创新实践奖励学分认定办法》，学生提交创业的相关文档资料，可向学院提出学分置换申请，经学院审核认定后，教务处批准，可置换 3 ~7 学期的专业拓展课程和集中实践课程，每学期可抵 1 ~2 门课程，最多可置换 16 学分。

二、认定程序

各学院成立创新实践奖励学分认定小组，负责学生创新实践奖励学分的初审工作；学校教务处负责创新实践奖励学分的审定，处理有关创新实践奖励学分认定方面的事务。

（1）学校统一在每年 6 月份和 12 月份各进行一次学分认定工作，第八学期的学分认定工作截止到当年的 5 月 20 日；

（2）学生本人提出申请，填写“学生创新实践奖励学分申请表”，并进行网上申报；

（3）各学院创新实践奖励学分认定小组对学生的申请进行初审，报教务处审定；

（4）教务处审定后，对经认定的创新实践奖励学分记入学生毕业成绩登记表。学校对经认定的论文原件和其他证书的复印件进行归档。

三、认定细则

1. 竞赛类

（1）认定范围：《宁波财经学院大学生学科竞赛管理办法（修订）》中规定的竞赛类别。

（2）同一年度同一项目的学科竞赛获得的创新实践奖励学分以获得的最高学分计算，不累加。

（3）集体项目根据分工及顺序分别予以认定，最低为0.5学分，学分认定范围限前5位获奖者（见表8－1）。

表8－1　学科竞赛获奖项目认定学分一览表

	获奖等级	认定学分数		认定细则
		A类	B类	
国家级	一等奖	8	6	集体项目前3位获奖者按可认定学分数认定；其余获奖者在可认定学分基础上减1分，不足0.5分的按0.5分计。
	二等奖	6	4	
	三等奖	4	3	
省级	一等奖	4	3	
	二等奖	3	2	
	三等奖	2	1	
市级	一等奖	/	3	
	二等奖	/	2	
	三等奖	/	1	

2. 论文类

（1）学生在校期间在省级以上一般期刊公开发表论文（作品）的，须为第一作者，且署名是宁波财经学院在校生，每篇认定1学分；

（2）学生在校期间在省级以上核心期刊公开发表论文（作品）的，须为第一作者，且署名是宁波财经学院在校生，每篇认定3学分。

3. 专利类

（1）学生以个人名义或学校名义申请国家发明专利，且已获专利证书或专利授权通知书，学分认定范围限前2位专利权人，每人认定3学分。

（2）学生以个人名义或学校名义申请实用新型专利和外观设计专利，且已获专利证书或专利授权通知书，学分认定范围限前2位专利权人，每人认定1学分。

4. 证书类

学生获得培养计划推荐的非高端职业资格证书，每种证书计1学分，累计不超过3学分。学生获得培养计划推荐的高端职业资格证书，每种证书计3学分。培养计划推荐的职业资格证书及高端职业资格证书另参见“学生创新实践奖励学分认定相关职业资格证书列表”。

5. 其他确有必要给予奖励学分认定的，由学院出具意见，提交教务处审核批准后给予认定。

第二节 资金资助

出台《宁波财经学院大学生创业实践项目资金管理办法》《宁波财经学院大学生创新创业园管理办法》等管理办法，每年安排专项资助经费，为创业的在校学生提供创业实践项目的资助资金；同时，对创新创业成果在学生评先评优中予以优先激励。

一、资金来源

资金来源主要有：学校创业教育专项规划下拨资金、政府专项创业资助资金、社会其他资助资金（见表 8－2）。

1. 宁波市大学生创新创业投资基金

在宁波市教育局牵头下，深圳国泰安教育技术股份有限公司与宁波财经学院于 2016 年 3 月合作设立了“宁波市大学生创业创新投资基金”（以下简称“创投基金”）。创投基金规模为人民币 3000 万元，组织形式为有限合伙制，由深圳国泰安教育技术股份有限公司和宁波财经学院共同对基金进行管理。基金主要用于培育、孵化宁波市及外地大学生来甬创业项目，包括宁波财经学院（国泰安创业学院）、宁波市及外地来宁波的大学生、研究生的创新项目和大学技术成果转移项目。

2. 宁波财经学院大学生创业项目资助资金

学校设立宁波财经学院大学生创业项目资助资金（以下简称“资助资金”）。

资助资金是学校支持大学生创业项目实践的引导经费，对有价值有潜力有科技含量的创业项目进行资助，分为 1 万元、2 万元的项目启动资金和 3

万元、5 万元的项目发展资金。学校创投基金不在此办法之列。

表 8－2　　　　　　各项资助资金来源

序号	项目名称	金额（万元）	出资部门
1	大学生创新创业资金	201	宁波市教育局等政府部门
2	大学生创新创业奖学金	32	宁波海曙鼎丰装饰公司
3	大学生创业项目扶持资金	536	杭州始秦企业管理咨询有限公司等企业
4	宁波市大学生创新创业投资基金	3000	学校、政府、国泰安公司
5	创新创业课程开发、师资建设合作教育	700	创新创业教育经费
6	创新创业实验室和实践基地建设	300～400	
7	创新创业博览会等各项活动的开展、各类赛事的组织	300	
8	学生职业发展、创新创业及就业指导服务	200	

二、资助对象

资助资金主要用于资助经学校创业教育与服务中心审核认定的大学生创业项目，资助对象为我校在校大学生，且需满足以下条件：

1. 申请资助必须同时具备下列条件：

（1）申请人遵守国家法律和校规校纪，诚信敬业，具有自力更生、艰苦奋斗、勇于创新的精神；

（2）申请人身体健康，能够按预期完成学业，项目负责人能承担项目任务；

（3）所从事的生产经营项目须是具有较高的技术性和一定的专业性、与产业发展导向相符合的非禁止、非限制发展类项目；

（4）该项目有专业指导教师参与项目指导；

（5）在学校商业模式实验室（一园一街多空间）孵化的创业项目优先考虑。

2. 重点支持拥有自主知识产权，符合国家产业政策，技术含量较高，创新性较强，具有一定成熟性和较好的潜在经济效益、社会效益的项目。

三、资金管理

创业教育与服务中心对创业资助资金的使用进行管理，并开展相关绩效评估工作，学校纪检监察审计部门负责对创业资助资金的使用进行监督。

受资助对象应当履行以下义务：①按照合同要求合理使用创业资助资金，并严格按财务规定进行财务管理；②受资助项目的负责人，须自资金拨付之日起每学期向创业教育与服务中心递交资金使用情况的财务报告和项目运行情况报告；③项目进入良好运营状态并盈利后，应按照资助资金的倍数捐赠学校，用于资助资金的补充；④接受学校纪检监察审计部门对资助资金使用情况的监督检查和审计。

项目运行期间若发生严重违约行为，学校有权依据项目资助合同书的有关条款做出撤销和终止合同的决定，由相关部门追回资助资金。

资助生效后，学校有权将受资助项目情况，包括还款计划及执行情况，在学校创业教育与服务中心网站相关栏目公示。

| 第九章 |

双创价值引领人才培养教师培育制度

以培养服务区域中小企业数量增长与创新发展所需的创新创业人才培养为使命与责任，这对教师队伍培育及其管理提出了更高的要求，需要创新教师的培育及管理方式。因此学校在双创价值引领下，遵循应用型教师成长应然路径，秉持“引培并举，以培为主，校企联通，重在应用”的师资队伍建设策略，出台《应用型教师资格认定考核办法》《创新创业导师管理试行办法》《教师参加社会企业实践管理办法》等办法，创新形成了“三类型四层次”应用型教师发展体系。

第一节　双创价值引领下的应用型教师资格认定管理

应用型教师是学校应用型人才培养、应用性学科专业建设以及服务地方经济发展的根本保证。应用型教师认定、考核是应用型教师队伍建设的基础工作，为有效建设一支实践能力较强、专业素养较高，个人发展与学校发展目标相一致的专兼职应用型教师队伍，特制定本办法加强管理。

一、应用型教师认定范围

应用型教师是指本身具有实践应用能力并能够培养学生实践应用能力的教师，或具有实践应用能力，能够解决政府、企业的实际问题，产生经济效益或社会效益的教师。由于这种能力在实际工作中表现出不同的特征和发展方向，为此将应用型教师细分为应用教学型、应用研究型、应用技术型三种类型。应用型教师资格认定的范围：从事教学工作的教研岗教师（含双岗位教师）、从事应用研究和社会服务的科研岗教师和主要从事实践（实验）教学的工程实验岗教师。

为体现能力和贡献“双导向”建设原则，应用型教师实行分层级认定、引进与转型同步、校院两级管理、激励与考核相结合的工作思路。应用型教师认定管理工作实行校院两级管理。学校负责应用型教师资格标准制定、职数控制以及单位成效评价，以及高级应用型教师认定等工作；各专业学院负责本学院的中级及以下应用型教师认定与高级应用型教师推荐、考核、激励以及实施细则制定等工作。

二、应用型教师资格标准

应用型教师资格标准是选拔应用型教师的依据，是培养应用型教师的指南，是引领应用型教师发展的导向。应用型教师资格标准由基本条件、准入标准和专业标准两部分组成。

1. 基本条件

进行认定前，首先须具备以下条件之一：

（1）近五年具有行业企业工作经历至少连续三年及以上，或近三年具有行业企业实践经历（脱产）连续半年或（非脱产）累计一年及以上；

（2）具有工程师、经济师、会计师或国家人社部门认可的中级及以上本专业相关专业技术资格或经专家论证的职业资格；

（3）担任过两年及以上大中型企业管理、技术主管等中层及以上职务。

2. 准入标准

符合应用型教师资格的认定范围，具备本学科、专业要求的扎实理论功底与教学技能或应用研究能力、社会服务能力，本科及以上学历，其中：

（1）应用教学型教师：从事课程讲授（含双岗），且近三年教师教学工作考核 C 及以上；

（2）应用研究型教师：主要从事应用研究或社会服务工作且近三年教职

工年度考核称职及以上；

（3）应用技术型教师：主要从事实践（实验）教学工作，且近三年教师教学工作考核 C 及以上。

3. 专业标准

专业标准是对应用型教师层级区分的总体标准，符合其中若干项，可认定其达到初级及以上应用型教师资格，包括：

（1）近三年主持与本专业相关的技术攻关项目，且已结题经认定获得较好的经济或社会效益；

（2）近三年主持并完成应用性项目、横向课题，单笔合同到款金额：理工类不少于 5 万元、人文类不少于 2 万元；或总到款金额：理工类不少于 10 万元、人文类不少于 6 万元；或专利技术转让、区局级以上政府部门采纳，获得良好的社会效益或运用成效；

（3）近三年完成应用性项目或横向课题的过程中有学生参与并使学生的实践应用能力得到了提高；

（4）近三年将应用性项目、横向课题、发明专利中成果转化为实践教学内容，纳入到应用性课程讲授；或校企合作开发教材；

（5）近三年指导学生参加应用性学科竞赛、学生科研、学生知识产权且转化，或本人参加实践应用技能大赛，且获得市级及以上奖励；

（6）近三年本人取得权利人为学校的发明专利授权 1 项或其他专利 2 项及以上，并经证明已转让；

（7）近三年开发维护校外实训实习基地、政校企合作研究平台、校企合作项目，经相关部门验收，取得实际成效；

（8）应用型课程及应用型教学团队或应用型专业负责人及主要成员，且年度检查合格。

三、应用型教师资格认定

应用型教师资格层级分为：准入级、初级、中级和高级应用型教师四个层级。各级应用型教师资格认定条件：

1. 初定条件

（1）准入级应用型教师：符合应用型教师准入标准，可认定为准入级应用教学型、准入级应用研究型或准入级应用技术型教师。

（2）初级应用型教师：符合应用型教师准入标准，且具备专业标准中的1项，可认定为初级应用教学型、初级应用研究型或初级应用技术型教师。

（3）中级应用型教师：符合应用型教师准入标准，且具备专业标准中的2项，可认定为中级应用教学型、中级应用研究型或中级应用技术型教师。

（4）高级应用型教师：符合应用型教师准入标准，且具备专业标准中的3项，且达到续定标准中对应的选择性业绩条件可认定为高级应用教学型、高级应用研究型教师。

2. 续定标准

续定标准分必备业绩条件和选择性业绩条件，必备业绩中使用过的业绩，选择性业绩不得再使用。

（1）应用教学型教师续定，原则上近三年需获得如下业绩：

<table>
<tr><th>级别</th><th>必备业绩条件</th><th>选择性业绩条件</th></tr>
<tr><td>准入级</td><td rowspan="4">（1）完成专业标准3或4指定业绩
（2）每年不少于1个月的与本专业相关行业企业实践（可累计）
（3）以下条件之一：
①平均每年带15名以上学生进入企业完成专业实践或实习
②毕业论文（设计）有80%以上为应用型课题</td><td>专业标准中完成0条</td></tr>
<tr><td>初级</td><td>专业标准中完成1条</td></tr>
<tr><td>中级</td><td>专业标准中完成2条</td></tr>
<tr><td>高级</td><td>专业标准中完成3条，且担任应用型专业负责人或示范性校外专业实践教学基地负责人或应用型课程教学团队负责人</td></tr>
</table>

（2）应用研究型教师续定，原则上近三年需获得如下业绩：

<table>
<tr><th>级别</th><th>必备业绩条件</th><th>选择性业绩条件</th></tr>
<tr><td>准入级</td><td rowspan="4">（1）完成专业标准2指定的业绩
（2）每年不少于1个月的行业企业实践
（3）毕业论文（设计）有80%以上为应用型课题</td><td>专业标准中完成0条</td></tr>
<tr><td>初级</td><td>专业标准中完成1条</td></tr>
<tr><td>中级</td><td>专业标准中完成2条</td></tr>
<tr><td>高级</td><td>专业标准中完成3条，且承担国家级应用研究型项目或省部级及以上应用型科研平台负责人，或研究成果被现任省部级及以上领导肯定性批示或以文件方式被采纳或取得发明专利，并经证明已转让</td></tr>
</table>

（3）应用技术型教师续定，原则上近三年需获得如下业绩：

<table>
<tr><th>级别</th><th>必备业绩条件</th><th>选择性业绩条件</th></tr>
<tr><td>准入级</td><td rowspan="3">（1）建设 1 门开放性实验课程
（2）每年不少于 1 个月的行业企业实践
（3）以下条件之一
①平均每年带 15 名以上学生进入企业完成专业实践或实习
②毕业论文（设计）有 80% 以上为应用型课题</td><td>专业标准中完成 0 条</td></tr>
<tr><td>初级</td><td>专业标准中完成 1 条</td></tr>
<tr><td>中级</td><td>专业标准中完成 2 条</td></tr>
</table>

3. 认定程序

中级及以下应用型教师认定采取教师个人申请、学院审核认定、学校备案的程序。高级应用型教师认定采取教师个人申请、学院审核推荐、学校认定的程序。第一，申报应用型教师资格的教师提出申请；第二，各学院根据本学院当年应用型教师规划数进行认定或推荐，并公示，公示时间不少于 3 个工作日；第三，学校对中级及以下应用型教师进行备案，对高级应用型教师进行认定并公示，公示时间不少于 3 个工作日；第四，公布认定结果。

4. 认定周期及工作津贴

应用型教师资格实行每年认定一次聘期一年。获得应用型教师资格的教师，可享受相应工作津贴。工作津贴标准如下：

应用型教师等级	高级	中级	初级	准入级
工作津贴	1000 元/月	600 元/月	400 元/月	200 元/月

5. 规模及结构

根据发展需要，学校应用型教师数逐步达到专业教师总数的 60%。高级、中级、初级、准入级应用型教师达到 1：3：4：2。每年由人事处按照各学院学生规模、教师规模、应用型人才培养及应用研究工作业绩下达各学院应用型教师年度职数以及各级岗位数。

6. 特殊情况

达到应用型教师基本标准，且某一项专业能力或专业实践业绩特别突出者，经学校审定可破格认定，获得破格认定的不占所在单位职数。具备应用型教师基本标准，且具有博士学位或副高及以上职称教师，同等条件，优先认定。

四、应用型教师来源渠道

应用型教师来源包括内部转型和外部引进。

内部转型。学校鼓励现有教研岗、科研岗教师立足专业发展与人才培养需要，自主参加或由组织安排行业企业实践锻炼，获取行业特许的职业资格或工程系列的专业技术职称，参与应用型课程开发、实践教学基地建设或从事应用性研究工作；对取得应用型教师资格的教师除了给予必要的补贴外，还将在职称晋升、实践锻炼、课题研究以及交流学习方面同等条件优先考虑，帮助其不断提升实践应用能力和资格等级。

外部引进。一是从社会上公开招聘，引进具有学校正式编制的应用型教师；二是与行业企业合作，兼职聘任应用型教师，重点是应用研究型和应用技术型教师。应用型教师的招聘计划由各学院根据学科、专业和实践教学发展需要做出，由学校人事处汇总、审核后，交由学校主管校领导批准。应用型教师引进工作由二级学院具体负责实施，学校人事处协调、考核，地方服务与合作处配合。各学院要加大应用型教师队伍建设力度，学校对应用型教师引进和转型成效实行年终评比，对成效突出的单位给予表彰奖励。

五、应用型教师认定组织

成立应用型教师资格认定领导小组，组长由分管人事工作的校领导担任，副组长由分管教学、科研及校企合作工作的校领导担任，成员由人事处、教务处、科研处、地方服务与合作处、教师发展中心负责人及各学院院长组成，主要负责总体方案审定与工作成效评比工作。学校应用型教师资格认定与考核领导小组办公室设在人事处，具体负责协调、指导各相关部门工作。各学院成立应用型教师资格认定与考核工作小组，组长由各学院院长担任，具体负责应用型教师人员引进、资格认定与考核工作组织、审核工作。

应用型教师受聘后，除要积极参加学校组织的相关应用能力提升活动外，每年还需要继续参加行业企业实践或挂职锻炼活动，以获得最新的行业信息，继续提升实践教学或应用性研究能力，企业实践或挂职锻炼的管理按学校有关规定执行。

附件：应用型教师资格申请表

附件

应用型教师资格申请表

<table>
<tr><td>姓名</td><td colspan="2"></td><td>所在部门</td><td></td></tr>
<tr><td>进校时间</td><td colspan="2"></td><td>聘任岗位</td><td></td></tr>
<tr><td>现资格类型</td><td colspan="2"></td><td>申请资格类型</td><td></td></tr>
<tr><td>实践经历</td><td colspan="4"></td></tr>
<tr><td rowspan="2">专业标准达成情况</td><td>分类条件</td><td colspan="3"></td></tr>
<tr><td>层级条件</td><td colspan="3">（含必备业绩和选择性业绩）</td></tr>
<tr><td>部门意见</td><td colspan="4">经学院应用型教师资格认定、考核工作组会议讨论，＿＿＿＿＿＿其为＿＿＿＿＿级应用＿＿＿＿＿型教师。
负责人（签章）
年　月　日</td></tr>
<tr><td>学校意见</td><td colspan="4">负责人（签章）
年　月　日</td></tr>
</table>

第二节　双创价值引领下的创新创业导师资格认定管理

创新创业导师是学校深入推进创新创业教育，培养学生创新创业能力的根本保障，也是学校应用型教师队伍的重要组成部分。为有效建设一支结构合理、思想先进、素质优良、专兼结合的创新创业导师队伍，结合学校应用型教师认定、考核与发展思路，特制定本办法。

一、创新创业导师的界定

创新创业导师是指具有创新创业必要的理论知识与实战经验，指导学生创新创业活动，并经认定达到学校相应标准的校内外教师，是学校应用型教师的重要组成。学校创新创业导师由校内导师和校外导师构成。其中校内导师由学校在职教师兼任；校外导师指熟悉国家相关政策法规，熟悉企业管理、市场运作、技术创新，并对科技、经济、市场发展有预判能力，在大学生创新创业指导、培训、创办或管理企业等方面有丰富经验或专业特长，以及有资金、技术、市场等资源的投融资机构和管理咨询机构的资深专家和其他创业成功人士。校内创新创业导师分为初、中、高三级，其中：

1. 初级创新创业导师为初次参加校内创新创业导师认定，经认定达到标准的教师；

2. 中级创新创业导师，原则上取得初级创新创业导师资格满 3 年，考核业绩优秀，且业绩位列校内创新创业导师前 20% 的教师；或虽初次参加认定但取得成果在学校具有首创性、标志性或产生重大影响，经学校创新创业教育工作领导小组审定，可破格认定为中级创新创业导师；

3. 高级创新创业导师，原则上取得中级创新创业导师资格满 3 年，考核业绩优秀，且业绩在中级创新创业导师中位列前 20% 的教师；或取得成果在学校具有首创性、标志性或重大影响力的初级创新创业导师，经学校创新创业教育工作领导小组审定，可破格晋升为高级创新创业导师。

校外创新创业导师不分层级，每一个聘期评选出20%左右的优秀创新创业导师，给予相应的奖励。

二、创新创业导师的责权

（一）创新创业导师的职责

1. 校内创新创业导师的职责

（1）开展与创新创业主题相关的课程、讲座、沙龙、论坛或其他创新创业实践活动，每次不少于2小时；或每年不少于两次的创业项目咨询，每次不少于3小时；

（2）对学校大学生创业项目进行一对一或4个创业学生的对接和辅导，每月须与创业团队进行深入沟通和交流，针对其困惑和问题给予指导；

（3）指导学生创新创业竞赛、项目；

（4）及时与聘任部门沟通工作进展情况，提出意见和建议；

（5）保守企业商业秘密；

（6）参加创新创业导师工作室活动；

（7）对有成功预期的项目和企业，愿意风险投入，并积极向创业投资机构推荐。

2. 校外创新创业导师的职责

（1）对我校在校生开展与创新创业主题相关的课程、讲座、沙龙、论坛或其他创新创业实践活动，每学期不少于2次；或每年不少于两次的在校项目咨询，每次不少于3小时；

（2）对我校创新创业教育、创客空间等寻求咨询的教师、学生、入驻企业，给予专业的指导帮助；保持与创业者的沟通交流，并针对其困惑和问题给予指导；与我校创业导师组建指导团队；

（3）与学校创业指导服务中心的创业项目进行一对一的对接和帮扶，为有创业意愿或处于创业初期的各类创业项目进行策划、评估、市场分析、经营管理、融资贷款、政策法规等方面的咨询和指导；

（4）向我校在编的创新创业指导课程教师及项目指导老师提供企业见习

锻炼的机会；

（5）参加校级创新创业教育工作，根据工作进展情况，提出意见和建议；

（6）对有成功预期的项目和企业，愿意风险投入，并积极向创业投资机构推荐；

（7）保守企业商业秘密。

（二）创新创业导师的权利

1. 获得学校颁发的创新创业导师证书；

2. 在与大学生创客对接并签订一对一的辅导协议时，可享有该企业一定比例的股权，或以资金、技术等形式优先入股，参与成果分享，具体内容以协议为准；

3. 在聘期间，享受学校相应的工作补贴，业绩突出的，可获得学校相应奖励；

4. 根据校外导师需要，优先安排校内招聘活动，择优选聘学校优秀毕业生；

5. 利用学校产学研优势，校外导师所属企业优先建立校企合作关系。

三、创新创业导师资格标准

1. 校内导师认定标准

基本标准：参加校内外创新创业导师专项培训，考核合格；三年内指导过学生创新创业项目。

专业标准：三年内每年开展与创新创业主题相关的课程、讲座、沙龙或论坛不少于两次，每次不少于 2 小时；或每年不少于两次的创业项目咨询，每次不少于 3 小时；三年内曾指导大学生创业项目全程，并获得风险投资或取得预期经济效益；三年内作为主要指导教师指导学生参加政府组织的创新创业大赛，获得省级三等奖及以上，或市级一等奖及以上业绩；各学院结合自身情况制定的其他标准。

2. 校外导师认定标准

（1）致力于帮助学生提高自主创新能力，愿意为学生创新创业的进步和社会经济发展提供公益性服务；志愿贡献时间、精力、智慧和经验，增加学生的创新创业知识，培养学生的创新创业意识，提升学生的创新创业潜力与能力；志愿提携和帮助创业者，追求创业企业成功运作所获得的精神回报和成就感；

（2）熟悉企业管理和市场运作，对科技、经济、市场发展有准确的预判；或经历创业过程并已经获得成功，具有对创业企业进行实际辅导的能力与经验，能对创业企业及创业者提供导向性、专业性、实践性辅导服务；有资金资源，愿意对初创企业进行小额资金扶持；对适合进行投资的项目和企业，愿意率先投入，并积极向创业投资机构推荐；

（3）各学院结合自身情况制定的其他标准。

四、创新创业导师认定程序

创新创业导师认定实行教师申报、学院认定的方式，并执行以下认定程序：申报创新创业导师资格的教师，需填写“创新创业导师资格认定申报表”，提交所在学院审核；各学院成立以学院院长为组长，不少于5人（单数）的创新创业导师资格认定工作组；各学院认定结果需在本学院范围内公示，接受教师监督；公示无异议，学校备案。

校内创新创业导师初定与续定：（1）初定，在学校下达的职数范围内，同时具备校内导师认定基本标准、专业标准各一条，可初定为初级创新创业导师。（2）续定，聘期考核合格，符合下轮聘期聘任标准的予以续聘，业绩优秀的，可晋升为高一级创新创业导师。

校外创新创业导师的初定与续定：（1）初定，在学校下达的职数范围内，具备校外导师认定标准，可认定为初级创新创业导师。（2）续定，聘期考核合格，符合下轮聘期聘任标准的给予续聘，获得优秀创新创业导师称号的，优先续聘。

作为主要指导教师（排名前两名）指导学生创新创业项目，经证实取得良好的经济与社会效益，其中创新项目取得国家发明专利证书；创业项目获得风投等资金支持，且达到阶段性收益目标的，经人事处审核通过后认定为创新创业导师，不受所在单位职数限制。

创新创业导师资格认定工作每年一次，安排在上半年举行；教师创新创业导师资格聘期为三年。

五、创新创业导师聘任待遇

创新创业导师实行两级管理，学校负责创新创业导师标准的制定、职数控制以及绩效评价等工作，各专业学院负责本单位的创新创业导师认定、聘任、考核、激励以及实施细则制定等工作。

（一）创新创业导师的聘任

1. 职数与聘任原则

学校专兼职创新创业导师岗位数与学生总数比为 1∶100，其中校外创新创业导师不低于 70%；计划五年达到规模要求。每年由人事处按照各学院学生规模、创新创业工作业绩下达各学院创新创业导师岗位数。坚持认定与聘任结合，实行谁认定谁聘任原则。保证质量，逐步完善，实行稳步推进原则。

2. 考核管理与等级

实行谁聘任、谁考核的方式，考核标准采用聘期内需完成专业标准中的两条。考核等级分为优秀、合格、不合格。校内创新创业导师考核优秀，且业绩排名前 20% 的，可晋升一个层级，并在学校岗位聘任、专业技术职务晋升等方面予以优先考虑。校外创新创业导师考核优秀的，可获得相应的聘期奖励。考核合格者，可继续参加下一轮同级创新创业导师聘任；考核不合格者，不予续聘。

3. 待遇与发放方式

创新创业导师是学校应用型教师队伍的重要组成部分，原则上不再认定其他类型的应用型教师。对校外创新创业导师实行“年度工作补贴 + 聘期绩效奖金”的方式。其中年度工作补贴标准为 8000 元，年度工作补贴 = 基本津贴 + 绩效津贴，发放细则学院制定。

聘期绩效奖金发放方式为：聘期结束时，学校对业绩排名前 20% 导师评选为优秀创新创业导师或十佳校外创新创业导师，对优秀创新创业导师给予 3 万元奖励，对十佳创新创业导师给予 5 万元奖励。

学校以创新创业导师培育工程为平台，加强创新创业导师培养提升，实施内外结合，以内为主的培训方式。学校培训责任部门为教师发展中心。创新创业导师工作室建设由就业指导中心管理，成为学校创新创业导师学习、交流、联谊、项目评审、问题诊断、创新研究的工作平台以及创新创业导师业务指导中枢。创新创业导师库由学校人事处建设与管理，入库创新创业导师每年从考核优秀的创新创业导师中选拔，知名企业家、创业成功者一旦获聘创新创业导师，优先入库。入库导师将作为学校创新创业项目评审、在职创新创业导师培训和评先推优的重要资源。

六、创新创业导师的解聘

1. 无正当理由连续 3 次不接受学校安排的创新创业指导工作的；
2. 以创新创业导师名义在社会上从事创新创业导师职责范围以外的活动，损害学校形象的；
3. 泄露企业商业或技术秘密的；
4. 由于其他原因，不能履行创新创业导师职责的。

附

宁波财经学院创新创业导师资格认定申请表

姓名		导师类型	□校内导师/□校外导师
所在单位		出生年月	
从事工作			□初定/□续定
职称		工作岗位（校内）	
进校时间		申请等级（校内）	
实践经历			

续表

认定标准 达成情况	
部门意见	经学院创新创业导师认定工作组会议评议，＿＿＿＿＿＿＿＿＿＿＿其为＿＿＿＿＿＿级创新创业导师。 负责人（签章） 年　月　日
学校意见	负责人（签章） 年　月　日

第三节　双创价值引领下教师参加社会企业实践管理

为了切实加强教师技术应用能力和创新创业素质的培养力度，提高教师队伍的专业实践教学能力，优化教师能力素质结构，提高学院应用型人才培养的水平，同时为了紧密行业、企业、产业与学院的联系，提高学院服务宁波地方经济的能力，促进服务型教育体系的构建，学院制定办法推动和规范教师参加社会、企业实践的活动。

一、参加实践的对象

参加社会、企业实践的对象以从事专业课程教学的专任教师为主，包括实验、实训指导教师。学院鼓励担任教学任务的教师积极参加与专业相关的实践活动，不断提高实践技能，了解专业行业岗位的最新应用技术。教师参加社会、企业实践，可采取灵活多样的方式，但要有明确的目的，具体的计划。派出单位对参加的实践活动要进行考核，重视实际成效。

二、参加实践的要求

时间要求。教师参加社会、企业实践活动，时间可分为短期（一个月以下，含一个月），中期（一个月以上三个月以下，含三个月），中长期（三个月以上），教师分散在学期中间参加实践活动的时间可以累计。

内容要求。教师参加社会、企业实践应选择与专业相关的行业企业和岗位，并围绕教学实际问题和科研项目任务进行实践活动，也可根据院校的安排到相关行业企业在专业技术岗位挂职锻炼。

三、参加实践的方式

1. 柔性挂职锻炼

参加政府组织和学院确定的社会柔性挂职锻炼，挂职岗位由学院认定，挂职人选由教师本人申请或相关单位推荐，经党政联席会议审定。柔性挂职期间，学院相关待遇不变，教师按满额工作量计。

2. 自带项目实践

因专业建设、教学改革的专项建设需要安排教师参加社会、企业实践活动，时间一般在一个月以内，实践单位、选派教师由项目任务所属单位确定，报教务处初审，由主管教学院领导审定，报人事处备案。教师实习期间的教学工作量计算，由教务处根据教师实践时间和项目完成情况，依据学院有关规定提出意见，报主管教学院长批准。凡在建或在研项目，已有立项经费，需要到企事业单位参加实践，进行合作，教师的相关报酬原则上在项目经费中列支。

为提高教师实践能力的实践活动。因教师队伍、教学团队建设需要，以提高教师的专业实践能力为目的，需安排教师参加社会、企业实践的，由分院根据部门工作目标和学院的有关师资队伍建设的要求，统筹安排教师的社会实践活动，相关报酬由分院在创收经费或在各自支配的权限内自行解决。选派教师进行实践锻炼的方案报人事处备案。

对确因培养少量骨干教师的需要，并在不影响正常教学任务落实的情况下，安排教师参加三个月以上的专业实践锻炼，各分院应提前提出计划，报人事处审核，并经学院党政联席会议批准。实习期间，工作量计算按人事处相关规定执行。

按以上途径参加社会、企业实践的教师，在参加实践活动前需填写“学院教师参加社会、企业实践审批表”，并与学院签订外出培训协议。派出单位对参加社会、企业实践活动的专业教师实施考核制度，实践时间三个月以上的教师，期中须向派出单位汇报中期实践情况；实践活动结束，教师须对实践工作进行总结，并由实践单位对教师的实践活动做出考核，经教务处审核报人事处备案。教师参加社会、企业实践的考核和评价情况要记入教师业务档案，作为教师职称晋升和岗位聘任的参考依据。

通过参加社会、企业实践，教师取得显著成果，为学院做出突出贡献的，由学院实施专项奖励。对于教师参加社会、企业实践不能完成预期目标任务、考核不合格，以及岗位调整（包括提出离职申请已批准等情形），选派单位应与实践单位协商终止教师实践活动。

第十章

双创价值引领下的校企合作激励制度

在双创价值引领下，学校出台《校企合作管理办法》《校企合作工作奖励办法》《大学生创新创业园管理办法》等管理办法，吸引一批政府资源、中小企业协会、电子学会等一批行业协会资源、国泰安、蓝源资本、长城所等一大批企业资源，以资金、场地、设备、人员等不同方式参与学校的双创教育活动。

第一节　校企合作管理制度

为进一步强化校企合作工作管理，积极推进产学研结合，有效支撑学校应用型大学建设，提升学校综合办学实力，结合学校当前校企合作工作实际，制定《校企合作管理办法》对校企合作进行管理。

一、指导思想

以学校办学指导思想、办学定位、发展目标等顶层设计为指导，以推进应用型大学建设、服务应用型人才培养为宗旨，紧密结合区域经济结构特征和发展需求，强化市场意识，遵循优势互补、互利双赢、注重实效、共同发展的合作原则，结合学科专业优势及其发展趋势，积极创新校企合作模式与机制，不断拓展校企合作范畴与深度，扎实推进校企合作向政校企多元合作、产学研用紧密结合、社会效益和经济效益同步提高的方向持续、纵深发展，为提高应用型人才培养质量、增强科研实力和社会服务能力、推进应用型大学建设并形成办学特色构筑良好平台。

二、总体要求

1. 高度重视校企合作，主动深入地方，联系企业，寻找合作契机，关注区域新产业新业态，通过校企合作了解地方产业布局及企业用人需求，找准市场定位、人才培养方向定位、科技研究与社会服务定位，创新人才培养模式，提高人才培养质量，努力实现我校应用型大学建设的办学目标。

2. 在开展校企合作的过程中，注重构建应用型教学团队，引入行业专家或企业高级技术人员补充师资，共同开发应用型课程，将行业发展的前沿动态、企业真实案例和项目带入课堂，强化学生实践能力培养，提高教师的实践教学水平。

3. 通过校企合作充分利用社会资源，与企业联合办学，共建校内外实验室、工作室、研究院所、实习实训基地、创新创业园区等，通过产学研合作平台的构建，实现与外部人才、技术、信息、资金以及其他资源的互补与共享，增强办学实力，提高办学质量与效益。

4. 通过校企合作，提升广大教师的科研水平和服务能力，积极开展技术服务、咨询服务、培训服务，提高服务企业、服务社会的能力与水平。

三、组织架构

建立与完善校院两级职责分明、协调配合、共同推进的校企合作组织架构。学校成立校企合作领导小组，由分管校领导担任组长，全面负责校企合作工作；地方服务与合作处系校企合作常设职能部门，负责校企合作制度建设、日常管理、督查考评、协调保障与服务等工作。各二级学院有明确的校企合作工作分管院领导，具体负责本院校企合作工作组织、实施与协调，同时配备一名教师协助开展校企合作工作。

四、管理机制

建立以合作项目为载体，包括项目分类管理、项目负责人制、项目事前管理、项目过程管理、项目评价激励等环节的校企合作工作项目化管理机制，在学校统筹安排与协调下，进一步突出二级学院在对接企业、引进项目、组织实施、模式创新、成果利用等校企合作工作中的主体地位与主体作用，进一步强化合作项目的有效性和成果导向。

1. 分类管理

校企合作项目分为院级项目、校级项目和重大项目。

院级项目合作协议加盖二级学院公章，由二级学院全权负责合作协议的起草、协议内容的审核以及合作项目的组织实施，并对合作过程与结果负责。

校级项目合作协议加盖学校公章，合作协议由所在二级学院起草、审核后，报地方服务与合作处审核备案、分管校领导审批。校级项目的实施以项目所在二级学院为主，学校配合做好协调与服务。

重大项目合作协议加盖学校公章，合作协议由地方服务与合作处起草，分管校领导审核，报学校行政办公会审批。重大项目由学校统筹配备资源，调整机构，跨部门组织实施，相关二级学院积极参与推进。

2. 项目负责人制

所有校企合作项目均实行项目负责人制。重大项目负责人由学校指定，在学校指导下由项目负责人组建项目团队，制定“校企合作项目计划书”、明确项目实施阶段性目标。校级项目和院级项目负责人由项目实施主体学院指定，在项目实施主体学院指导下由项目负责人组建项目团队，制定“校企合作项目计划书”、明确项目实施阶段性目标，并报地方服务与合作处备案。如项目实施期间项目负责人因故不能履职，须及时做好项目负责人的调整以及团队成员的配置，确保项目顺利进行与如期完成。

在教学、科研、服务企业等方面涉及学科、资源交叉，需由两个或多个二级学院、部门共同配合完成的校企合作项目，应成立项目联合小组，确定牵头的二级学院及项目负责人，统一协调项目的组织与实施。

3. 事前管理

所有校企合作项目在合作之前必须进行充分的可行性论证。各二级学院要对每一个合作项目的合作对象、合作内容、合作方式以及合作的必要性、可行性进行认真论证，严格把关。合作项目如在教学、科研、师资、设备、基建、资金等方面需要学校支持，组织单位需与相关职能部门协商论证，并征得相关分管校领导同意。

要高度重视合作协议的规范性和严肃性，增强法律意识和风险防范意识，对合作协议内容与格式严格审核，并严格遵循协议签章流程。

4. 过程管理

加强校企合作项目的过程性管理。二级学院每学期须进行一次校企合作项目推进情况检查，召开一次校企合作专项座谈总结交流会，检查结论报地方服务与合作处备案。地方服务与合作处每学期对二级学院校企合作项目开展情况进行一次抽查，抽查情况将计入各二级学院校企合作工作经费及基本奖励经费分配的参考权重。

加强对入驻学校的合作企业项目的运行管理。入驻企业必须通过校企合作，共同开展产教融合、产研融合，进行科技平台、实践平台、创新创业平台建设，共同开展项目研发、人才培养，为学生提供实践条件和实践指导；所在二级学院必须加强对入驻企业进行资质审核、运行规范监控以及合作成效考评，并及时与地方服务与合作处及教学、科研等相关职能部门通报备案，以确保合作顺畅，成效突出，校企双赢。

5. 评价激励

建立校企合作工作考核、评价和激励机制。围绕学校“十三五”规划、应用型大学建设目标内涵以及浙江省普通本科高校分类评价标准等相关校企合作任务指标，对二级学院校企合作工作进行目标考核。二级学院对本院校企合作项目完成情况或阶段性成果每学期进行一次基本评价奖励；学校对成效显著的校企合作项目和校企合作工作综合性成果每两年开展一次“优秀案例奖”评选及奖励。

五、保障措施

1. 加强部门协调与支持。全校要进一步统一和提高对校企合作工作重要性的认识，加大二级学院、职能部门间的组织协调力度，在教学、科研、人事、设备、资金、场地等各方面对校企合作项目开展提供资源保障与支持，提高校企合作项目的进度和效率。

2. 加强对接交流。组织开展校企对接联谊活动，邀请在校企合作中成效良好、影响较大的企业领导和专家不定期开展校企对接研讨活动，沟通交流合作经验；建立校企合作联络机制，与相关行业协会、学会以及重点企业建立广泛联系，主动寻求合作伙伴，开辟校企合作新局面。

3. 加强总结研究。组织开展校企合作相关理论与实践的专题研究工作，深入研究校企合作中出现的实际问题及其相应的对策，突出研究的针对性、实效性、前瞻性和指导性，努力形成具有我校特色的校企合作研究成果，并争取在模式创新、成果积淀等方面获得新的突破。

4. 加强经费支持。设立校企合作工作专项经费，按学年下拨给二级学院。校企合作工作经费具体下拨额度根据二级学院上学年校企合作推进情况（权重 40%）、当学年专业数（权重 30%）和学生数（权重 30%）三个方面，来确定该二级学院在学校下拨的校企合作工作总经费中的下拨比例。

第二节　校企合作奖励制度

为进一步推进校企合作工作，提高校企合作成效，激发全校教师投入校企合作工作的主动性与积极性，形成多元化、全方位、深层次和可持续的校企合作新格局，结合学校实际与发展要求，特制定《校企合作工作奖励办法》进行激励。

一、奖励指向

本办法所指的校企合作是指学校或二级学院与地方政府、企事业单位、科研院所、其他院校等社会组织机构合作进行的人才培养、基地建设、科学研究、社会服务等综合或单项的各类项目。

校企合作奖励以合作项目成果导向为原则，注重实效性和示范性，鼓励在校企合作的合作模式、合作机制、合作方式等方面大胆创新与探索，同时以校地、校企合作为平台，在混合所有制改革、应用型人才培养、应用技术研究和开发、服务地方经济建设以及创新创业等方面取得的各项成效。

二、奖励分类

校企合作奖励以合作项目为载体，分为“重点奖励”和“基本奖励”。“重点奖励”分为“优秀案例奖”和“组织推进奖”，每两年组织一次，用以鼓励表彰成效显著、特色鲜明、具有示范价值的校企合作典型项目和运行模式，以及对校企合作工作领导有力、积极负责、成绩突出的二级学院，由学校校企合作工作领导小组负责，地方服务与合作处组织具体实施；“基本奖励”每学期组织开展一次，用以鼓励表彰广大教师在校企合作项目推进过程中取得的阶段性实际成效，由二级学院组织实施，地方服务与合作处抽查备案。

三、重点奖励

（一）“优秀案例奖”申报条件

申报“优秀案例奖”的合作项目必须已经正式签约，并经过一年以上培育，同时具备下列两点及以上成效：

1. 合作办学：积极探索资源融合的深层次合作渠道，在共建专业、共建学院等方面有重大改革突破或显著合作成效；

2. 订单培养：开展基于校企合作的以能力培养为主线的人才培养模式多样化改革实验，合作企业深度参与学校人才培养，在师资、课程、实践实训培养模式改革等环节，取得显著成效；

3. 共建实践基地：联合企业开展校内外实践基地建设（包括联合多家同类型企业融合开展实践基地建设），能够基本满足一个及以上专业的学生实践教学需求，且运行效果良好；

4. 共建研发平台：与企业联合共建协同创新中心、产学研联盟、校企合作研究平台，并形成应用型科技创新团队，承接企业横向课题，为企业在新产品开发、技术改造、技术咨询等方面提供技术支持，或与企业联合申报政府重大科研项目；

5. 培训服务：积极为合作企业开展培训服务，并与企业共建培训平台，面向地方行业开展不同层次的培训服务，影响良好，成绩突出；

6. 创业孵化：积极与企业、地方政府合作共建创新创业平台，并在项目孵化、基金扶持、创业实战、创业大赛指导等方面取得显著成效；

7. 资源引入：积极引入企业资源、社会捐赠，包括通过校企合作项目，获得企业无偿提供资金、赠予设备、设立奖学金等，对学校发展、专业建设及学生成长发挥重要作用；

8. 其他类成效突出的优秀合作项目。

（二）“组织推进奖”评选条件

“组织推进奖”用以奖励高度重视并积极推动校企合作工作、组织领导有力、项目实施过程管理与监控措施到位、成效显著，且“优秀案例奖”获奖数量和质量突出的二级学院。

（三）“重点奖励”评审程序

1. “优秀案例奖”实行申报评审制，以专业为单位申报。二级学院组织初评推荐，校企合作领导小组组织专家评审。

2. “组织推进奖”实行评定制，由学校校企合作领导小组根据二级学院校企合作工作推进情况、“优秀案例奖”获奖情况等工作成效进行综合评定。

四、基本奖励

（一）“基本奖励”申报条件

1. 申报基本奖励的校企合作项目必须已经正式签约，并已完成项目负责人确立、项目团队组建、项目计划书审核备案；

2. 申报内容为当学期完成的校企合作项目成效，以及长期合作项目在当学期或延续至当学期所取得的阶段性合作成效。

（二）“基本奖励”申报程序

1. “基本奖励”实行申报审核制，以项目为单位，由项目负责人组织本项目团队成员进行申报，每年6月、12月提交《校企合作项目基本奖励申报表》（见附10-1）及相关佐证材料，由二级学院组织评审奖励，地方服务与合作处负责抽查审核。

2. “基本奖励”实行“业绩分”计算办法，奖励到教师个人，二级学院可根据本院专业特点和校企合作推进的不同阶段，结合学校提供的《校企合作基本奖励项目业绩分参考计算办法》（见附10-2），自行调整执行。

五、结果应用

1. “优秀案例奖”获奖项目在市级及以上高级别重点项目或奖项申报中给予优先推荐；

2. “基本奖励”获奖项目纳入应用型专业评估、示范性校外实践教学基地评选以及应用型教师职数分配中统筹运用；

3. 教师在“基本奖励”中所获业绩分数据信息在教师职称申报中使用，同时在应用型教师评聘、教师岗聘考核等相关条款中采纳。

六、奖励额度

（一）“重点奖励”经费

重点奖励经费每两年拨付一次，奖励经费额度根据各二级学院实际获奖情况统一拨付给二级学院自行发放。重点奖励经费的80%用于该院校企合作工作，20%用于奖励相关教师。

（二）“基本奖励”经费

基本奖励经费按学期拨付给二级学院，由二级学院按学期发放给当学期获奖教师。基本奖励经费具体下拨额度根据二级学院当学期合作项目所获业绩分（权重60%）、当学期申报项目数（权重10%）、获奖教师数（权重10%）、业绩分增减幅度（权重10%）、校企合作工作检查情况（权重10%）五个方面，来确定该二级学院在学校下拨的基本奖励总经费中的下拨比例。

附10－1　宁波财经学院校企合作项目基本奖励申报表

单位：　　　　　　　　　　　　　　　　　　　　　　　项目编号：

<table>
<tr><td colspan="2" rowspan="2">合作项目
名称</td><td colspan="2"></td><td>签约时间</td><td></td></tr>
<tr><td colspan="2"></td><td>申报时间</td><td></td></tr>
<tr><td colspan="2">项目负责人</td><td></td><td>团队成员</td><td colspan="2"></td></tr>
<tr><td colspan="2">合作目标
完成概述</td><td colspan="4"></td></tr>
<tr><td>序号</td><td>成果形式</td><td colspan="2">完成数量及质量</td><td>业绩分</td><td>审核意见</td></tr>
<tr><td>1</td><td></td><td colspan="2"></td><td></td><td></td></tr>
<tr><td>2</td><td></td><td colspan="2"></td><td></td><td></td></tr>
<tr><td>3</td><td></td><td colspan="2"></td><td></td><td></td></tr>
<tr><td>4</td><td></td><td colspan="2"></td><td></td><td></td></tr>
<tr><td>5</td><td></td><td colspan="2"></td><td></td><td></td></tr>
<tr><td colspan="6">项目成员业绩分分配方案</td></tr>
<tr><td colspan="2">姓名</td><td colspan="2">业绩描述</td><td>业绩分</td><td>签名</td></tr>
<tr><td colspan="2"></td><td colspan="2"></td><td></td><td></td></tr>
<tr><td colspan="2"></td><td colspan="2"></td><td></td><td></td></tr>
<tr><td colspan="2"></td><td colspan="2"></td><td></td><td></td></tr>
<tr><td colspan="2"></td><td colspan="2"></td><td></td><td></td></tr>
<tr><td colspan="2"></td><td colspan="2"></td><td></td><td></td></tr>
<tr><td colspan="2">学院审核小组意见</td><td colspan="4">

负责人签字：　　　　　　　　　　年　月　日</td></tr>
<tr><td colspan="2">学院领导意见</td><td colspan="4">

签字：　　　　　　　　　　　　　年　月　日</td></tr>
</table>

附 10－2　校企合作基本奖励项目业绩分参考计算办法

1. 新项目拓展：经校企双方认真沟通洽谈，二级学院组织完成考察、签约、项目负责人确立、项目团队组建、项目计划书拟定并正式在地方服务与合作处备案的校企合作项目，每一项目奖励业绩分 5 分。

2. 企方兼职专家、教师聘任：经二级学院考察、教务处审核、人事处办理聘任手续后，通过校企合作项目，每聘任一名专业教学指导委员会专家，奖励业绩分 15 分；每聘任一名应用型兼职教师（聘期二年以上，并担任教学任务）、创业导师奖励业绩分 10 分。

3. 校外实习基地建设：校企双方共建校外实习基地，每学期能够同时安排 5 名学生或累计 10 名学生实习，累计参加 1 周以上实习或实践学习，奖励业绩分 5 分；在此基础上每增加安排 5 名学生奖励业绩分 3 分。同批次学生累计实习时间达到 2 周及以上的，每增加一周另行奖励业绩分 5 分，以此类推。在实习的基础上，签订就业协议，经就业指导中心确认，每就业一名学生奖励业绩分 4 分。每个基地最高不超过 50 分。

根据基地运行情况，实习人数少于 10 人的，下浮 10%；达到 50 人的，上浮 10%；达到 100 人的，上浮 20%；实习年批次较多的上浮 10%～20%。

4. 订单培养：校企双方共同制定人才培养方案，共同开展订单培养，每班人数在 30 人及以上奖励业绩分 30 分；在大三或大四阶段，根据企业用人和毕业实习需求，校企共同在实习前设立阶段性订单班，人数在 20 人及以上，并由企业参与开设并实施授课的，奖励业绩分 15 分。

5. 校企联合开发教材：校企双方共同进行教育教学活动，合作开发项目相关的教材，经教务处立项，投入使用并正式出版教材者，每开发一本教材奖励业绩分 20 分；联合开发教材或实验指导书已经投入使用一学期以上，但尚未出版，每本教材奖励业绩分 10 分，待正式出版再奖励业绩分 10 分。

6. 教师企业挂职：教师深入合作企业挂职锻炼，经教务处审批、人事处认定，全脱产每人每个月奖励业绩分 10 分；半脱产每人每月奖励业绩分 5 分。

7. 开办培训班：与合作企业联合，面向社会或为企业在岗人员开办培训班，除学校其他管理规定外，每次培训班学员 20 人及以上，培训时间 1 天及以上，奖励业绩分 20 分。

8. 校内实验室建设及设备引入：校企共建实验室、研究中心（所）、工作室等校内实习基地，企业投入的设备、资金、物资（不含学校配套），完成设备过户并入库的，经二级学院初审，教务处、设备处审核确认后，以实际价值的10% ~20% 折合成业绩分奖励项目团队。其中学校引进的重点项目除企业按约定配套外，另外拓展的引入资金及设备，按入款额对折奖励；新的教学仪器设备以实际价值的20% 折合成业绩分奖励项目团队，旧的教学仪器设备以折旧后价值的15% 折合成业绩分奖励项目团队，教辅设备以实际价值的15% 折合成业绩分奖励项目团队；学校只有使用权的，需在教务处做好实验设备登记，并纳入管理，使用期在一学期以上的，根据设备数量及使用情况奖励业绩分5 ~20 分。

9. 奖学金、创业基金引入：获得合作企业捐赠的奖学金，学生科研奖励金，根据到款数额的10% 折合成业绩分奖励项目团队。创业基金引入按投入创业项目的万分之一折合成业绩分奖励项目团队。

10. 高级别学科竞赛：校企联合举办或参加高级别竞赛，可根据获奖等级折算成相应的业绩分奖励项目团队。二级学院可根据竞赛类别（A 类、B 类）、获奖人数浮动相应系数。同一项目所得业绩不可累加。

国家级（A 类）		省级（A 类）		市级	
获奖级别	业绩分	获奖级别	业绩分	获奖级别	业绩分
特等奖	100	特等奖	40		
一等奖	50	一等奖	30	一等奖	15
二等奖	40	二等奖	20	二等奖	10
三等奖	30	三等奖	10	三等奖	5

11. 校企合作成果申报的校级以上各级各类奖项：可根据获奖等级折算成相应的业绩分奖励项目团队。

国家级		省级		市级	
获奖级别	业绩分	获奖级别	业绩分	获奖级别	业绩分
一等奖	100	一等奖	60	一等奖	30
二等奖	80	二等奖	40	二等奖	20
三等奖	60	三等奖	30	三等奖	10

12. 通过校企合作服务企业所获得的横向课题、技术成果转化等科研成果：各二级学院结合实际设计业绩分，计入教师校企合作业绩档案，执行学校科研奖励办法，不再另行奖励。

第三节　创新创业园管理制度

学校创新创业园包含“一园一街多空间”，“一园”指创业项目孵化园，“一街”指南区创业一条街，“多空间”指各二级学院的创客空间和校外合作共建的创业基地。为促进学校大学生创新创业园（以下简称“园区”）的建设和发展，加强和改善园区的环境，根据国家有关法律法规政策，结合园区实际，制订管理制度。

一、管理服务宗旨

响应国家“大众创业、万众创新”的号召，以向大学生自主创业企业提供孵化服务为重点，引导大学生利用发展机遇用知识用技能创业，按照“自主经营、自负盈亏、自我约束、自我发展”的要求，通过提供优质服务、完善扶持措施、改善创业环境、降低创业风险和创业成本，提高创业企业成活率和成功率，把园区建设成为扶持大学生自主创业企业孵化、发展的平台和载体，成为大学生创业的重要集聚区和创新高地。

二、机构管理职责

学校设立大学生创新创业园区管委会，统一协调和管理园区工作。大学生创新创业园区管委会下设管理办公室，办公室设在就业指导中心，具体负责园区的日常管理工作。

主任：校创新创业教育工作领导小组秘书长

成员：就业指导中心、学生处、教务处、后勤处、地方服务与合作、创业学院相关负责人、有创客空间的学院相关负责人

办公室主任：就业指导中心主任

园区管委会主要职责包括：编制园区发展规划、负责入园项目的审核、负责园区的基础设施及公共设施建设、收集针对园区的各项意见与投诉，并对违反相关规定的公司进行处理。

园区管理办公室主要职责包括：根据学校相关规定，开展公司的入驻、装修、日常管理、退租等各项管理工作，监督公司经营活动，确保经营活动合法、有序；建立园区内公司经营档案，定期收集、更新和整理档案资料；制订园区各项管理制度和服务工作准则；负责园区的资产管理、企业服务和后勤保障；园区的其他职责。

三、服务管理项目

园区和入驻企业在抓好建设和发展的同时，应切实加强社会主义精神文明建设，做到物质文明和精神文明建设协调发展。力争通过三至五年的努力，把园区建设成环境优美、管理规范、功能齐全、服务一流的大学生创业乐园。

1. 未经批准不准在园区内走廊、办公室门口堆放其他物品，不准摆摊设点，不准店外经营，不准搭建建筑物和其他设施，不准不经批准设立宣传牌、广告牌，违者强行拆除并记录考核档案。

2. 园区内所有设施等均属公共设施，应妥善保管，损毁者按原价重新修复，并记录考核档案，依据相关规定处理。

3. 根据入驻企业对场地的实际需要，统一安排办公租赁场地，该办公场地仅限办公用房使用。

4. 入驻企业免交房屋租赁费，入驻企业在租赁期内，应合理使用并爱护其所使用办公用房及其附属设施。如因使用不当造成设备损坏或故障时，入驻企业应承担维修或赔偿责任。

5. 入驻企业如需对办公用房进行装修，事先须向园区管理办公室报送有关装修设计图纸及施工方案，并须征得园区管理办公室书面同意后方可实施装修作业。入驻企业在装修过程中除不得破坏建筑物的主体结构外，入驻企业可根据自己的经营需要进行适当装修。入驻企业在装修过程中如对结构主体、其他办公用房、公用设施或者第三人人身及财产造成损失的，应承担全部赔偿责任。入驻期满后或因入驻企业责任导致退场的，依附于房屋的装修归园区所有。

6. 使用期满如入驻企业不再继续申请使用办公场地或者因故提前解除合同后，除入驻企业自有的设备、设施以及其他自有资产外，入驻企业应在租赁关系结束后 15 个工作日内按照当时现状向园区返还用房，入驻企业所遗留的增添物可无偿归园区所有。如需续订协议的企业，在同等条件下有优先承租权。

四、经营管理要求

1. 入驻企业的经营管理应遵守国家有关法律、法规和园区的各项规章制度，按章纳税。维护国家利益，维护公平竞争的经济秩序，维护企业和员工的合法权益。

2. 入驻企业必须保障员工依法享有的权利，严格执行国家有关社会保障、安全生产、劳动保护等法律、法规规定的义务，按规定为职工办理养老、医疗、工伤、失业等社会保险，同时接受有关部门监督。

3. 入驻企业应按照国家有关规定，建立健全财务会计、统计制度，向园区管理办公室和其他有关部门报送统计报表。

4. 入驻企业如终止经营，应当按照有关法律法规的规定清理债权债务，提出清算报告，注销税务登记和营业执照。

五、安全管理要求

1. 为加强园区安全管理，新入驻企业在园区内的工作人员需到园区管理办公室办理备案并领取相关证件，入驻企业中员工人员有变动应及时办理相应更新手续。

2. 入驻企业应当遵守有关治安管理的法律、法规，协助管理机构做好园区的社会治安综合治理工作。

3. 入驻企业应当及时排查和消除安全隐患，发生安全事故及时向园区管理机构和安全监督部门报告。

4. 入驻企业的办公区域内的安全保卫工作由入驻企业自行负责。

六、补助奖惩政策

1. 入驻企业享受国家、省、市、区制定的相关扶持政策，园区服务机构协助入驻企业办理各类补助、奖励手续。

2. 入驻企业或个人因违反法律、法规、政策或者地方政府及其部门的管理规定，受到执法部门追究或者限期责令整改的，园区有权提前中止入驻协议，勒令企业迁出园区。

3. 在入驻期间，企业不得将承租的用房进行抵押、质押、转让、转租或挪作他用。如因入驻企业擅自将房屋转租、转借或者挪作他用时，园区管理机构有权立即收回，并追索由此给园区造成的经济损失，入驻企业应负责赔偿。

4. 有下列情况之一者，经园区管委会审核下发《退出通知书》，要求入驻公司退出创业园区：

（1）自然退园：房屋承租期满；项目负责人出国或者休学、毕业；其他原因不能正常在校学习生活的。

（2）出现下列情况其中之一者，强制退出园区：不符合园区产业规划布局的企业或项目；未经相关部门批准，擅自开办的企业或项目；实际经营范围与合同内容不符合的；办公区域处于无人状态或利用率极低的（根据园区办公室巡查）；拒不参加各类园区会议及相关活动的；未经园区同意，擅自更改办公室经营项目的；私自转租给其他经营者的；项目终止或考核不合格的；其他不适宜在创业园区继续进行的。

第十一章

双创价值引领下人才培养评价制度

2020 年中共中央国务院印发《深化新时代教育评价改革总体方案》（以下简称《方案》），《方案》提出要“改进高等学校评价。推进高校分类评价，引导不同类型高校科学定位，办出特色和水平”“探索建立应用型本科评价标准，突出培养相应专业能力和实践应用能力”。学校作为首批十所浙江省应用型建设试点示范学校之一，双创价值，已是学校 20 年来坚持服务区域经济发展需求，探索产教融合“双院制”人才培养模式改革、应用型师资建设等实践中形成的师生价值共识，并形成了双创价值引领下的人才培养评价制度。

第一节　课程评价制度

课程评价是指对课程的计划、活动及结果的价值作出判断的活动或过程[①]。学校出台《课程标准编制与实施管理办法》《应用型课程与应用型教学团队建设管理办法》《微学分类课程管理办法》等制度文件，按照“团队—课程”整体性建设思路，构建了支持学生专业核心能力培养目标的应用型课程体系。

① 邓泽民，陶文辉．职业教育课程设计［M］．北京：科学出版社，2017.

一、应用型课程评价

应用型课程是指对专业核心能力与综合应用能力培养起重要支撑作用的一组课程。学校出台《应用型课程建设质量标准》《应用型课程与应用型教学团队建设管理办法》等文件，规定了应用型课程的建设标准。

应用型课程按照专业核心能力和综合应用能力构成要素的规格要求，以模块化结构构建教学内容，注重理论教学与实践教学高度融合；课程教学更加注重实践性教学环节，强调学生的参与性，突出能力培养；教学形式灵活多样，以分阶段、团队式授课形式为主；课程考核以能力为导向，重点考核学生的知识运用能力、解决实际问题的能力。

二、微学分课程评价

微学分类课程是我校人才培养方案课程体系的有机组成部分，课程归属通识教育课程平台，课程依托学校公选课资源和网络课程资源进行设置，属于“1＋3＋X”素质教育特色课程体系中的X，它由一系列微学分素质教育选修课组成。微学分课程拟采用“教师讲座、学生研讨分享（或成果汇报）”或“教师讲座、学生实践操作”的授课形式，鼓励教师采用以“翻转课堂”为主要形式的授课模式。

学院出台《微学分类课程管理办法》，微学分课程的考核评价采用成绩和学分认定相结合的办法，成绩为两级分制（合格、不合格）；成绩合格者按其课程对应的学分数记入“微学分课程管理平台”。

微学分课程总成绩评定采用两级分制（合格、不合格），学分所修微学分子课程的学分数合计达到或超过2学分，课程总成绩认定为合格，否则不合格。

课程总成绩由人文学院微学分课程负责人在第六学期末通过学校成绩系统录入或导入。成绩录入提交后，须打印成绩单一式两份，教师、教研室主任签字后，送人文学院教务办。

课程总成绩不合格学生可申请继续选课，通过选课学习后总成绩合格者，每学年第二学期末录入成绩系统。

微学分线下课程教师的教学工作量按照课程学时数和人数系统进行折算，除生活体验课外增加0.5~1个课程管理工作量，折算方法如下表。

学时	教学工作量
2	2
4	4.5*人数系数
6	6.5*人数系数
8	9*人数系数
10	11*人数系数

教师的教学工作量由人文学院认定、汇总后，报学校教务处审核。

第二节　教学评价办法

在双创价值引领下，学校聚焦应用型人才核心素养和关键能力培养，坚持发挥课堂教学的主阵地作用，顺应信息技术和互联网快速发展趋势，以信息技术与教育教学深度融合为教学模式方法改革的突破口，将推进课堂教学创新作为“校长工程”，整体规划，系统设计，出政策、引资源、建平台、创环境，在全国同类高校中率先规模化实施“翻转课堂”教学改革，探索更适应应用型人才培养本质特征的课堂教学新模式。

学校成立“翻转课堂”教学促进中心，教务处、现教中心、教发中心、学生处、质评处五部门协同，按照“统筹设计、条件支撑、示范推广、机制推动”的工作思路，统筹在线资源、技术支持、学习环境、教学模式等要素，搭建整体支撑平台。每学期开展专题立项，每年50万元专项奖励、开展实时评教，并出台了《“翻转课堂”教学评价办法》。“翻转课堂”教学评价是指对一次完整的经过教师精心设计准备，学生认真学习配合而开展的“翻转课堂”教学效果的评价活动，目的在于引导教师、学生参与“翻转课堂”教学改革，树立正确的教学改革理念，掌握有效的教与学的方法，能对教与学的结果进行比较客观的评价和分析，并通过评价手段促进教师、学生的教学反思。

一、评价基本形式

“翻转课堂”教学评价采用自评、互评、第三者评价相结合，定性评价、定量测评和问卷调查相结合的方法，以形成促进教学改进的诊断性报告。本办法明确的评价形式包括教师自评、学生自评、同行互评及专家评价四种基本形式。

1. 教师自评：教师通过观察学生学习表现、考核学生的学习参与及掌握情况，评价课堂教学目标达成度，教学设计有效性、教学资源满足度和教师指导的作用发挥程度。

2. 学生自评：学生通过网络自主学习、小组同伴讨论、课堂交流研讨以及学习任务完成、课程考核等学习活动的参与，评价个体对“翻转课堂”学习体验的满意度，知识掌握程度，能力提升情况，个性化学习和发展的满足程度。

3. 同行互评：同行通过了解平台学习资源、课前学习任务和学生学习准备状况，观察课堂师生表现，从教学设计、教学组织、教学内容、教学效果几个方面评价教师的教学投入、课堂组织、专业水平及教育技术运用能力；评价学生学习专注度，课堂参与度以及对知识的掌握程度和运用能力。

4. 专家评价：专家通过课堂上对教师教学水平、学生学习状态、教学内容质量、教学保障条件等几个方面观察，对“翻转课堂”教学效果进行定量评价，并给出定性评价建议。

二、评价指标体系

“翻转课堂”教学评价指标体系分为三类三阶段二十二个观测点，评价办法采用十分评分制（1 为最低，10 为最高），评价方法采用网络实时评价模式（见表 11 –1）。

表 11－1　“翻转课堂”教学评价指标体系

类型	课前	课中	课后
教师自评	1.1.1 教学设计完整、有针对性，符合基本规范； 1.1.2 线上学习资源准备充分，支持度高，学习任务难度、负荷适合自主完成。	1.2.1 按计划开展教学组织、完成教学内容，学习难点、学生问题讲解清晰； 1.2.2 课堂关注到各类学生，与学生互动良好，达到教学目标。	1.3.1 学生学习效果测量及分析，对课堂教学设计、教学组织的反思； 1.3.2 提供学生的学习支持、答疑、辅导情况； 1.3.3 教师与学生情感融洽，个人教学体验满意度。
学生自评	2.1.1 学习目标、任务明确，并能做好新内容学习的知识、技能等各项准备； 2.1.2 按要求完成自主学习、自我测试、学习报告、学习问题等任务。	2.2.1 完成课堂听、讲、问、答的情况，课堂学习与课前学习内容的连贯一致情况； 2.2.2 课堂教学内容的理解、掌握、运用情况，是否有比较多的问题、思考。	2.3.1 课后任务挑战度，能否独立或者合作完成任务； 2.3.2 与同伴合作学习的体验收获； 2.3.3 在教师指导下学习的体验、收获、满意度。
同行评价	3.1.1 网络资源、教师教学设计准备情况，学生学习完全情况（平台提供）。	3.2.1 教师课堂教学组织能力、感染力、应变能力评价； 3.2.2 课堂学生专注度、互动参与广度、效果评价； 3.2.3 教学内容贴切性、新颖性、应用性评价； 3.2.4 教学组织方式设计合理性、有效性评价。	3.3.1 学生学习评价、测量办法设计的科学性、激励性、多样性情况（平台提供）； 3.3.2 网络平台、学校环境、课堂教学技术支持度评价（评价对象为学校教学条件）； 3.3.3 总体听课体验感受良好度（用于评价校验）。

在指标体系中，教师自评按课前 40%，课中 40%，课后 20% 权重计算；学生自评按课前 40%，课中 40%，课后 20% 权重计算；同行互评按课中评价占 80%，课前课后各占 10% 的权重计算，其中 3.3.3 用于评价过程中的评价合理性校验作用，3.3.2 指标是对学校教学条件支撑度的评价，作为参考。

三、评价实施过程

“翻转课堂”教学评价实施方案按照网络实时评价模式设计，在系统功能完成之前，也可以通过纸质评价表的方式进行评价。“翻转课堂”教学评价结果为诊断性报告，包括不同维度的定量评价分析以及定性反馈建议（见表 11－2）。

表 11－2　　　　　“翻转课堂”教学评价分析样表

教师节本信息	姓名	职称/学历	年龄	所在学院/第几轮开课
课程基本信息	开课单位/开课次数	课程名称/学时	翻转单元/学时	课程类型/教学场地
学生基本信息	专业/班级	总数/女生数		

定量评价分析：

项目	课前	课中	课后	总评	满意度指标	一致性评价（图标）
教师自评						
学生自评						
同行互评						
专家评价	教师	学生	内容	保障	总评	

定性评价分析：

项目	教师	学生	同行	专家	一致性建议（条目）
优点					
不足					
建议					

四、评价结果使用

“翻转课堂”教学评价结果提供给教师、学生、同行及教学管理部门，以发挥评价的诊断、改进、鉴定等作用。

1. 改进作用：反馈信息，促进师生、同行、教学管理的反思和改进。

2. 诊断作用：发现问题，找准问题，以利于找到解决问题的途径和方法。

3. 激励作用：肯定教学改革成效，进一步调动教师与学生积极性。

4. 导向作用：评价指标的内涵、观测点成为师生教学行为的关注重点，对课程教学改革起到积极引导的作用。

5. 鉴定作用：评价综合的结果一定程度能反映教师是否达到实施翻转课堂教学改革的水平和能力；教学平台是否达到教学改革的保障要求；以及学校教学组织、教学管理及学生学习情况的状态。

目前，“翻转课堂”教学改革在全校实施，每学年 200 余门课程、340 多个教学班参与，参与教师近 200 名，改革课程 1/3 以上课内学时用于研讨、汇报、答疑、测评等活动，课堂参与度平均达 80%，主动发问、乐于尝试解决复杂问题的同学平均增加 10%，学生认为“改革后自己能自由掌控学习”“课堂学习像是一场思维大爆炸”“全程思想高度集中、感觉整个身体被掏空了”“课堂时间过的更快了”。

第三节　专业评估制度

学校以“双创”为价值引领，以应用型专业建设为抓手，以制度建设为保障，以评促建，形成了“专业调研制度”“新专业检查标准”“专业年度发展报告”“应用型专业评估标准”“毕业生质量跟踪制度”等专业建设与评估体系。目前已组织实施了两批次 23 个专业的应用型专业评估，首轮应用型专业评估邀请了企业界专家近百人，教育领域同行 60 余人参与专业评估。宁波财经学院在地方本科转型应用技术大学过程中，形成了双创价值引领下的应用型专业评价体系。经过近 10 年专业建设实践，学校 100% 专业实施了应用型专业认定，90% 专业进行了应用型专业评估。

一、评估对象及条件

1. 有三届及以上毕业生的本科专业；

2. 有一届及以上毕业生的省市级重点建设专业；

3. 参与专业综合改革，基础扎实、成效突出、特色明显的本科专业或单独招生的专业方向。

二、评估内容及重点

1. 评估内容。应用型本科专业评估主要包括培养目标与培养方案、师资队伍结构与水平、人才培养模式改革、课程建设与课堂教学改革、实践教学条件与体系建设、教学管理与教学效果六个方面。

2. 评估重点。应用型本科专业评估关键是对专业应用型人才培养目标与培养效果的实现情况进行评价。重点考察专业培养目标与社会需求的匹配度，行业企业对专业建设和人才培养改革的参与度，课程体系及培养过程支撑应用型人才培养目标达成的有效度，学生对专业教学、用人单位对毕业生职业能力的满意度。

3. 评估指标体系。学校以学生为中心，以产出为导向，持续改进的工程教育专业认证先进理念，结合学校应用型人才培养定位，确定我校应用型专业评估理念与标准。遵循目的性、完备性、独立性、动态性四个原则，构建学校应用型本科专业评价指标（见表 11 -3）。它由“培养目标与培养方案”等 6 个一级指标，“专业定位与建设规划”等 18 个二级指标组成，其中打“*”的“培养方案”“应用型教师队伍建设”等 10 个二级指标为应用型指标。

表 11 -3　　应用型本科专业评估指标体系

一级指标	二级指标
1. 培养目标与培养方案	1.1 专业定位与建设规划
	*1.2 培养方案
	1.3 课程体系
2. 教师队伍结构与水平	2.1 数量与结构
	*2.2 应用型教师队伍建设
	2.3 教育教学水平
3. 人才培养模式改革	*3.1 合作机制与社会参与度
	*3.2 改革成效

续表

一级指标	二级指标
4. 课程建设与课堂教学	*4. 1 课程建设
	4. 2 课堂教学
	4. 3 教研活动
5. 实践教学	*5. 1 实践教学条件建设
	*5. 2 实践教学实施
6. 质量管理与教学效果	6. 1 质量管理
	6. 2 教学成效
	*6. 3 就业与社会评价

三、评估组织与实施

应用型专业评估采用专业自评、校内诊断、校外评估相结合的评估流程，突出专业自主反思与过程评价，强调二级学院和专业的主体地位，注重以二级学院及专业的自我评估、自我检查、自我改进为主，结合专业发展过程的定量数据分析和来自行业企业、高校等专家的诊断评价，分阶段实施，突出评估重点，着眼专业评估对专业建设的持续改进作用。

1. 评估组织：由学校教学质量评估处（现教学质量管理与评估办公室）负责组织开展，教务处、人事处、学生处、科研处等其他相关职能部门共同参与。学校教学质量管理委员会对应用型专业评估工作进行指导、监督。

2. 评估流程

专业自评：专业负责人牵头组织专业全体教师共同参与，依据学校应用型本科专业评估指标体系，撰写专业自评报告，开展问题分析。

校内诊断：学校相关职能部门与专业所在学院邀请行业企业、专业同行、教学管理、用人单位等相关人员，对专业自评及建设情况进行分析诊断，形成应用型专业诊断分析报告。

专家评估：根据浙江省教育评估院要求，从省教育评估院专家库中选取评估专家，对专业进行评估，形成专家评估结论及对专业的发展建议。

反馈改进：评估反馈采用会议反馈和书面反馈两种形式，对专家提出的问题、建议，相关职能部门、学院、专业在认真梳理研究基础上，形成整改计划和改进目标。

结论审定：应用型本科专业评估结果由学校教学质量管理委员会最后审定。

四、评估结果及使用

1. 评估结果。应用型本科专业评估结论分为三个等级，分别为：合格专业、应用型专业、示范性应用型专业。合格专业要求所有二级指标达到 C 及以上；应用型专业在合格专业基础上，其中 10 个应用型指标有 6 个达到 B 及以上；示范性应用型专业要求在合格专业基础上，同时满足 18 个二级指标中有 12 个指标达到 B 及以上，且 10 个应用型指标中有 6 个指标达到 A。

2. 结果使用。评估过程中专家的诊断、评价及建议作为专业改进、提升工作的主要依据；评估结论与专业建设经费挂钩，同时作为学校专业建设资源配置及各级各类建设项目申报的依据之一。

2017 年 6 月至 2020 年 1 月，先后分两批对 23 个符合参评条件的专业（方向）进行了应用型专业评估。最终评定学校 16 个专业（方向）为“示范应用型”，6 个专业（方向）为“应用型”，1 个专业（方向）达到应用型专业评估合格标准，评定为“合格”（见表 11 -4）。

表 11 -4　“应用型专业评估”参评专业及评估结果一览表

第一批应用型专业			第二批应用型专业		
序号	专业名称	评估结果	序号	专业名称	评估结果
1	国际经济与贸易	示范应用型	1	英语	示范应用型
2	大宗商品交易	示范应用型	2	日语	合格
3	财务管理	示范应用型	3	秘书学	应用型
4	工商管理	应用型	4	金融工程	示范应用型
5	市场营销	示范应用型	5	软件工程	示范应用型
6	创业管理	示范应用型	6	环境设计	示范应用型
7	机械设计制造及其自动化	示范应用型	7	产品设计	示范应用型
8	电气工程及其自动化	应用型	8	编辑出版学	示范应用型

续表

第一批应用型专业			第二批应用型专业		
序号	专业名称	评估结果	序号	专业名称	评估结果
9	工业设计	应用型			
10	计算机科学与技术	示范应用型			
11	信息管理与信息系统	应用型			
12	动画	示范应用型			
13	广播电视学	应用型			
14	视觉传达设计	示范应用型			
15	广告学	示范应用型			

至此，学校应用型专业建设在评估标准及评估机制的保障下，形成了专业分别达到“合格”“应用型”“示范应用型”三个等级的质量体系，为进一步深化应用型专业建设，针对性改进专业建设短板提供了可靠的指标依据。

附件：应用型本科专业评估指标体系与评价标准（试行）

一级指标	二级指标	评估指标	
		C（合格标准）	A（优秀标准）（在达到C标准基础上还需要达到以下要求）
1. 培养目标与培养方案	1.1 专业定位与建设规划	1. 专业定位和服务面向清晰，符合社会实际需求和学校应用型办学定位； 2. 专业建设思路清晰、目标明确，实施方案科学、合理，措施得力，有阶段性建设成效。	1. 专业定位面向区域新经济、新业态、新技术发展需求，并体现与同类专业错位发展的特点； 2. 专业在同类院校中有一定影响力。
	*1.2 培养方案	1. 培养方案的修订以社会需求调查为依据，能结合教育部或教指委建议的对专业的基本要求； 2. 专业培养方案符合人才培养目标要求，体现学生德、智、体、美全面发展，有利于人文素质和科学素养的提高，有利于创新精神和实践能力的培养，有利于就业竞争力和职业发展能力的培养； 3. 建立了科学稳定的课程体系，专业核心课程设置明确，符合专业核心能力培养要求。	1. 专业培养方案体现学校地方性、应用型定位和改革特色； 2. 专业核心课程能有效支撑专业核心能力培养，构建了核心能力与主要课程及教学方式的关系矩阵，形成清晰的课程与能力培养的对应关系； 3. 制定有专业核心能力培养目标达成度评价方案。

续表

一级指标	二级指标	评估指标	
		C（合格标准）	A（优秀标准）（在达到 C 标准基础上还需要达到以下要求）
1. 培养目标与培养方案	1.3 课程体系	1. 课程体系（包括理论教学体系和实践教学体系）结构比较合理，学分学时分配相对科学，人文类专业实践教学比例不低于 25%，经管类专业不低于 30%，工科、艺术类专业不低于 35%； 2. 按照学校基本要求，依据专业培养目标，科学设置各类课程，设有体现专业特点的创新创业课程； 3. 按照专业培养方案开设课程，其中的专业选修课开出率不小于 90%。	1. 实践教学内容、教学环节安排与实践教学学时、教学目标要求符合度高； 2. 设置体现本专业改革成果的新课程及特色课程。
2. 教师队伍结构与水平	2.1 数量与结构	1. 教师队伍数量和结构合理，具有硕士及以上学位的专任教师比例不小于 70%；专业课和专业基础课的主讲教师 90% 以上至少具有讲师职称或硕士学位； 2. 有一支稳定的兼职教师队伍，占专业教师总数的比例不低于 25%。	1. 由教授（或正高）担任专业负责人；专业专任教师数量不少于 7 人，有行业经历背景的教师不少于 1 人，高级职称教师不少于 3 人； 2. 兼职教师中，来源于行业企业的比例不低于 60%。
	*2.2 应用型教师队伍建设	1. 专业有明确的应用型教师队伍建设计划、举措，推动应用型教师队伍建设有成效； 2. 90% 以上的应用型教师能承担专业核心课程、专业课程、实践教学等教学任务，教学效果良好； 3. 鼓励教师开展社会服务、应用型研究，有一定比例的专任教师带领学生参与横向技术服务、课题研究等。	1. 专任教师中应用型教师占比不低于 70%； 2. 专任教师参与横向技术服务、课题研究的人数比例不低于 50%，且成效显著。
	2.3 教育教学水平	1. 教师能履行岗位职责，遵守学术道德，坚持立德树人、教书育人、为人师表，热心与学生交流，指导学生学业成长； 2. 重视教师教学激励和青年教师培养，积极组织教师参与学术交流、培训活动； 3. 教师科研方向明确，参与科研团队及研究活动，有一定科研成果。	1. 专任教师教学满意度高； 2. 能将部分科研成果转化为教学资源； 3. 有一定数量的教师获得各类教学奖励。

续表

<table>
<tr><th rowspan="2">一级指标</th><th rowspan="2">二级指标</th><th colspan="2">评估指标</th></tr>
<tr><th>C（合格标准）</th><th>A（优秀标准）
（在达到 C 标准基础上还需要达到以下要求）</th></tr>
<tr><td rowspan="2">3. 人才培养模式改革</td><td>*3.1 合作机制与社会参与度</td><td>1. 专业有与政府、行业、企业或国（境）外高校开展合作办学、合作资源建设的举措、制度，并取得一定进展；
2. 社会深度参与专业建设和人才培养过程，专业服务社会、行业、企业有推进举措。</td><td>1. 专业吸引了一定数量的资金、设备、技术等社会资源；
2. 专业具有较强的服务社会、行业、企业能力，并取得显著成效。</td></tr>
<tr><td>*3.2 改革成效</td><td>1. 专业有一定数量的合作项目，包括特色学院、改革试点班、实践教学基地等；
2. 合作项目受益学生比例较高，并取得较好的教学成果。</td><td>1. 合作项目成为学校重点支持项目或在社会产生较大影响；
2. 基于项目获得市级及以上教学成果奖励，并产生较好的社会影响。</td></tr>
<tr><td rowspan="3">4. 课程建设与课堂教学</td><td>*4.1 课程建设</td><td>1. 课程教学大纲、教案、新开课审核等教学文档资料规范齐全，课程考核方式较为科学合理；教材选用有要求、评价有落实；
2. 经过两轮以上教学的课程全部通过合格课程验收，优质课程占合格课程的比例达到 20% 以上，专业核心课程为优质课程；
3. 积极开展应用型课程、在线开放课程、特色课程、特色教材开发，并取得一定成效。</td><td>1. 有 1 ~ 2 门精品示范课程；
2. 至少建有一门应用型课程，其课程内容建设、教学方式方法改革思路清晰，教学成效明显；
3. 面向校内外开设在线开放课程 2 门以上；
4. 有校企联合开发的特色课程或教材。</td></tr>
<tr><td>4.2 课堂教学</td><td>1. 教师备课充分，注重课堂教学设计；
2. 有同行听课、课程组集体备课制度，形成课堂教学质量监督、改进、提升机制；
3. 有计划推进以“翻转课堂”与混合式教学为主的课堂教学改革，注重与之相配套的教学资源建设。</td><td>1. 课堂教学学生参与度、专注度、满意度较高；
2. 每学期至少两门课程开展以“翻转课堂”与混合式教学为主的教学模式改革。</td></tr>
<tr><td>4.3 教研活动</td><td>1. 重视基层教学组织建设，积极推进教学改革与研究，能定期开展教研活动，课程建设、教学改革有组织、有研究，并取得一定成效；
2. 近 3 年来，教师有一定数量的教研论文发表或主持校级以上教育教学改革项目。</td><td>1. 近 3 年，80% 及以上的教师参与教学研究与改革项目，有 50% 的教师正式发表教研论文；
2. 教师有主持市级以上教学改革项目。</td></tr>
</table>

续表

一级指标	二级指标	评估指标	
		C（合格标准）	A（优秀标准）（在达到C标准基础上还需要达到以下要求）
5. 实践教学	*5.1 实践教学条件建设	1. 专业实验室建设有计划、能落实，场地和设备能较好满足专业培养计划的需求； 2. 有专门的实验管理人员，能有效保障实验教学顺利开展； 3. 行业企业参与实习、实训基地建设，每专业有不少于2个较为稳定的校外实习基地，并保持每学期至少有一批学生在基地实习。	1. 实验室及实习基地管理规范，制度全面，学生受益比例与资源利用率高且专业共享面大，有一定数量实验教学改革成果； 2. 有行业企业投入资金或设备共建校内实验室或实训教学基地。
	*5.2 实践教学实施（开放性、创新性）	1. 实验开出率达到90%以上；开设的实验中包含有一定数量的设计性、综合性实验，实验教学质量有保证； 2. 实验教学大纲、实验指导书等基本教学文件及学生实验报告等教学文档资料齐全、规范； 3. 实习、实训教学有明确的目标及考核要求，管理制度、教师配备、实践指导、学生评价考核完整，有成效； 4. 实践教学环节教学目标明确，教学过程与行业企业实际应用结合，有一定数量的企业专业技术人员参与实验、实习指导。	1. 实验开出率达到100%，有一定数量来源于行业企业真实案例的实验实训项目或按照真实生产技术工艺、管理服务流程开发的工程实践综合训练课程； 2. 有一定数量的企业技术人员承担综合性实践课程教学。
	*5.3 学生第二课堂与创新创业实践	1. 对学生素质拓展有明确要求，活动项目、教师指导能满足学生实践需要； 2. 创新创业教育融入专业教学，学生能积极开展创新创业实践活动。	1. 学生参与第二课堂、创新创业实践活动人数比例达到100%； 2. 与企业行业共同组织开展具有专业特点的创新实践活动，并有成效。
	*5.4 毕业实习与毕业设计（论文）	1. 毕业设计（论文）选题结合生产和社会实际、教师科研，体现人才培养目标的综合训练要求，难度、工作量适当； 2. 每位教师指导学生人数一般不超过8人，有指导记录，检查落实，有一定数量行业企业人员参与指导； 3. 50%以上的毕业设计（论文）在实验、实习、工程实践和社会实践中完成，毕业答辩规范、坚持标准，毕业设计（论文）质量合格； 4. 毕业实习组织与管理规范，实习岗位与人才培养目标相一致，教学文档资料齐全。	1. 行业企业人员参与毕业设计（论文）指导比例不低于40%； 2. 70%以上的毕业设计（论文）在实验、实习、工程实践和社会实践中完成，毕业答辩规范、坚持标准，毕业设计（论文）质量较好； 3. 毕业实习岗位与专业契合度较高，学生实习能力提升效果明显。

续表

一级指标	二级指标	评估指标	
		C（合格标准）	A（优秀标准）（在达到C标准基础上还需要达到以下要求）
6. 质量管理与教学效果	6.1 质量管理	1. 能有效执行教学管理制度，课程建设、课堂教学等教学环节质量标准明确； 2. 专业执行质量报告制度，有明确的改进提升举措； 3. 建立了良好的毕业生调查、跟踪机制，并有信息反馈与改进。	专业质量管理对专业教学改进产生积极作用，促进专业人才培养质量提升，成效明显。
	6.2 教学效果	1. 学生遵守校纪校规、学习认真，主要教学活动出勤率＞90%，迟到率＜10%，课堂专注度＞80%； 2. 学生能有效地开展自主学习，专业能力提升明显（以专业核心能力测评结果为据），各类课程考试成绩分布合理； 3. 近三年有学生在校期间参加省级及以上各类B类竞赛并获奖，或获得新苗计划或其他创新创业项目，或有一定数量研究论文公开发表或申请专利；在校学生或毕业生有参加创业训练或创业实践项目。	近三年有一定比例的学生在校期间参加省级及以上各类A类竞赛并获奖，或积极考取高端职业能力证书，或有发明专利等。
	*6.3 就业与社会评价	1. 专业毕业生毕业率、学位授予率合理，近3年毕业生初次就业率均＞95%，一年后就业率均＞90%，毕业生职业发展符合目标定位，就业满意度逐年提高； 2. 学生对专业教学满意度、对母校满意度逐年提高； 3. 专业新生录取分数逐年提高，报到率＞90%，用人单位对毕业生满意度较高。	1. 专业新生录取分数逐年提高，用人单位对毕业生满意度高； 2. 专业获得有较好的各类机构排名、行业影响、荣誉、媒体报道等。

第四节　学生评教制度

学校同时注重对学生学习情况的跟踪与评价，形成了新生质量评价、大一新生学习状态评价、毕业生学业评价、毕业生就业质量报告、毕业生毕业半年和一年后就业质量跟踪调查等教学质量评价与反馈制度。

一、学生评教制度

物流管理专业实行学生评教制度，每学期组织所有学生通过学生网上评教系统，对所开设课程按课程教学质量评价指标逐一打分，进行评估；定期组织部分学生座谈，听取学生对所开课程和教师的评价、意见与建议。学生评教工作的开展，有助于督促教师重视课堂教学，不断提高教学水平和质量。

二、学生信息员制度

为保障教育教学质量，提高对学生反馈信息的跟踪、处理有效性，进一步落实学生主体的教学质量管理理念，特制定《学生信息员反馈信息跟踪处理规范》。

（一）反馈跟踪信息类型

学生信息员通过学校信息平台提交的信息分为三种类型：一是定期提供的反馈信息，一般要求每个学期提交二次；二是某个时点要求提供的即时信息，根据学校教学日常运行管理要求布置，每个学期一般不超过 5 次；三是学生主动推送到平台的信息，一般进行即时的反馈处理。

（二）工作流程

1. 教学质量评估处通过学校信息平台收集学生信息员提交的各类信息，并根据反馈信息内容进行分类、整理、汇总，确定信息跟踪处理责任单位；

2. 各责任单位在收到“信息跟踪处理单”后对处理单中的问题和建议部分进行信息跟踪处理，原则上应按如下流程处理：

（1）涉及责任人的信息，由责任人在一周内向所属专业教研室提交反馈意见；

（2）专业教研室根据责任人的反馈意见提出具体跟踪措施，并在收到责任人反馈意见的三天内将措施提交所属分院督导办；

(3) 分院督导办在收到专业教研室的措施后启动跟踪流程，并在两周内对跟踪情况进行评价，结出结论，并将跟踪结果提交给分院主管院长；

(4) 分院在收到“信息跟踪处理单”一个月内，向教学质量评估处反馈跟踪处理结果。

(5) 涉及相关职能部门的信息，由责任单位主管领导直接处理并在两周内把处理结果反馈给教学质量评估处。

(6) 教学质量评估处在收到各责任单位反馈信息后，通过信息平台及时将信息反馈结果向提交信息的学生信息员进行反馈，并指导学生信息员对处理结果进行跟踪，收集学生对处理结果的满意度评价。

(7) 教学质量评估处在收到责任单位“信息跟踪处理单”反馈结果后的半月内，向责任单位反馈学生对处理结果的满意度评价信息。

(三) 信息及跟踪管理的结果使用

学生信息员提交的有关信息，每年由教学质量评估处进行统计分析；对各单位的反馈信息跟踪落实情况，教学质量评估处也进行汇总评价，作为教学单位教学质量管理监控的重要组成部分。

学校每年开展的毕业生职业发展状况调查，深入分析专业重要教学环节存在的问题，探索建立专业人才培养质量的持续改进机制，提升用人单位的满意度和学生职业发展的自我满意度。

第五节　教师考评制度

学校以“双创”为价值引领，2012 年成立教师发展中心，建立了应用型教师发展 11 条专业标准和明确了创业导师的权利与义务，学校将教师创新创业教育业绩纳入应用型教师和创业导师认定标准，并纳入专业技术职务评聘和岗位聘任绩效考核标准，形成了区别于学术导向的应用型教师的认定评价原则体系和职业发展路径，构建了“专业负责人制度”“课程负责人制度”“应用型课程应用型教学团队建设制度”“应用型教师考核制度”“星级教师评选制度”等具有学校特色的教师考核评价制度。

一、应用型教学团队建设制度

学院出台《应用型课程与应用型教学团队建设管理办法》，规定了应用型教学团队建设的任务、申报与评审以及管理。应用型教学团队是专业教师队伍中，按照应用型课程的建设及教学任务为依据组成的教学团队。应用型教学团队是以先进的教育理念为指导，以加强大学生应用能力培养为主旨，以专业课程教学内容改革和教学模式创新为平台，由具有行业企业背景的兼职教师、丰富实践经验的应用型教师及专业理论教学教师组成。

（一）团队的申报

1. 应用型课程与应用型教学团队由教学单位进行申报，申报时团队负责人须填写“宁波财经学院应用型课程与应用型教学团队建设立项申报表”。

2. 应用型课程与应用型教学团队的立项评审在每年春季学期进行，采取专家评审和公开答辩相结合的方式进行。教务处根据申请条件，组织专家进行资格审查。资格审查通过后，由学校组织会审，会审通过的项目报学校教学委员会审核批准，经公示无异议后列入正式在建项目。

（二）团队的管理

学校对应用型课程与应用型教学团队建设实施目标管理。由应用型教学团队所在教学单位负责具体管理工作；应用型教学团队建设实行项目管理制，由应用型教学团队负责人承担建设项目具体责任。

应用型课程与应用型教学团队建设期间，每年末应提交年度建设进展报告。未提交年度进展报告的团队将暂停拨款。每个团队在建设周期内要完成3项与团队建设方向相符的标志性成果。学校对团队实行年度考核制，并将考核结果与经费的发放挂钩，考核不合格者停止发放。

（三）团队的考核

团队经自我评估已达到建设目标时，可提出结题验收申请，由教务处组织专家依据《宁波财经学院应用型课程与应用型教学团队建设项目评价指标》（见附件：宁波财经学院应用型课程与教学团队建设项目评价指标）对其进行评估验收。对通过验收的项目，学校统一发文公布为应用型课程与应用型教学团队，对未能通过验收的团队视情提出整改意见并适当延长建设期限（最长不超过一年）或取消立项和经费支持。

学校每年在通过验收的项目中遴选部分建设质量高、成效显著、示范作用好的项目作为示范性项目，示范期为 3 年，可以连选连任。学校给予每个立项的应用型课程与教学团队项目组提供建设经费 5 万元。其中 50% 主要用于课程教学资源建设和校企合作工作，也可用于团队成员的教学研究、教学改革等活动所产生的费用，分 5 年划拨；另 50% 作为该项目通过验收后对团队的奖励经费，在通过验收的当年发放。学校向进入示范期项目组提供每年 5000 元课程与团队运行经费。学校在省市级及以上各项相关评优活动中，优选推荐示范性应用型课程与应用型教学团队参评。

二、应用型教师考核制度

（一）应用型教师认定考核

学校出台《应用型教师资格认定管理办法》，将应用型教师的考核与应用型教学团队考核、校企合作和服务社会绩效、校外实训基地绩效等有机融合，将创业导师考核与部门与教师的工作任务要及考核评价挂起钩来，调动了广大教师加入到创师双能型教师队伍的积极性和主动性，在制度层面上形成了全校各个职能部门和分院协同推进“双师双能”型教师队伍建设的合力。

应用型教师受聘后，除要积极参加学校组织的相关应用能力提升活动外，每年还需要继续参加行业企业实践或挂职锻炼活动，以获得最新的行业信息，继续提升实践教学或应用性研究能力，企业实践或挂职锻炼的管理按学校有关规定执行。

学校成立应用型教师资格认定与考核领导小组，组长由分管人事工作的校领导担任，副组长由分管教学、科研及校企合作工作的校领导担任，成员由人事处、教务处、科研处、地方服务与合作处、教师发展中心负责人及各学院院长组成，主要负责总体方案审定与工作成效评比工作。学校应用型教师资格认定与考核领导小组办公室设在人事处，具体负责协调、指导各相关部门工作。

各学院成立应用型教师资格认定与考核工作小组，组长由各学院院长担任，具体负责应用型教师人员引进、资格认定与考核工作组织、审核工作。

（二）双创导师聘任与考核

学校建立创新创业导师库，由学校人事处建设与管理，入库创新创业导师每年从考核优秀的创新创业导师中选拔，知名企业家、创业成功者一旦获聘创新创业导师，优先入库。入库导师将作为学校创新创业项目评审、在职创新创业导师培训和评先推优的重要资源。

1. 双创导师的聘任

学院坚持认定与聘任结合，实行谁认定谁聘任、保证质量，逐步完善，实行稳步推进的原则进行选聘，学校专兼职创新创业导师岗位数与学生总数比为1∶100，其中校外创新创业导师不低于70%；计划五年达到规模要求。每年由人事处按照各学院学生规模、创新创业工作业绩下达各学院创新创业导师岗位数。

2. 双创导师的考核

（1）考核部门：实行谁聘任、谁考核的方式。

（2）考核标准：聘期内需完成专业标准中的两条。

（3）考核等级及结果应用：

1）考核等级：优秀、合格、不合格；

2）结果应用：校内创新创业导师考核优秀，且业绩排名前20%的，可晋升一个层级，并在学校岗位聘任、专业技术职务晋升等方面予以优先考虑。校外创新创业导师考核优秀的，可获得相应的聘期奖励。考核合格者，可继续参加下一轮同级创新创业导师聘任；考核不合格者，不予续聘。

（4）创新创业导师的解聘：

1）无正当理由连续3次不接受学校安排的创新创业指导工作的；

2）以创新创业导师名义在社会上从事创新创业导师职责范围以外的活动，损害学校形象的；

3）泄露企业商业或技术秘密的；

4）由于其他原因，不能履行创新创业导师职责的。

附件：宁波财经学院应用型课程与教学团队建设项目评价指标

	一级指标	二级指标	内涵及标准		评价等级			
			A 级	C 级	A	B	C	D
应用型课程与教学团队评估指标内涵及标准	一 教学团队	（一）带头人☆	1. 有高级职称，5 年以上高校工作经历，教学能力强，学术水平高； 2. 有行业背景或企业工作经历或有研究成果转化或有基层挂职锻炼经历； 3. 有管理团队工作经历，协调组织能力强。	1. 有高校工作经历，有较强的理论教学与实践教学能力； 2. 满足有行业背景、企业工作经历、研究成果转化项目、基层挂职锻炼、指导社会实践等其中之一； 3. 有管理团队工作经历，协调组织能力较强。				
		（二）团队结构☆	1. 应用型教师比例不低于 40%； 2. 校外行业企业兼职教师比例不低于 30%，并承担教学总量的 30% 以上。	1. 应用型教师比例不低于 40%； 2. 校外行业企业兼职教师比例不低于 20%，并承担教学总量的 10% 以上。				
		（三）团队运作机制及文化	1. 建有良好合作机制和运行管理机制，不同学科背景、教学经历、实践经历的教师融为一体，知识、能力互补； 2. 有共同的责任意识和贡献意识，共同的荣誉感和归属感，有相互信任、理解、支持，共同发展的团队工作环境； 3. 充分发挥团队整体优势，工作效率高、效果好。	1. 有良好合作机制和运行管理机制，团队教师知识、能力互补； 2. 有共同的责任意识和贡献意识，共同的荣誉感和归属感； 3. 发挥团队整体优势，工作效率较高，效果较好。				

续表

	一级指标	二级指标	内涵及标准		评价等级			
			A级	C级	A	B	C	D
应用型课程与教学团队评估指标内涵及标准	二 教学内容	（四）教学内容☆	1. 形成遵循突出能力培养教学理念的课程建设新方案； 2. 按照能力培养目标要求构建教学内容体系，课程内容模块化划分科学合理，针对性强，注重突出理论教学和实践教学的融合； 3. 各模块的教学目标明确，对能力培养目标支撑度和贡献度高； 4. 课程内容保持较高的更新率，能体现技术发展前沿和行业需求动态； 5. 较多真实案例用于教学； 6. 课程总量不低于6学分。	1. 初步形成遵循突出能力培养教学理念的课程建设方案； 2. 按照能力培养目标要求构建教学内容体系，课程内容模块化划分科学合理，针对性强； 3. 模块的教学目标明确，对能力培养目标贡献度较高； 4. 课程内容有一定更新率，基本能体现技术发展前沿和行业需求动态。 5. 有真实案例用于教学； 6. 课程总量不低于6学分。				
		（五）教学资源	1. 有支撑课程教学目标实现、保障课程教学顺利实施的自编特色教学用书； 2. 有与本课程密切相关、适合学生自主学习辅助资料； 3. 实验室和实验设备满足教学需要，实验开出率达到100%，综合性、设计性实验达70%以上，有开放实验室供学生自主使用； 4. 有满足要求的校内外实践、实习教学场所； 5. 有使用率高、效果好的课程网站； 6. 有真实项目案例库并得到有效使用。	1. 有支撑实现教学目标对能力培养要求的自编特色教学资料； 2. 实验室和实验设备基本满足教学需要，实验开出率达到100%，综合性、设计性实验达60%以上，有开放实验室供学生自主使用； 3. 有能满足教学需要的校内外实践、实习教学场所； 4. 有效果较好的课程网站； 5. 有真实项目案例用于教学。				

续表

	一级指标	二级指标	内涵及标准		评价等级			
			A级	C级	A	B	C	D
应用型课程与教学团队评估指标内涵及标准	三 教学模式	（六）教学组织与管理	1. 有完善的满足教学改革需要，支撑培养目标实现的课程教学实施方案及管理办法； 2. 能够根据教学需求突出理论教学与实践教学有机结合，开展团队式、阶段性授课，团队结构优势在教学中作用发挥明显。	1. 有满足教学改革需要，支撑培养目标实现的课程教学实施方案以及管理办法； 2. 开展团队式授课，理论教学与实践教学有机结合，交叉实施，不同专业、行业背景的教师共同施教。				
		（七）教学方式方法☆	1. 在教学方法突出任务驱动、项目教学法； 2. 在教学形式上教师以团队合作式授课为主，突出学生以自主式、合作研讨式学习； 3. 教学评价以能力为导向，突出成果评价，适当兼顾知识、能力、素质的综合考核； 4. 教学环境注重课堂与实验室有机结合，体现真实场景和仿真模拟情景。	1. 在教学内容上以任务驱动式为主； 2. 在教学形式上教师以团队合作式授课为主，学生以自主式、合作讨论式学习为主； 3. 教学评价突出成果导向原则，兼顾知识、能力、素质的综合考核； 4. 教学环境适应理论教学和实践教学的有机融合。				
		（八）第二课堂	1. 课外实践活动内容丰富，教师指导学生积极参与学术科研、学科竞赛、科技竞赛等活动，并取得良好成绩； 2. 团队成员人均课外指导学生工作量不低于3课时/周。	1. 课外实践活动内容丰富，积极参与学术科研、学科竞赛、科技竞赛等活动，并取得较好成绩； 2. 团队成员人均课外指导学生工作量1课时/周。				
		（九）课程考核	1. 有规范性考核方案； 2. 考核方案体现过程性、发展性和成果导向性。	1. 有规范性考核方案； 2. 考核方案体现过程性、发展性和成果导向性为主。				

续表

	一级指标	二级指标	内涵及标准		评价等级			
			A 级	C 级	A	B	C	D
应用型课程与教学团队评估指标内涵及标准	四　建设成效	（十）课程建设成效☆	1. 学生对课程教学满意度评价应处于学校的前30%； 2. 行业企业对毕业生相关素质、能力评价满意和较满意的高于80%； 3. 团队对课程教学及学生学习状况满意度良好以上； 4. 学校依据课程能力培养目标对学生的专项测评结果良好以上； 5. 形成具有推广示范价值的应用型课程教学文件（涵盖教学内容体系、教学资料、实施方案、评价办法等）。	1. 学生对课程教学满意度评价应处于全校的前40%； 2. 行业对毕业生相关素质、能力评价满意和较满意的高于60%； 3. 团队对课程教学及学生学习状况满意度良好以上； 4. 学校依据课程能力培养目标对学生的专项测评结果不低于良好； 4. 初步形成应用型课程教学文件（涵盖教学内容体系、教学资料、实施方案、评价办法等）。				
		（十一）团队建设成效	1. 形成具有推广价值的团队建设、团队教学、产学研合作的课程建设与教学模式，形成可持续发展的兼职教师队伍建设机制，拥有一支较为稳定的兼职教师队伍； 2. 校内专任教师实践能力与社会服务能力明显提升，团队有一定数量的社会服务项目并取得明显成效； 3. 团队开展的教学改革获校级及以上成果奖，教改成果应用到教学实践中取得明显成效； 4. 团队成员有公开发表的教学研究论文； 5. 团队有 1 ~ 2 名成员取得校级及以上优秀教师称号（含星级教师）； 6. 团队对本专业开展特色或重点专业建设有重要贡献。	1. 初步形成团队建设、团队教学、产学研合作的课程建设与教学模式，形成可持续发展的兼职教师队伍建设机制，拥有一定数量的兼职教师； 2. 校内专任教师实践能力与社会服务能力得到提升，团队有一定数量的社会服务项目并取得成效； 3. 团队开展的教学改革应用到教学实践中取得成效； 4. 团队成员有公开发表的教学研究论文； 5. 团队对本专业开展特色或重点专业建设有贡献。				

说明：1. 在评价标准中，只给出 A 级和 C 标准，介于 A 级、C 级之间为 B 级，低于 C 级标准的为 D 级。

2. 评价等级

应用型课程建设项目验收标准：5 项核心指标（带“☆”指标）4 项及以上达到 A 级，其他指标 A 级≥2 项，C 级≤2 项，无 D 级指标。

实践案例篇

案例是人们实践经验总结、分享经验的重要形式之一。经过探索实践，总结提炼，形成了一系列双创价值引领下人才培养案例。

第十二章

应用型高校课程思政实践——以《经济法》课程为例

一、案例背景

高校课程是新时代加强意识形态建设的重要范畴，课程思政作为一种教育观，蕴含着对现行课程制度的反思和课程应然状态的新时代设想[1]。这意味着高校的课堂思政教育将从原来的“单一兵种作战”升级为“多兵种集团作战”，开展思政教育将成为所有课程教学的职责所在；这就要求“学校所有教学科目和教育活动，以课程为载体，以立德树人为根本，充分挖掘蕴含在专业知识中的德育元素，实现通识课、专业课与思政教育的有机融合，将思想政治渗透、贯穿于教育和教学的全过程，助力学生全面发展”[2]。《经济法》课程是高校经济管理类学科专业基础课，也是唯一的综合性法律课程，法律教育一般全部寄托于此。在工商管理、会计、国际贸易等经济管理类专业开设该课程，旨在使学生掌握与经济管理相关法律法规，树立法律意识和正确的世界观、人生观、价值观。《经济法》课程思政，既是培养德才兼备高素质人才的需要，更是《经济法》课程与思政课程内在联系的必然要求。但是，从目前的教育教学实践看，《经济法》课程思政差强人意。首先，传统《经济法》教学往往重“授业、解惑”而轻“传道”，忽略了以高尚品格、健全人格、良好操守为内容的思政教育；其次，课程思政教育形式单一、方法生硬、缺乏吸引力，教学手段和教学载体亟待创新，长效机制亟待建立；最后，思政教育缺乏针对性、实效性，常常流于形式。

二、案例介绍

（一）价值聚焦，进行课程思政顶层设计

1. 明确思政目标。教学大纲是根据学科内容、体系和教学计划的要求编写的教学指导性文件，是教材编写和教师进行教学工作的主要依据，也是检查学生学业成绩和评估教师教学质量的重要标准。因此，《经济法》课程在教学大纲编制中明确课程的思政教育目标，对照专业培养计划中的毕业要求，挖掘教学内容，寻找思政教育与课程的结合点，积累思政素材，设计思政教育环节。

2. 凝炼“五观”教育。结合专业设置和教学管理实际，《经济法》课程打破法学类课程以知识传授为主、强调学科体系完整性的传统模式，从职业道德与公民素养、法律能力与社会能力出发，以权利的行使与保护为核心，将社会主义核心价值观融汇分解为“发展观教育”“改革观教育”“矛盾观教育”“民主观教育”和“自由观教育”[3]，将改革、法治与发展三条主线贯穿其中，为挖掘专业知识中的德育元素、实现专业课与思政教育的有机融合进行顶层设计（如图 12－1 所示）。

（二）话语创新，实施“嵌入式”思政教育

习近平总书记在全国高校思想政治工作会议上强调，“好的思想政治工作应该像盐，但不能光吃盐，最好的方式是将盐溶解到各种食物中自然而然吸收”。思政教育亦如此——只有“恰当”和“适度”，运用大学生喜爱并乐于接受的表达方式，潜移默化，润物无声，他们才可能在接受话语的同时领会话语背后的价值理念，才可能保持情感认同、理论认同、价值认同；否则，就会被“齁”着，就会出现反感，甚至是排斥和抵制[4]。因此，“课程思政”既不是传统思政课内容的直接嫁接，更不是将专业课打造为思政课，而是契合学生认知特点，匹配学生德育需求，创新学术话语体系，将思想政治教育嵌入到专业课的知识体系和认知框架中去，即“将盐溶解到各种食物中”，引导大学生通过体验式思考，实现理性认知和情感共鸣与行为认同，即让学生看不到“盐”的存在，却在不知不觉中吸收了它。《经济法》课程

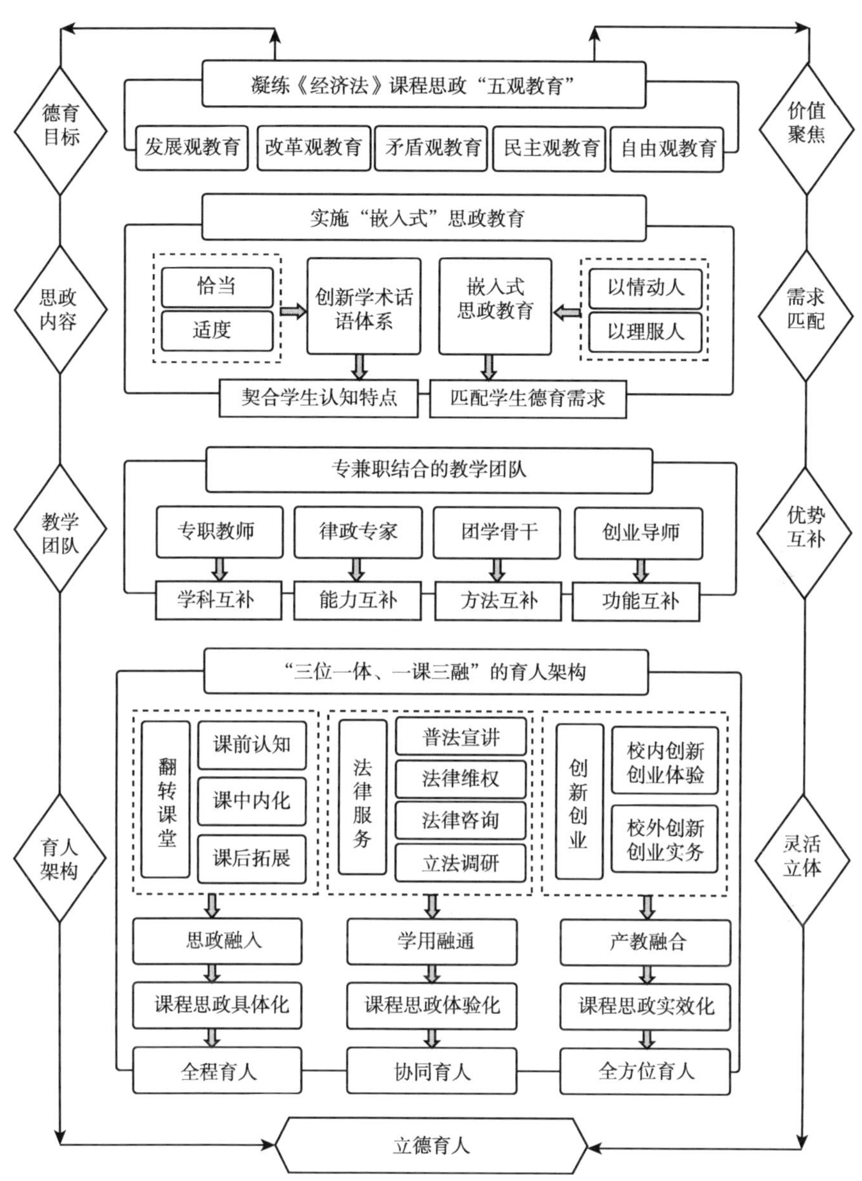

图 12－1　《经济法》课程思政教育顶层设计

根据经济法学课程的特性，深入挖掘课程中蕴含的思想政治教育资源，丰富教学内容，合理地将案例素材和法学理论有机结合，从而实现“以情动人，以理服人”。

（三）优势互补，打造专兼职结合的教学团队

汇聚“课程思政”师资优势，打造由专职教师、律政专家、团学骨干、创业导师专兼职相结合的“育人共同体”，实现不同学科类型、不同功能类型、不同能力类型的专兼职教师共建、共享教学平台，职能互补、优势叠加，形成全员育人的内生动力。其中：专职教师“一专多能”，分别精通不同部门法领域，实现学科互补；律政专家“专业实务”，均来自政府部门、行业协会、法务部门，实现能力互补；团学骨干“有的放矢”，善于根据学生思想动态开展多样化教学活动，实现方法互补；创业导师“个性指导”，针对创业团队提供定制式法律支持，实现功能互补。

（四）灵活立体，构建“三位一体、一课三融”育人架构

1. 以翻转课堂为抓手，思政融入，实现以学生为主体，让课程思政具体化，实现全程育人。课前对每一部分法律知识发布学习任务，提供研究中的社会视角和人文视角，学生整理资料、形成观点，课中通过头脑风暴、模拟实训、角色扮演、小组分享，提炼收获、提升素养，课外锻炼信息处理能力、协作能力、社交能力，全程培养批判精神、人文精神和终身学习能力。

2. 以法律服务为载体，学用融通，把实践教学公益化，让课程思政体验化，实现协同育人。课程组与市场监管局、律师事务所、行业协会等部门主动融合、资源共享，通过共建实践教学基地、共建大学生法律服务义工组织等形式，以“普法宣讲”等法律服务为载体，让学生带着自我设计深度体验思政内容，形成校内外协同育人合力。

3. 以创新创业为落点，产教融合，把德育目标针对化，让课程思政实效化，实现全方位育人。发挥课程专业优势，积极配合创业学院、就业指导中心、学生处、团委等部门的工作，整体联动，将创新创业教育全方位融入《经济法》课程教学中去，积极融入创新型人才培养一体化模式，构建全方位、全员育人机制；为学生提供创新创业全过程法律支持，建立起实践育人的长效机制，通过产教融合推动教学方式的创新，提高课程思政的针对性和实效性。

三、案例成效

（一）深刻认识到了三个需要

1. 是培养德才兼备高素质人才的需要。高校不仅仅是教书的地方，更是育人的重要场所。课程思政“是从课程角度对大学哲学意蕴和价值取向的回应，是对高等教育所应秉承的教育观念和应倡导的意识形态的呼吁”[1]，是将知识育人和立德树人相结合的育人理念。知识育人只能帮助学生认识事实，回答“世界是什么及怎样存在”，道德教育才能帮助学生认识价值，回答“社会该怎样发展及人该追求些什么”。高校承担着培养德才兼备的高素质人才的任务和使命。因此，《经济法》课程必须将专业法律知识与课程思政教育相融合，在传授专业法律知识和法律技能的同时，深化大学生对世情国情的认识，帮助大学生牢固树立正确的世界观、价值观、人生观，培养德才兼备的高素质人才。

2. 是培养经济管理专业人才的需要。市场经济是法制经济，市场主体的活动，市场体系的维系，市场对资源配置基础性作用的发挥，国家对市场的宏观调控，都需要法律的规范、制约和保障。既懂经济又懂法律，既懂规则又守底线，应该成为经济管理类人才的基本要求。因此，《经济法》课程不仅要帮助学生认识经济法的基本理论、掌握与经济管理专业关系密切的法律制度，更要帮助未来的经济管理人才，树立法律意识、规则意识，培养健康积极的心理倾向，养成良好的职业操守。

3. 是课程与思政教育内在联系的必然要求。经济法是调整在现代国家进行宏观调控和市场规制的过程中发生的社会关系的法律规范的总称。经济法与传统私法或公法的法益保护不同，兼具社会公益性和个体营利性，综合保护各类主体的利益，尤其包括社会公益，即保护社会公共利益，强调社会公平，实现经济与社会的良性运行与协调发展。经济法追求从资源配置到财富分配，从调整手段到调整目标的高层次的“和谐”或“协调”。因此，经济法的教学过程不仅是对经济法律规范的了解和掌握过程，更是对当前社会经济环境下的社会主义核心价值体系的教育过程。经济法的教学使得思政教育不仅成为可能，更是一种必然。

（二）建立起了“教育共同体”

“教育共同体”是基于一致的教育信仰，为了共同的教育目标，在培养人的社会实践活动中教师或组织基于一定的行业规范，在充分合作的基础上形成稳定的，志同道合的团体[9]。“课程思政”教学改革，涉及各类各门课程，对高校教育教学改革布局、教学组织带来新的挑战。因此，在学校层面：第一，搭建了“课程思政”平台，整合思政教师、专业课程教师、团学工队伍，组建多学科背景互相支撑、良性互动的课程教学团队，通过教师之间的“同向同行、协同育人”来保障课程之间的“同向同行、协同效应”[10]；第二，包括各教学单位、教务处、科研处、学生处、就业指导、团委等部门，建立起了上下贯通、多元参与、整体联动的运行机制，将思政教育全方位融入教育教学中，构建全方位、全员育人机制。

（三）加强了“课程”建设管理

尊重课程建设规律，加强了“课程”建设管理。第一，从大学生需求出发，遵循学生成长规律，立足人才培养目标和学科优势，进行了系统设计，完善课程思政体系；第二，充分发掘了专业课程的“思政资源”，深度拓展教学内容，将专业课程作为课程思政的重要组成部分；第三，“术道结合”“形神兼备”“立足学科的独特视域、理论和方法，创新了专业课程话语体系”，提高了课堂思政话语传播的有效性，在翻转课堂、课外实践等探索当中，引导大学生通过体验式思考，“实现了专业授课中知识的传授与价值引导的有机统一”。

（四）提高了教师“思政”意识和能力

教师是教书育人的实施主体，也是课堂教学的第一责任人。建设了一支具有自觉“育德意识”和较强“育德能力”的教师队伍，确保了专业课程“同向同行、协同育人”的关键。学校利用常态化培训、专项培训等措施，增强教师，尤其是专业课程教师的“育德意识”，提升了其“育德能力”，进而养成在课程教学中主动研究、加强了思政教育功能的自觉意识。

（五）构建了协同育人机制

为全面落实“课程思政”理念，推进了以下工作：一是在统筹设计上，还存在“低”的问题；二是在具体落实上，还存在“粗”的问题；三是评价监督上，还存在“空”的问题[11]。第一，构建了高势位、全局性的大思政领导体制，在党委领导下建设思政育人专门领导机构，推进思政教育在各门课程中的有效实现，并监督其实现的步骤、方式、效果；第二，建立健全了科学有效的保障机制，加大了投入，对“课程思政”建设给予专项经费、教改立项等政策扶持，鼓励专业课程教师愿意花大气力进行“课程思政”教学改革；第三，建立健全了“课程思政”评价机制，实现了对“课程思政”功能实现程度及育人效果的科学考评；第四，建立健全激励约束机制[12]，加大“课程思政”在现有高教评价体系中所占的比重，在职称晋升、绩效考评等方面予以充分体现，形成示范效应[13]，鼓励更多教师参与到“课程思政”建设中来。

四、案例启示

（一）显性教育与隐形教育相结合

价值观教育，应该既包含显性教育，又包含隐性教育。隐性教育是指在宏观主导下通过隐目的、无计划、间接、内隐的社会活动使受教育者不知不觉地受到影响的教育过程[5]。我国古人很早就重视“潜移默化”式的教育。战国时期“孟母三迁”的故事，就是从环境熏陶的角度肯定了隐性教育的合理价值。相较于显性教育，隐性教育具有教育目的和内容的隐蔽性、教育过程的愉悦性、教育途径的开放性、教育接受的自主性等特点[6]，这些特征都与“嵌入式”思政教育的理念不谋而合。《经济法》课程坚持从专业特征和学科优势出发，将显性教育与隐性教育有机结合，构建课堂思政教育的体系，以期真正实现思政课程到课程思政的转变。

（二）专业知识与人文情怀相结合

我国传统文化下的人文情怀集中体现为对一切真善美的赞赏与推崇，是一种伦理道德情感的外显，即追求人的主体性，坚持以人为本，以实现人的全面发展为目标，关心人的生存与发展，张扬人的自由平等，肯定人的尊严与人性，崇尚理性和智慧，是人类的一种自我关照[7]。只要知识和技能与人的主观意识相结合，就会产生价值追求问题，专业知识与价值追求不可分割。因此，在《经济法》课程思政建设过程中，始终坚持以学生为中心，以正确的政治方向来引导学生，以健康的道德观和审美观来影响学生，关注学生的全面发展，力求让法律专业课堂也有“诗和远方”。

（三）课堂思政与学生实践相结合

只有学以致用，在实践中落实“思政课程”，才是思想政治教育的目的所在。学生在实践体验中的感悟越深，思政教育的效果才越好。《经济法》课程思想政治教育，除了课堂讲授和引导，更重要的是用好“思政课程”这个平台，将理论与实践相结合、课内与课外相结合、课堂与生活相结合，组织学生开展实践体验，“把教学实践打造成为德育融合的重要阵地”[8]。

（四）专职教师与兼职教师相结合

《经济法》课程在教学团队打造上，优势互补，实现不同学科类型、不同功能类型、不同能力类型的专兼职教师共建、共享教学平台，力求形成全员育人的内生动力。目前，90%成员具有司法职业资格，教学团队成员先后获聘为市教育局法治巡讲团成员、市消费维权义工、省高校创业导师培训讲师、浙江省高校无偿献血讲师团成员。实践证明，由专职教师、律政专家、团学骨干、创业导师共同组成教学团队，不仅有效实现了师资力量的学科互补、能力互补，更有利于开展多样化、针对性的教学活动，实现方法互补和功能互补。

参考文献

［1］隋雪莉，耿茜．独立学院《C 语言程序设计》课程考核改革的研究与实践［J］．软件，2017，38（12）：309 – 311.

［2］周桂莲．应用型人才培养模式下的课程考核模式改革与实践［J］．吉林化工学院学报，2017，34（4）：73 – 76.

[3] 刘东皇，刘宁，刘凡．基于过程性考核的应用型高校专业核心课程考核模式改革探索［J］．产业与科技论坛，2018，17（15）：229－230.

[4] 何必繁．基于全过程考核的高校课程鉴定模式研究［J］．理论研究，2018（20）：28－29.

[5] 赵艳锋，赵宇红，高永兵．计算机网络实验课程加强过程考核的评价机制探索与改革［J］．中国管理信息化，2018，21（16）：224－225.

[6] 曾国斌，梁维意．高校教学过程化考核管理的实践与构想［J］．当代教育实践与教学研究（电子刊），2017（10）：84－85.

[7] 黄惠青．马工程《经济法学》教学体验［R］．杭州：浙江省教育厅，2017.

[8] 徐岚．好的思想政治工作应该像盐［N］．法制日报，2017－2－21.

[9] 隐性教育［EB/OL］．百度百科［2018－10－30］https：//baike. baidu. com/item/%E9%9A%90%E6%80%A7%E6%95%99%E8%82%B2/2486942?fr=aladdin.

[10] 人文情怀对大学生思想政治教育的影响［EB/OL］．百度文库［2018－10－30］https：//wenku. baidu. com/view/d270f77758eef8c75fbfc77da26925c52cc5912e. html.

[11] 高燕．课程思政建设的关键问题与解决路径［J］．中国高等教育，2017（15/16）：11－14.

[12] 何红娟．"思政课程"到"课程思政"发展的内在逻辑及建构策略［J］．思想政治教育研究，2017（10）：60－64.

[13] 李国娟．课程思政建设必须牢牢把握五个关键环节［J］．中国高等教育，2017（8）：28－29.

[14] 王禾玲．"课程思政"融入专业课教学的探索［J］．企业与教育，2018（9）：112－113.

[15] 史巍．论以"课程思政"实现协同育人的关键点位及有效落实［J］．学术论坛，2018（4）：168－173.

[16] 肖香龙．思政课与其他课程须建立协同育人机制［J］．中国高等教育，2017（12）：14－15.

[17] 刘慧，王乐昌，鲁子烨．刍议社会主义核心价值观引领高校思政工作革新［J］．教育现代化，2018，5（43）：362－363.

| 第十三章 |

双创价值引领下的国际经济与贸易（大宗商品交易）专业人才培养实践

一、案例背景

随着全球经济一体化进程的不断加快和日益深入，大宗商品交易业已成为我国参与全球化经济的重要领域。党的十九大报告提出“赋予自由贸易试验区更大改革自主权”。目前，中国已经成为世界上最大的石油、有色金属、铁矿石消费大国之一，“中国因素”更是影响全球大宗商品价格波动的关键因子。但是，由于中国尚未建立起发达的大宗商品交易体系，缺乏承载大宗商品国际贸易的期货交易中心、现货交易中心和物流中心，导致中国在国际大宗商品市场上不具备足够的话语主导权，中国企业只能在大宗商品国际贸易领域被动地接受价格。

中国（浙江）自由贸易试验区自2017年批复成立以来，一直以建设国际大宗商品资源配置中心为目标。2020年，浙江省人民政府印发《中国（浙江）自由贸易试验区深化改革开放实施方案》提出，到2035年形成大宗商品、新型国际贸易、航运物流、数字经济、先进制造业等领域成熟的制度成果，实现更高水平的贸易和投资自由化便利化，全面提升综合金融服务水平，营商环境达到国际一流，建成高水平开放、国际化发展、现代化建设的自由贸易试验区。宁波片区作为中国（浙江）自由贸易试验区的重要片区之一，聚焦大宗商品资源配置建设，重点发展油气全产业链、大宗商品贸易、新型国际贸易、新材料、跨境电子商务、航运服务、智能制造等产业。大宗商品产业的发展加大了对大宗商品交易的需求，催生了大量的大宗商品生产商、运营商等，需要一大批大宗商品交易领域的创业者，大宗商品行业的创新发展，对大宗商品交易人才的创新思维和能力也提出较高的要求。为此，学院开展了以双创为价值引领的国际经济与贸易（大宗商品交易）专业人才培养实践探索。

二、案例介绍

国际经济与贸易（大宗商品交易）是国际经济贸易学院下设的六个专业及独立招生的专业方向之一，2011 年依托国际经济与贸易专业成立浙江省首家大宗商品交易试点班，2014 年国际经济与贸易（大宗商品交易方向）通过浙江省教育厅备案招生，并被确立为浙江省高校新兴特色专业建设项目。2016 年在特色专业建设的基础上，成功获批宁波市特色学院（大宗商品商学院）和宁波市高校协同创新中心（大宗商品流通协同创新中心），2019 年获批浙江省一流专业。作为学校重点特色专业，对双创价值引领下的特色应用型人才培养模式进行了有益探索，如图 13 – 1 所示。

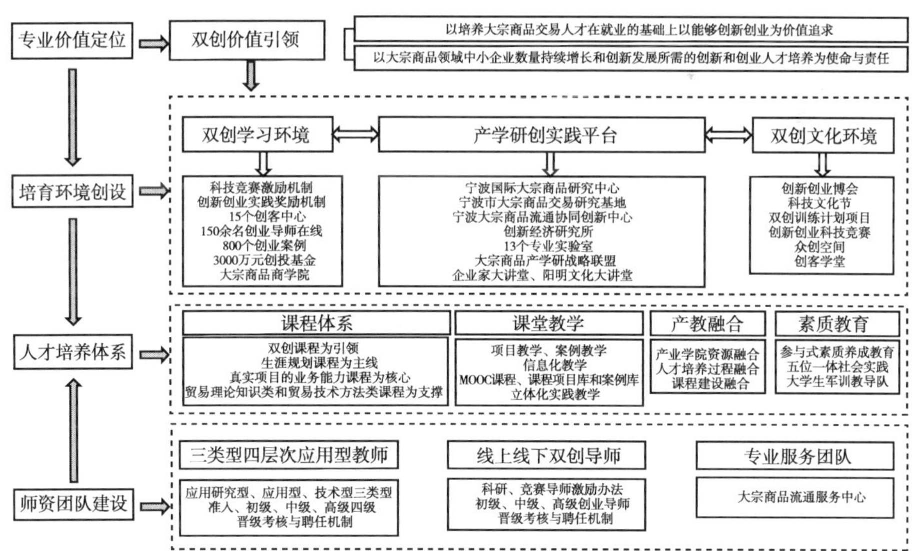

图 13 – 1　以“双创”为价值引领的国际经济与贸易（大宗商品交易）专业人才培养框架图

（一）明确专业人才培养定位

紧紧围绕社会主义核心价值观，深入研究国内外大宗商品交易发展的新趋势，把握国家自由贸易试验区对大宗商品交易人才提出的高要求，以双创价值为引领，立足浙江，链接全球，面向浙江外经贸中小企业数量的持续增长和创新发展所需的创新和创业人才需求，以培养大宗商品交易人才在就业的基础上以能够创新创业为价值追求，培养能够在大宗商品的生产、贸易、流通、投资等企业从事交易操作、信息处理、市场研究、咨询服务、投资分析等工作的国际化、高素质大宗商品交易应用型人才。

（二）课程融入“双创”基因

1. 构建双创价值引领的课程体系

学院（专业）在双创价值引领下，组织专家、企业业务人员、学校教师共同对国际经济与贸易（大宗商品交易）专业课程进行分析，形成以《创业基础》和《创新课程》为引领，以《职业规划与创新创业》课程为主线，以基于真实业务项目的《大宗商品市场调查与分析》《大宗商品投资》《大宗商品交易》《大宗商品物流》《大宗商品电子商务》《大宗商品金融》《大宗商品采购与价格管理》《大宗商品供应链金融》《国际贸易实务》《国际商务谈判》《国际商务单证》《国际结算》《外贸函电》等业务能力课程为核心，以必须够用的贸易理论知识类和贸易技术方法类课程为支撑，以创新贸易和创业孵化为综合能力培养和生涯发展的以“双创”为价值引领，以真实项目为核心的专业课程体系，如图 13 –2 所示。

2. 开发专业课程项目库和案例库

在双创价值引领下，学校专业老师和企业专家群策群力，从基于大宗商品交易全流程视角开发专业课程项目库和案例库，从大宗商品交易前的调研、知识储备、产业分析报告、交易中的策略和资金调用到交易后的核算，将各环节各项目所需操作的业务内容、所需学习的知识内容融入具体的课程中，如针对铜的交易，需要对铜的全球供给格局和产能分布、铜需求的影响因素、具体交易策略等进行具体的分析，要求学生具有国际视野，能创造性的应用所学的知识，并涉及多门课程，如《大宗商品概论》《产业经济学》

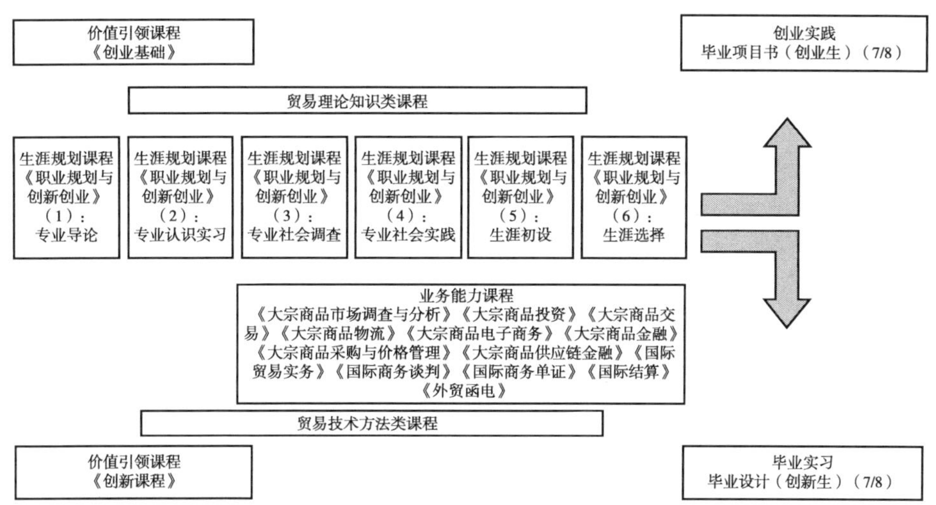

图 13－2　国际经济与贸易专业（大宗商品交易）双创价值引领课程体系

《市场调研与分析》《大宗商品投资》《大宗商品交易》等课程。学院组织相关老师，针对性开发项目库，每门课程老师在实际授课中安排学生完成相应的知识点和分析报告，通过项目库将课程串联起来，将零散知识点整合起来，提升学生创造性应用知识的能力，进而增强学生的创新创业能力。

（三）创设双创人才培养环境

1. 构建双创学习环境

宁波财经学院在原有经济与管理学院基础上，成立大宗商品商学院。大宗商品商学院采取“项目制”的校企合作形式，依托各类项目，将企业运营实践融入人才培养过程，采用“理论讲授＋专家讲座＋企业实践”教学模式，校企“双导师”“双班主任制”的管理模式，“人才共育、过程共管、成果共享、责任共担”的运行机制，逐步形成了基于“政、校、企”紧密联动的实战型大宗商品交易人才的培养模式。学院整合资源，采取校企科创深度融合机制，以服务大宗商品行业中小企业创新发展为宗旨，建成宁波国际大宗商品研究中心、宁波市大宗商品交易研究基地、宁波大宗商品流通协同创新中心、创新经济研究所等科研机构，构建双创学习环境。

2. 搭建产学研创平台

充分利用学校的创业教育平台提供的全链条创业型人才成长实践实战平

台、创业投资基金、项目孵化空间、创业导师在线指导，与中基宁波集团股份有限公司、宁波君安控股有限公司、宁波维科工贸有限公司、宁波兴业盛泰集团有限公司等10余家省内大宗商品行业龙头企业进一步深化合作，与宁波神化化学品经营有限公司、北京市长城企业战略研究所等30余家企业共同建立大宗商品产学研战略联盟，并成立浙江省大宗商品产业组织协同创新中心。充分发挥学校创新平台提供的激励机制、大宗商品商学院和研究机构的资源优势，建设以创新实验室为引领的2个国际贸易实务实验室，2个国际贸易综合模拟实验室，1个国际商务单证实验室和1个国际商务谈判实验室，此外，本专业还建有4个公共计算机实验室和3个语言实验室，进一步搭建产学研创实践平台（见图13－3）。

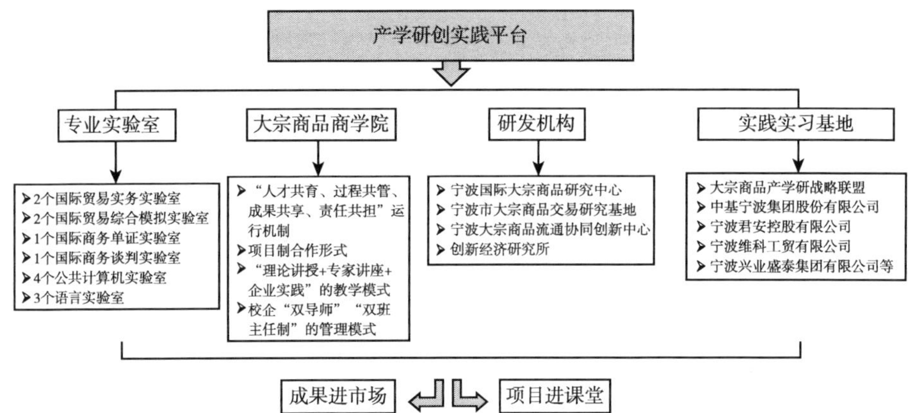

图13－3　国际经济与贸易（大宗商品交易）产学研创平台构成及功能示意图

3. 推动双创文化环境

充分发挥平台作用，鼓励学生积极参加全国大学生挑战杯、美国（国际）数学建模大赛、国家级大学生创新创业训练计划、浙江省大学生新苗人才计划、全国外贸从业能力大赛、全国外贸跟单大赛、浙江省证券投资大赛、宁波市物流设计大赛、宁波大宗商品交易模拟大赛等和学校“创新创业博会”“科技文化节”等，并向学生宣传学校的双创文化内涵，在崇尚创新创业的价值导向的过程中润物细无声地在学生和老师群体中根植双创文化。通过宣传榜样、获奖荣誉、展示成果等精神活动，如构建创客讲堂，每周分享传播身边的双创榜样故事，激发开拓创新的双创文化思路；组建专业双创社团，创客们相互学习，共同进步，营造分享创新的双创文化氛围；积极参与各类型双创比赛，让学生在备赛、比赛的过程中更深的理解创新的价值，促进竞争创新的双创文化热情；鼓励学生申报各种创新创业课题，依靠众创空间创意孵化，展示合作创新的文化精神。

4. 创新双创激励机制

以双创为价值引领，构建鼓励教师开展创新创业教育的激励机制，鼓励教师参与专业课程项目库和案例库开发，搭建开展专业双创学习的基础资源，为提升学生的创新性学习做好师资准备。构建鼓励学生开展专业创新创业学习的激励机制，将学生的创新性学习纳入到课程的具体考核中，适度加大考核力度和权重，鼓励学生多开展创新性学习。鼓励教师和学生开展思考性的研究活动，将学生吸纳到教师的科学研究中，提升学生应用知识的综合能力。继续深化参加挑战杯、“互联网+”、电子商务等创业大赛，深化开展第二课堂的创新创业教育工作。

（四）创新双创人才课堂教学

以双创为价值引领，采取专业课程与双创课程融合型教育模式，科学构建双创价值引领下国贸大宗商品交易的培养方案、课程体系、教学方式，探索特色应用型人才培养模式。在教学方式上，以学生的成长为中心，加强各种教学方法的学习应用，鼓励教师开展项目教学、案例式教学，开展以学生学为中心的教学活动，培养学生的创新性思维。加强信息化教学的应用，积极推广、普及现代化教育技术，重视教育资源的开发利用，增强教学效果。注重培养学生的创造性和个性特征，形成鲜明的应用经济学教学、实践与创新模式。充分利用互联网优质共享课程，提高在线课程使用比例。选择《大宗商品投资》《大宗商品交易实践》等课程采用 MOOC 课程学习方式，建立在线开放课程学习认证和学分认定制度。

创新实践教学的形式，开辟三个课堂，构建课内实践教学、项目实践教学、社会实践教学三位一体的立体化实践教学模式，保证实践教学的有效性。在课内实践教学上，采用案例教学模式，鼓励学生多进行思考分析，大胆提出各种假设并进行验证，提升学生的创新性思维；在项目实践教学上，模拟真实的大宗商品交易的情境，鼓励学生完成具体的项目报告，提升学生综合应用知识的能力；在社会实践教学上，构建企业实践指导教师队伍，实行“双导师”“双班主任制”，学校导师与企业老师协同指导，提升学生的社会实践综合能力。

（五）多方建设优秀师资团队

师资队伍建设是推进双创教育的重要保障条件。在双创价值引领下，学院制定“大宗商品高层次人才引进专项计划”和教师培养计划。教师队伍形成专业服务团队，与相关企业、政府机构成立大宗商品流通服务中心，为地方组织提供智力支持。通过项目制，教师围绕区域大宗商品产业凝练“宁波构建国际化大宗商品市场理论与实践研究”“宁波大宗商品交易电子交易平台建设”“宁波大宗商品产业体系协同创新研究”三个战略研究方向，积极服务地方经济社会发展战略，深化大宗商品交易理论和政策研究。

鼓励教师到大宗商品流通企业一线，和企业合作，解决企业遇到的实际问题。通过社会服务，提升教师的专业素养，增强教师的专业创新能力。以开发大宗商品交易专业课程项目库和案例库为抓手，促进专业教师与企业专家融合交流沟通，深度借用企业智力资源，提升专业教师大宗商品产业知识储备，进而增强课堂授课效果。进一步创新应用型师资培养方式，深化与甬商所、君安物产、宁波中基、余姚塑料城、维科集团、浙江大越期货等企业合作，实施开展“实职互派、双向兼职”，提升师资队伍水平。

三、案例成效

（一）学生创新创业成果增加

在双创价值引领下，将通过为社会和产业发展而创业，为创业而创新，并通过创新推进社会和产业发展，将推动社会和产业发展的使命内化为学生的价值观，近三年大宗商品交易专业学生国家级创新创业训练项目 12 项，浙江省新苗人才计划 8 项，挑战杯获奖 6 个，省级竞赛获奖 54 项。本学年获得国家级创新创业训练项目 3 项，浙江省新苗人才计划 2 项，挑战杯获奖 4 个。

（二）课程教材建设成效良好

共出版大宗商品特色教材 11 本，1 本职业标准（大宗商品交易分析师）培训教程，省新形态教材立项 5 本，学校新形态教材立项 1 本；建设宁波市高校慕课联盟 2 门，浙江省高等学校在线开放平台培育 1 门；校金课培育 2 门，院金课培育 3 门。基于以上资源建设，2019 年共建有两门金课，分别是《大宗商品交易实战》线上线下混合式“金课”和大宗商品供应链金融（海陆仓）虚拟仿真“金课”。

（三）教师教学创新成效明显

近三年来共获得 3 项省市校教学成果奖多项。如（1）应用型高校“双院制”培养新业态紧缺人才的探索与实践，浙江省高等教育教学成果奖二等奖；（2）创建特色学院培养应用型紧缺人才，宁波市第八届教学成果奖二等奖；（3）“产教融合、多元结合、知行耦合”的大宗商品流通新业态人才培养模式改革与实践，宁波市教学突出成果奖二等奖；（4）“金课标准驱动的大宗商品特色专业课程体系探索与实践”，宁波财经学院校级一等奖。

2020 年浙江省一流学科、宁波市重点学科（应用经济学）建设顺利，新增省部级课题 8 项，发表一级以上期刊论文 7 篇，获第十六届宁波市哲学社会成果奖 2 项，获得宁波市哲学社会科学重点基地。相关咨政研究在省市要报上刊发，受到省领导批示多次，多篇要报获得宁波市政协和宁波市工商联采纳。

（四）助推中小企业创新发展

大宗商品商学院举办大宗商品论坛、讲座、学术沙龙、学术报告 50 余场次；获得大宗商品研究方向课题立项《浙江大宗商品交易平台的构建及政府服务研究》《我国农产品“农超对接”流通模式研究》等 31 余项，经费支持 40 余万元；获得宁波市科技局软科学课题立项 10 项，经费支持 32 余万元。此外，还举办宁波市《大宗商品产业发展与人才培养》、市科协学术年会“战略与路径：浙江海洋经济发展”等学术会议，以科学研究助推中小企业创新发展。

四、案例启示

（一）双创价值引领，构建“政、校、企、协”协同育人机制

精准定位大宗商品流通紧缺人才培养价值取向，组建了由30多家国内大宗商品流通领域龙头企业和研究机构组成的“大宗商品产学研合作联盟”，形成了校企深度融合、产学研紧密结合的校企合作共建机制，以双创价值引领开展“政、校、企、协”四方协同培养，形成特色专业人才培养模式，与行业龙头企业共同优化专业人才培养方案，培养胜任新业态应用型紧缺人才。

（二）双创价值引领，构建大宗商品交易活动的特色课程体系

以双创价值引领，一方面依据新业态行业需求进行自外向内、需求驱动的进行正向设计，另一方面根据“教学环节→课程体系→毕业要求→培养目标→行业需求”的顺序进行自内向外、目标达成的逆向评价。形成以双创价值引领，新业态人才岗位需求学习成果为导向的产业融合构建大宗商品交易特色课程体系，构建质量持续改进机制，培养创新创业能力。

（三）双创价值引领，充分发挥人才引进和教师培养激励政策

按照学校“三类型四层次”应用型教师发展体系，制订“大宗商品高层次人才引进专项计划”和教师培养计划。通过建立社会化的人员聘用和流动方式，打破学院教师与行业企业人才交流的壁垒，基于双创价值引领下的“三类型四层次”应用型教师发展体系，改革教师评价机制，拓展教师发展通道，优化教师结构，进一步提升学院教师整体水平，形成若干支大宗商品流通创新团队，在大宗商品物流、大宗商品金融、大宗商品电商、大宗商品交易等方向集聚人才，形成高地。

参考文献

[1] 姜波．OBE：以结果为基础的教育［J］．外国教育研究，2003（3）：35－37.

[2] 杨恕．关于推进“一带一路”建设教育交流合作的战略思考［J］．比较教育研究，2015，37（6）：5－6.

[3] 和震. 建立现代职业教育治理体系推动产教融合制度创新 [J]. 中国职业技术教育，2014（21）：138－142.

[4] 顾佩华，胡文龙，林鹏，等. 基于“学习产出”（OBE）的工程教育模式——汕头大学的实践与探索 [J]. 高等工程教育研究，2014（1）：27－37.

[5] 柳友荣，项桂娥，王剑程. 应用型本科院校产教融合模式及其影响因素研究 [J]. 中国高教研究，2015（5）：64－68.

第十四章

双创价值引领下的视觉传达设计专业人才培养实践

一、案例背景

随着数字经济社会发展，各行各业都需要大量的视觉传达设计专业人才。其中，广告业作为现代服务业和文化产业的重要组成部分，在服务推进经济转型升级、引导扩大消费、促进经济增长、繁荣社会文化中发挥着十分重要的作用。《浙江省广告产业发展“十四五”规划》提出：广告产业融入文化浙江建设大局，进入打造万亿级文化产业战略，纳入文化产业八大提升计划，列入文化产业人才培育发展规划。《浙江省文化产业人才发展规划(2017～2022年)》指出，未来五年突出以广告创意设计和经营人才为培养重点，加快培养和引进一批具有较高层次和水平的广告产业人才队伍。各行各业对视觉传达设计与日俱增的需求将催生大量的视觉传达设计企业，需要一大批视觉传达设计领域的创业者；视觉传达设计的创意价值取向，对视觉传达设计专业人才的创新思维和能力也提出较高的要求。为此，学院开展了以“双创”为价值引领的视觉传达设计专业人才培养实践探索。

二、案例介绍

艺术设计学院坚持“艺术+技术”“设计+商科”的学科融合理念，致力于通过“艺术+技术”创新，“设计+商科”创业，服务地方文化创意产业，视觉传达设计专业是学院下设的五个本科专业之一。视觉传达设计专业前身为艺术设计（专科），创办于 2001 年，2012 年升格为视觉传达设计本科。专业以浙江省“设计艺术学”重点学科、宁波市“设计学”重点学科、校“互动媒体艺术”重点学科建设为依托，拥有“宁波当代越窑青瓷研究院”学科平台、省级“十三五”重点建设实验教学示范中心，打造视觉传达设计、互动媒体艺术、传统造物设计文化与创新发展应用研究 3 个科研团队，品牌形象设计、交互界面设计 2 个应用型教学团队。坚持以“双创”为价值引领的视觉传达设计专业人才培养（见图 14 – 1），本专业入选浙江省“十三五”特色专业、浙江省一流专业，并在 2020 年被评为国家一流本科专业建设点。

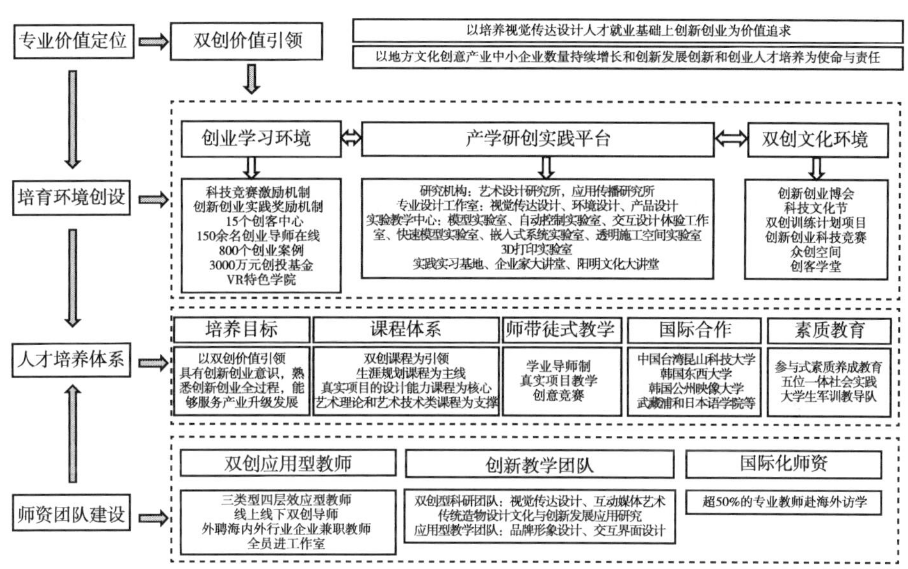

图 14 – 1　以“双创”为价值引领的视觉传达设计专业人才培养框架图

（一）强调社会需求导向，明确“双创”人才培养目标

紧紧围绕社会主义核心价值观，立足浙江，面向长三角的办学方向，围绕区域经济社会发展需求和增长点，以双创为价值引领，把培养一大批具有创新创业意识，熟悉创新创业全过程，服务产业升级发展的视觉传达设计专业人才作为培养目标，提升对浙江省尤其是广告设计行业发展的支撑度，强

化对区域产业发展的支撑和贡献。

（二）以“双创”为价值引领，构建真实项目课程体系

学院（专业）在双创价值引领下，组织专家、企业设计人员、学校教师共同对视觉传达设计专业课程进行分析，形成以《创业基础》和《创新课程》为引领，以《职业规划与创新创业》课程为主线，以基于真实项目的《标志设计》《版面设计》《书籍设计》《品牌形象设计》《文化创意产品设计》《包装设计》《交互界面设计》《招贴广告设计》《展示设计》《IP 形象设计》《地区文化传承与创新设计》11 大设计能力课程为核心，以必须够用的艺术理论和艺术技术类课程为支撑，以创新设计和创业孵化为综合能力培养，以真实项目为核心的专业课程体系。如图 14－2 所示。

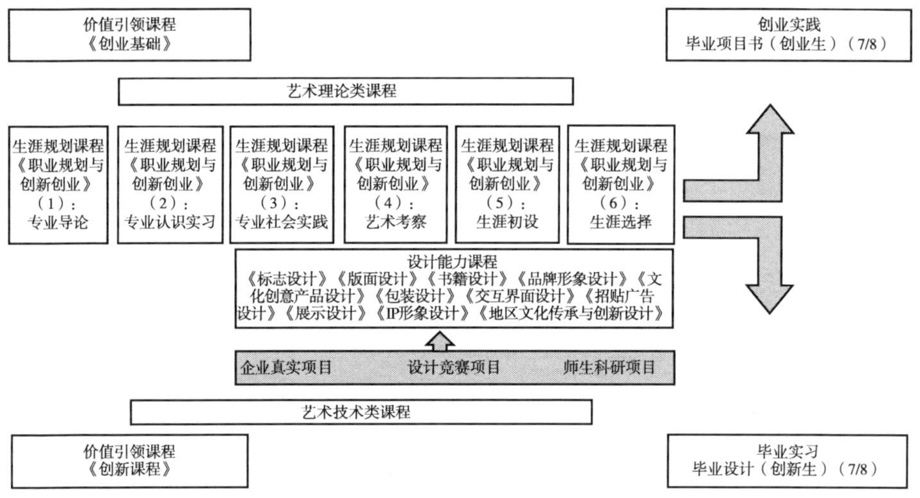

图 14－2　视觉传达设计专业课程体系结构图

（三）以“双创”为价值引领，实施师父带徒弟式教学

设置“学业导师制”，学业导师带领学生开展市场调研，发现市场需求，设立工作室设计项目，实施项目教学。专业教学实现了由学科教学到项目教学，又由虚拟项目到企业委托项目、科研项目、真实案例以及学科竞赛项目的转变。专业考核中加入了学生进行市场调研、项目策划、项目组织实施管

理、项目总结等环节内容。

（四）搭建产学研创平台，打造“双创”人才培育环境

充分利用学校的创业教育平台提供的全链条创业型人才成长实践实战平台、创业投资基金、项目孵化空间、创业导师在线指导，依托区域行业资源，积极与政府、企事业单位及社会机构开展合作，孵化视觉传达设计、环境设计、产品设计等工作室，建设 VR 特色学院，实施公司模式运营和理事会管理制，开展社会服务，打造创业环境；充分发挥学校创新平台提供的激励机制和两大研究机构，建设以创新实验室为引领的模型实验室、自动控制实验室、交互设计体验工作室、快速成型实验室、嵌入式系统实验室、透明施工空间实验室、3D 打印实验室，打造创新研究环境；充分利用视觉传达设计领域企业的生产资源，与杭州达内科技有限公司、北京时代行云（雨课堂智慧平台）、海辉（软件）集团、TI（美国德州仪器）、美国迪芝伦公司（FPGA）、杭州汇文教育咨询有限公司、宁波东蓝数码有限公司等企业深度合作，打造生产实践学习环境，形成产学研创平台（见图 14－3）。充分发挥平台作用，积极参加国家创业大赛培训（互联网大赛、挑战杯大赛）和学校“创新创业博览会”“科技文化节”等，创设出“双创”育人环境。

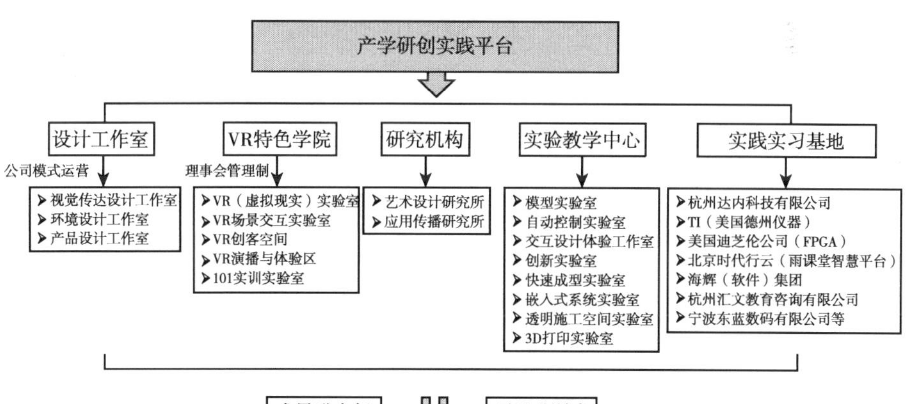

图 14－3 产学研创平台构成及功能示意图

（五）重视国际化合作办学，创建国际化教育平台

学院（专业）重视对视觉传达设计国际化人才的培养，与中国台湾昆山科技大学合作办学项目；与韩国东西大学合作开展视觉传达设计专业“2+2”双学位项目；与韩国公州映像大学开展中外学分互认项目；与武藏浦和日本语学院（日本）合作日本升硕项目；与中东欧国家开设升硕项目。项目内学生在本科学习期间均有机会到这些高校进行交流和学习，提高国际化水平。

依托国际合作项目，学院（专业）组织专业教师进行访学交流，引入国际化师资力量，将优势和经验应用到其他视觉传达设计专业，培养具备国际化视野的高素质应用型人才和师资队伍。

（六）基于学科竞赛项目，促进学生双创能力培养

学生的头脑不是用来填充知识的容器，而是一支需要被点燃的火把，学院（专业）将学科竞赛视为点燃火把的“火种”，把学科竞赛项目作为培养双创人才的重要抓手。学科竞赛项目融入课程教学、工作室指导、业余过程中，并组织擅长的教师负责项目推进。学生通过参加大广赛、省多媒体竞赛、省大学生摄影等A类竞赛等多种竞赛项目，将竞赛获奖作品通过创办公司等形式转化为生产力，有效地促进了学生双创能力的培养。

（七）通过校内外双循环，打造双创应用师资队伍

学院（专业）把师资队伍建设视作是推进双创教育的重要保障条件。“双创”教育背景下的师资队伍不仅要学历职称结构合理，而且应当有较强的业务能力，才能堪称“双创”应用型师资队伍。为了打造“双创”应用型师资队伍，专业配合学院实施青年骨干教师提升方案、应用型师资队伍建设方案和外聘教师队伍建设方案，打造校内外双向循环的双师型教学团队。举办教学骨干培训班、青年教师工作坊与教学技能大赛，推进“全员进工作室”制度，每个教师都要到企业挂职或参加企业实践活动，促进校内专任教师能力提升并向应用型师资转型。同时专业依托学校“一带一路”对外交流资源与教师发展规划，实施了师资国际化建设方案。遴选优秀教师赴日本、

韩国等国家、我国台湾地区，开展访问学习、参观交流等活动。依托和台湾昆山科技大学合作办学平台优势，聘请许多台湾高校教师为客座教授、外聘教师。

三、案例成效

（一）构建了双创价值引领下视觉传达设计人才培养体系

学院（专业）创新了人才培养机制，构建了双创价值引领下的视觉传达设计人才培养体系。在人才培养目标上，坚持社会需求导向，把培养一大批具有创新创业意识，熟悉创新创业全过程，服务产业升级发展的视觉传达设计专业人才作为培养目标；在课程体系上，以双创课程为引领，以学生的成长和生涯发展为主线，以基于真实项目的设计能力课程为核心，以必须够用的艺术理论和艺术技术类课程为支撑；在教学方式上，实施师父带徒弟式教学，师生进入设计工作室，工作室按照公司模式运营，承接企业真实项目。教师全员进入工作室，并将项目融入教学中，科学设计教学内容和训练项目，教学内容也随着产业的升级发展而动态调整，目前在专业必修课中新开设了《动态设计基础》《数字视觉特效》《文化创意产品设计》《地域文化传承于创新设计》《IP 形象设计》5 门新兴设计课程；并以选修课形式推出《商品策划与推广》《中小微企业管理》《创业融资与风险投资》《先进制造与 3D 打印技术》《工程技术基础》等课程。

本专业先后被评为省重点特色专业，省一流专业、国家一流专业。专业在建浙江省高等学校在线开放平台课程 4 门、VR 学院等省部级产教合作平台 3 个，省级课程思政专业 1 个、省级实验教学示范中心 1 个、专业设计工作室 7 个、校院培育金课若干。

（二）培养了近千名学生在双创价值引领下进行创新创业

在双创价值引领下，视觉传达设计专业学生在省大学生多媒体设计竞赛、省大学生广告设计大赛、省大学生摄影竞赛、靳埭强设计奖、白金创意设计大赛、全国高校数字艺术大赛等项目中，取得的省级以上 A 类竞赛奖项 20 多项，省级以上 B 类竞赛奖项 200 余项，国家级创新创业训练项目 8 项，省大学生科技创新活动计划暨新苗人才计划等项目10余项，参与学生达到60%以上（见图14－4）。开展重大社会服务项目30余项（项目资金在20万以上）；发明专利与知识产权26项，成果转化率达45%。例如“花果设计工作室”，专业教师引入实际项目，带领学生团队完成设计服务。每学期完成广告项目金额上百万。工作室模式成为专业重要的双创教育阵地，工作室实践过程中给学生进行创新能力指导和创业精神灌输，工作室学生毕业后的创业率远高于普通学生（创业率）。

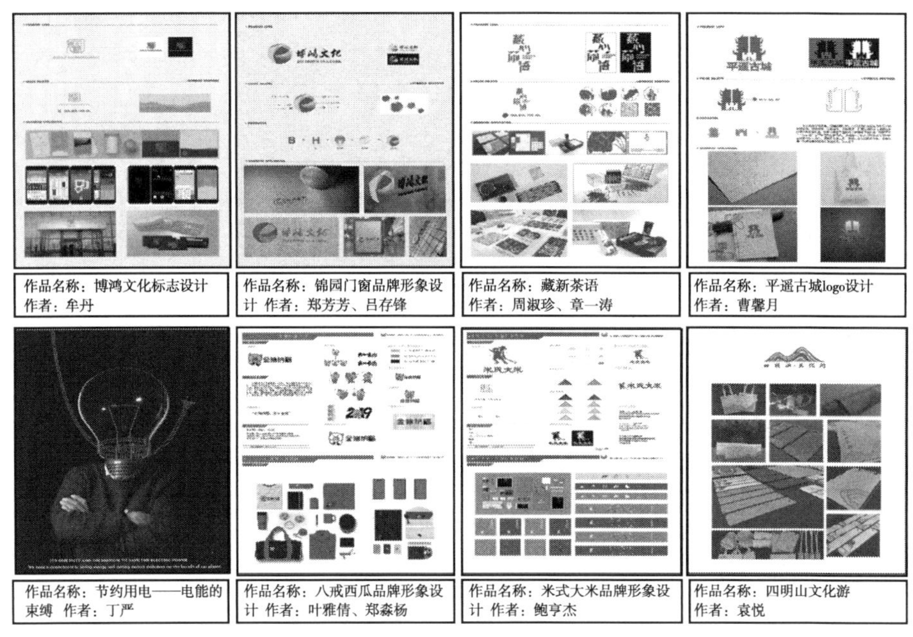

图14－4　学生作品展（部分）

根据省教育厅毕业生就业平台反馈，近三年就业率与签约率平均值96.8%以上，毕业生的起薪水平为4405.45元；专业相关度达62.56%，90%以上学生就业分布在长三角地区；应届毕业生创业率11.28%。如17届王子康同学在校孵化的“未见山工作室”，2016年副省长参观、肯定并鼓励其进一步发展；20届欧阳玉乐同学创办的“Soul Plates”（灵魂盘子）品牌时尚服装店，已成为网红店。

（三）打造了一支多元组建的双创应用型国际化师资队伍

学校创新师资队伍建设机制，构建了“三类型四层次”应用型教师资格认定与考核体系。学院（专业）鼓励教师积极参加“三类型四层次”教师的认定。目前专业建有打造视觉传达设计、互动媒体艺术、传统造物设计文化与创新发展应用研究 3 个科研团队，品牌形象设计、交互界面设计 2 个应用型教学团队，应用型教师占比达 90%，本专业教师除了按照规定每年到企业参加实践活动外，还实行“全员进工作室”制。重视校外导师资源，聘请有像上海欧普广告设计董事长兼创意总监王炳南这样的著名设计师，也有地方朱金漆非遗工作室大师，聘请宁波本地村支书等担任乡村导师。借助毕业校友、行业导师全程参与课程建设、课堂教学、科创指导等环节，提升教学水平。

依托国际化合作遴选优秀教师赴日本韩国等国家和我国台湾地区，开展访问学习、参观交流等活动。本专业专职教师中 54% 借助国际合作进行了三个月以上的访学。依托和台湾昆山科技大学合作办学平台优势，先后有 20 余位台湾高校教师来我校教学，大大提升了专业师生的国际化视野。

四、案例启示

（一）以双创价值为引领，建立师带徒的人才培养机制

视觉传达设计专业人才培养实践改革是在双创价值引领下，将通过为社会和产业发展而创业，为创业而创新，并通过创新推进社会和产业发展，将推动社会和产业发展的使命作为驱动自身专业学习的内生动力，并结合艺术类专业工作室的特点，在教师方面推进“全员进工作室”制度，在学生培养方面，以“师父带徒弟”形式，主动设置“学业导师制”模式，把学生分给专业教师，工作室按照公司模式运营，并充分利用好《大学生双创实践奖励学分认定办法》，鼓励学生积极参与学科竞赛、科研项目、企业项目、创意设计、创业实践等，引导学生主观能动性地进行学习，从而实现自己的价值。

（二）以双创价值为引领，构建基于真实项目课程体系

在专业实践改革中，学院教师深度研究行业产业发展趋势，以及对视觉传达设计人才规格的要求，在课程体系建设中，改变传统的学科课程体系，而以双创课程为引领，以学生的职业生涯发展为主线，以基于真实项目的设计能力课程为核心，以必须够用的艺术理论和艺术技术类课程为支撑，从而构建了双创价值引领的基于真实项目的课程体系。教师将源源不断的鲜活的创业案例、创新项目、企业真实项目融入课程，形成了基于真实项目驱动的课程迭代机制。

（三）以双创价值为引领，搭建平台提升师生双创能力

学院整合多方资源，持续优化产学协同实践平台，同时发挥区域优势，合理利用国际优质教育资源，联合企业打造一流的产教融合人才培养创新试验区，和其他分院（专业）一起建设象山影视城（国家级）、VR 学院（省部级）、越窑青瓷研究院等特色平台。共同开发课程与教材，鼓励学生积极参加企业项目、学科竞赛、科技创新，孵化创业项目，参与社会服务。通过内培外引，优化双师型、专兼职、国际化师资队伍结构；组建应用型教师团队，建设教师工作坊，扩大社会影响力与服务能力；培育教学名师。开展校际研究生联合培养，提升办学层次；以韩国东西大学国际合作班为主，与境外院校资源共享、作品共展、访学互惠，扩大对外合作办学，持续提升专业的实力以及师生的双创能力。

参考文献

［1］田颖拓．“双创”背景下视觉传达设计专业人才培养策略探究［J］．中国教育学刊，2019（1）：139－141.

［2］张素华．“双创”视角下视觉传达设计专业课程改革探析［J］．美术教育研究，2018（19）：143.

［3］闫晓华．创新创业教育融入视觉传达设计专业实践教学之探索——以山西农业大学为例［J］．美术界，2020（1）：92－93.

［4］李昱靓．高校视觉传达设计专业学生创新创业促进机制研究［J］．重庆工商大学学报（自然科学版），2019（12）：123－128.

［5］孙秋野．基于“三创融合”探索高校人才培养新模式［J］．创新创业理论研究与实践，2020（19）：121－123.

［6］毕露予．跨学科专业协同创新人才培养模式研究——以动画专业与视觉传达设计专业融合教学研究为例［J］．大众文艺，2019（10）：224－225.

［7］吴巧慧，邢培正．应用型本科人才培养模式研究与实践［M］．北京：中国轻工业出版社，2011.

附件　双创价值引领下的视觉传达设计专业课程体系分析表

学期		1	2	3	4	5	6	7	8
创业			创业基础		创业融资与风险投资（跨科选修）	中小微企业管理（跨科选修）		创业实践（7-8）/毕业项目书（7-8）（创业生）	创业实践（7-8）/毕业项目书（7-8）（创业生）
双创引领课程	艺术理论		色彩	构成		工艺美术史（选修）			
	行动课程	职业规划与创新创业（1）：专业导论	职业规划与创新创业（2）：专业认知实习	职业规划与创新创业（3）：专业社会实践 风景写生	职业规划与创新创业（4）：艺术考察 标志设计 版面设计	职业规划与创新创业（5）：生涯初设 书籍设计 品牌形象设计 文化创意产品设计	职业规划与创新创业（6）：生涯选择 包装设计 交互界面设计 招贴广告设计 广告策划与文案写作（选修） 专业综合实训（6-7）	展示设计 IP形象设计 地域文化传承与创新设计 商品策划与推广（选修） 专业综合实训（6-7）	
	艺术技术			图形创意	摄影 动态设计基础 工程技术基础（跨科选修）	数字视觉特效 剪纸（选修） 书法（选修） Cinema 4D（选修） 先进制造与3D打印技术（跨科选修）	高保真模型综合实践 信息图形设计（选修） 陶艺欣赏与制作（选修） 产品商业摄影（选修） 数字艺术（选修）		
创新			创新思维					创新实践/毕业项目书（创新生）	毕业实习/毕业设计（创新生）

| 第十五章 |

双创价值引领的创业管理专业人才培养实践

一、案例背景

市场经济发展和企业竞争的国际化，使大规模采用现代化的管理方式与管理理念已经成为一种必然的趋势，继而出现职业经理人的岗位。浙江省既是民营企业大省，也是家族企业大省，民营企业中90%以上均为家族企业。改革开放40多年，第一代浙商已渐渐步入老年期，正迎来交班高峰期，再加上家族企业现代化、规范化的需要，职业经理人已成为浙江省企业当前紧缺的人力资源。而宁波在2011年就被国家有关部门评定为三个“中国职城”之一，成为职业经理人最适宜生存和发展的城市。在创新发展理念和创新发展战略的引领下，在一系列政策措施的推动下，新经济正在中国迅速成长，对经济发展和人民生活产生了巨大影响。企业管理需要人才，尤其随着新经济企业的快速成长，新经济企业对职业经理人的市场需求也更强烈，新经济时代更需要职业经理人的出现。而当前职业经理人短缺已成为制约我国经济不断发展的极大障碍，亟须一批高素质、高潜能的新经济企业职业经理人带领中国企业发展，尤其是带领新经济企业快速发展。职业经理人需求愈发巨大，新经济时代呼吁新经济企业管理者。

随着国家对创新创业活动的大力支持，创业服务支持机构发展态势良好，进入快速发展期，各类创业服务支持机构从不同的角度出发，衍生出不同的商业模式，促进创业服务行业的繁荣发展。浙江省也加快发展众创空间、孵化园、孵化器等创服机构，在政策、平台、金融、人才、环境等各方面加强建设和引导，努力营造大众创业、万众创新的政策环境和制度环境，取得明显成效，创服机构的数量已初具规模。同时，为了深入贯彻双创精神，宁波也积极整合创新创业社会资源，集成政策措施，健全服务体系，建设了“梦想 4.0 创新工场”、Pearl Space 众创空间等一批引领新兴产业发展方向的集市场化、专业化、集成化、网络化于一体的众创空间。可见，在当前创新创业的大环境下，创服机构发展态势良好，创服机构从业人员队伍也日渐庞大，其地位和作用也日渐凸显。随着创服机构的不断增加，对于创服机构的从业人员要求也愈来愈高，对创服机构管理者也提出更高的要求。只有优秀的创服机构管理者，才能带领机构组织朝着市场化、国际化、专业化、服务化的方向发展，引领宁波市和浙江省乃至全国双创平台的升级发展，进一步提升创服机构的水平、能力、视野、格局。创服机构发展态势良好，创服机构从业人员队伍日渐庞大。

近年来我国经济发展进入新常态，经济增速逐渐放缓，创业成为激活社会经济的关键方式之一，受到国家政策的引领和扶持，全国各地创新创业氛围活跃，自主创业人数呈大幅增长趋势。作为创新创业大省，浙江在积极鼓励和推进双创活动方面取得明显成效，已成为孕育创业企业的一方沃土。2020 年，浙江省新增小微企业 40 余万家，根据一家新创企业至少拥有一名创业者进行推算，浙江省创业者数量为 40 万人以上，90 后逐渐成为创新创业主力军，大学生创业占比呈现较快增长趋势，同比增长 6.97%。而宁波也散发着浓厚的创业氛围，政府不断出台各类政策扶持创新创业人群，平均每 8 个人中，就有一个是老板。全国各地创新创业氛围活跃浓厚，自主创业的人数不断扩大，尤其是在交通、医疗和物流等领域，中国新一代创业者正在以“中国速度”快速崛起。而如何在创业大潮中存活下来也是对创业者的一大考验，因此培养高素质的新一代创业者是社会经济发展的要求。为此，学院开展了以双创为价值引领的创业管理专业人才培养实践探索。

二、案例介绍

创业管理专业是我校聚焦国家创新创业人才需求，以双创价值为引领，结合学校人才培养定位，并基于多年在创业教育的实践探索而开设，是工商管理学院下设的三个本科专业之一。该专业前身为工商管理（创业管理）专业方向，开设于2013年，由我校与深圳国泰安教育技术股份有限公司、北京市长城企业战略研究所等企业合作共建。在我校“一级学科工商管理学科（浙江省一流学科）”的引领下，被浙江省政府认定为省级新兴特色专业。教育部部长、教育部评估中心主任、省教育厅等教育行政部门领导，以及清华大学、中山大学、浙江大学、复旦大学等知名高校的著名专家学者，对本专业建设给予了充分肯定。

2021年2月，教育部下发《关于公布2020年度普通高等学校本科专业备案和审批结果的通知》（教高函〔2021〕1号），我校申报的“创业管理”本科专业成功获批纳入教育部本科专业目录，成为全国首个开设该专业的学校，填补了创业教育本科层次空白。此次创业管理本科专业的成功获批，既是开启我校创业教育发展新征程的重要里程碑，也标志着我国创业教育进入新的发展阶段。

作为地方应用型本科高校，学校坚持以区域经济社会及新产业、新业态发展需求为导向，率先开展创业管理本科教育探索，构建了多层次创新创业教育体系，促进创新创业型人才快速成长。并在双创价值引领下，构建高质量应用型学科建设和专业建设并驾齐驱、相互促进的新发展格局。学校先后获评“全国民办高校创新创业教育示范学校”“浙江省普通高校示范性创业学院”。

创业管理专业建设中，把双创价值理念贯穿到专业建设人才培养各环节，构建了“三驱动四融合”创业型管理人才培养模式，依托与北京市长城企业战略研究所共建的长城商学院，深度发挥校企双方的教学优势、行业优势和资源优势，进一步明确专业定位，持续加强新专业建设和管理，不断提升专业内涵，把专业打造成为辐射范围广、创新能力强、具有示范引领价值的特色鲜明的专业（如图15－1所示）。

（一）明确专业人才培养定位

适应新经济和社会发展需要，把握大众创业、万众创新作为中国新常态下经济发展“双引擎”之一对富有创造力与创新力管理人才的高要求，专业以双创价值为引领，立足浙江，面向服务新经济背景下新创或创新企业的“新事业”对管理人才的需求，把培养具有创新创业意识，熟悉创新创业全过程，能

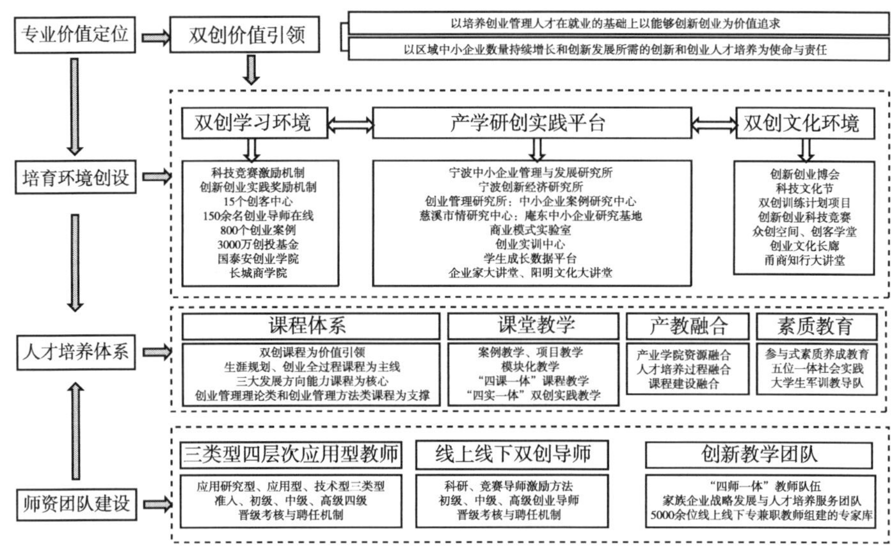

图 15－1　以“双创”为价值引领的创业管理专业人才培养框架图

够以推进社会和产业发展而创业为价值追求，具备“新思想、洞见力、领导力、使命感 ”的新经济时代所需的创业型管理人才为培养目标，培养学生成为高素质、复合型的新经济企业管理者、创服机构运营者、新一代创业者。

（二）“双创”基因扎根课程

1. 构建三大发展方向创业管理专业课程体系

在双创价值引领下，学院（专业）组织专家、企业人员、学校教师通过深入研究经济发展新特征，开展创业管理专业的课程分析，形成以《创业学》《创新课程》《数字经济与创新创业》《文创行业的创新与创业》《企业家精神与商业伦理》等课程为价值引领，以《创业实践与实战》课程为主线，以基于真实项目的创业模块《创业机会识别》《商业模式设计与创新》《创业融资与风险投资》《创业团队建设与管理》《产品开发营销实战》《全球创业观察》；创管模块《创业企业市场营销》《创业团队建设与管理》《财务管理》《企业经营模拟实践》《战略管理》《创业融资与风险投资》的；创服模块《孵化器运营与管理》《科技园区建设与发展》《公共政策与创新创业》《全球创业观察》等三大发展方向能力课程为核心，以必须够用的创业管理理论类课程和创业管理方法类课程为支撑，以创新管理和创业孵化为综合能力培养和生涯发展的以双创为价值引领，以真实项目为核心的专业课程体系。如图 15 –2 所示。

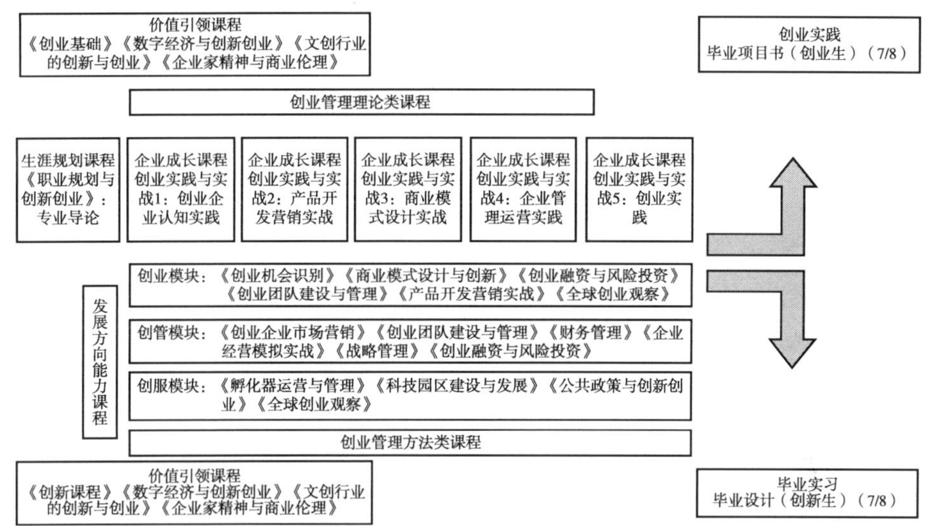

图 15 –2　创业管理专业课程体系结构图

2. 开发基于企业成长全流程的双创教育课程

在双创价值引领下，创业管理专业按照“企业成长全流程”设计“想法激发、企业创办、企业成长”三大板块内容，每个板块内开发相应课程，以覆盖企业成长全流程，如《创业实践与实战》为国家级一流社会实践课程，该课程与专业理论教学进程对接、覆盖创业基本过程，教学内容包括创业企业认知实践、产品开发营销实战、商业模式设计实战、项目营销推广实战、企业管理运营实践和创业践五大模块，按学期进阶式开展，分别在 3 ~7 学期利用 2 ~6 周时间集中实施。《新经济创业概论》课程由长城战略咨询所领导及专家顾问领衔打造，是长城商学院打造的精品课程，通过邀请所内外新经济领域的专家大咖，设计课前预热、专题授课、主题讨论三大课程模块，旨在让学生全面深入理解新经济的内涵及创业在推动中国经济社会发展中的作用。

在企业的成长过程中培养学生的双创能力，开发如《创业机会识别》《新经济企业创办与成长》《商业模式设计与创新》等培养学生洞见与创新、商业模式设计与实践和创业企业运营管理的创新创业能力，为社会和产业发展进行创业；递进优化设置“基础实训、专业实践、综合实战、实地实习”的实践教学，如《创业实践与实战》《企业经营模拟实践》等进阶式培养创业实践的能力；发挥长城战略咨询独特优势，对接产业资源，开发前瞻创新的“企业（微观）—产业（中观）—区域（宏观）”三观融合的课程，如《创业企业市场营销》《行业研究理论与实践》《中国区域经济》等实现“创业”管理的创新，进一步推动社会和产业发展使命驱动学生的专业学习。

（三）创设双创人才培养环境

1. 创设双创学习环境

（1）实施“长城菁鹰卓越人才提升计划”

实施“长城菁鹰卓越人才提升计划”，并设置“奖创金”，构建鼓励学生开展专业创新创业学习的激励机制，提升学生创业能力和学业水平。

“长城菁鹰卓越人才提升计划”是为进一步深化创业型管理的人才培养模式，推进各类大学生英才脱颖而出，计划每年培养并扶持一批卓越大学生人才。该计划是面向创业管理专业学生设立的重点人才工程，进一步支持在创业、就业、深造、公益等不同领域拥有强烈兴趣和优良基础的大学生发展。经个人自主申请和学院选拔可进入长城嘉峪关计划（创业菁鹰）、长城山海关计划（名校菁鹰）、长城居庸关计划（就业菁鹰）、长城大境门计划（公益菁鹰）等不同子计划进行针对性培养和提升，将各自配备导师全程跟踪指导（见表 15 -1）。

表 15 -1　　长城菁鹰卓越人才提升计划情况一览表

序号	子计划名称	申报对象	匹配导师类型
1	长城嘉峪关计划（创业菁鹰）	对创业感兴趣的学生	行业导师、创业导师
2	长城山海关计划（名校菁鹰）	对出国留学或考研深造感兴趣的学生	知行导师、学业导师
3	长城居庸关计划（就业菁鹰）	想要实现高质量就业的学生	知行导师、创业导师
4	长城大境门计划（公益菁鹰）	对公益项目感兴趣的学生	知行导师、创业导师

国泰安创业学院和长城商学院针对创业管理专业分别设置“奖创金”，目的是鼓励学生积极投身创业实践活动，奖励创新创业实践方面取得突出成绩的个人和团队，激励学生奋发向上，勇于创新，艰苦创业，提升学生创业能力和学业水平。

国泰安创业学院为奖励在创新创业实践方面取得突出成绩的个人和团队，激励学生奋发向上，勇于创新，艰苦创业，由深圳国泰安教育技术有限公司和宁波财经学院联合设置“国泰安创业奖”鼓励学生学习与创业，已连续举办 5 期，共 122 名学生及 80 支创业团队获得创业奖金，投入奖金 41.9 万元（见表 15 –2）。

表 15 –2　　创业奖金学生获奖情况列表

学年	获奖人数/团队	发放资金
2016 年	49 人	9.3 万元
2017 年	29 人，5 支团队	7.8 万元
2018 年	11 人，8 支团队	6.9 万元
2019 年	21 支团队	9.6 万元
2020 年	11 支非毕业班团队、25 支毕业班团队	9.3 万元
合　计		41.9 万元

长城商学院为进一步激励长城商学院学生积极投身创业实践活动，提升学生创新创业能力和综合素养，设置“长城商学院奖创金”（以下简称“奖创金”）。奖创金由长城战略咨询设立，旨在奖励长城商学院表现优异的大学生和创业团队。奖创金的种类包括创业项目奖金和创业个人奖金。其中创业项目奖金为项目孵化奖金，面向长城商学院学生自主创业项目，设置“长城雏鹰”创业项目奖和“长城菁鹰”创业项目奖，支持、鼓励创业项目发展；创业个人奖分为“杰出创业者”奖学金、“优秀合伙人”奖学金和“创新传承人”奖学金，面向学生个人，鼓励学生成长。

（2）探索“一二三课堂”协同的育人模式

在学校双创价值引领下，创业管理专业围绕创业型管理人才培养的能力素质，在打好“第一课堂”的基础上为学生积极开发丰富的第二课堂活动，完善并建立企业真实情境的第三课堂，探索“一二三课堂”协同的育人模式，创设双创学习环境，提升学生创业理论转化为实践能力。

打好“第一课堂”的基础，对接《商业伦理学》《创业机会识别》《商业模式创新与设计》《战略管理》等专业理论课学习，教会学生学会识别创业机会、创新产品设计、善用商业模式设计技巧与工具、会制定企业战略或营销等发展策略。积极开发第二课堂，在课程教学中对接创新创业类大赛、创业成果发布会、训练营等，采用任务驱动、场景教学、赛训结合等教学方法，完成既定实践任务和自主探究任务，持续优化提升。完善并建立第三课堂，结合自身实际开展创业项目实战或家族企业项目实战或企业实践，目前已建立了包括北京市长城企业战略研究所宁波分公司、阿里巴巴（宁波）创新中心等 30 余家稳定的校外实践基地。

2. 搭建产学研创平台

（1）校企共建“混合制”创业学院，持续提升双创人才培养质量

以资金、人才、知识、技术、信息为纽带，创建了校企深度融合的“混合制”创业学院。学院实行理事会领导下的院长负责制，形成了“双向介入、全程参与、责权明确、利益同享、风险共担”的合作机制。2013 年与深圳国泰安教育技术股份有限公司合作成立了国泰安创业学院，协同培养民营企业紧缺的创新创业型人才，是国内实施“创业管理”本科专业教育的先行者；2019 年与北京市长城企业战略研究所成立了长城商学院，致力打造学校创新创业教育升级版，发挥校企双方教学、行业和资源优势，全面提升创新创业人才培养质量和社会服务效益。

（2）以“BM－Lab”为载体，打造全链条创业型人才成长实践实战平台

依托省级众创空间 BM－Lab，集聚了企业、政府、学校等丰富资源，组建了由 7 位专业教师和 95 位企业导师构成的师资团队，链接了 30 家不同类型的企业实践基地。BM－Lab 不仅与众创空间、各类企业建立了长期稳定的合作关系，也建成了由咨询专家、投资专家、企业家、创业者、技术专家、产业管理者等组成的背景多元的师资团队。帮助创业团队完善商业模式，提供从创业想法到项目实施的全过程支持。学院建有国内首个学生成长数据平台，全面系统地记录、管理和展示学生四年发展轨迹，帮助教师和学校对学生个体进行个性化的教学、定制化的指导，真正实现“以学生为中心”。同时，帮助学生正确认识自我、看待自我，切实促进自我成长。此外还建有创业实训中心，可同时容纳近 200 人进行创业模拟实训，配置 10 余款创业实

训与企业经营管理软件，不仅可模拟单个企业内各部门之间协同工作，还能模拟多个企业间的竞争对抗，实现实景化模拟跨专业创业就业综合实训，共同打造创业实践环境。

学院整合资源，采取校企科创深度融合机制，以服务中小企业创新发展为宗旨，与宁波市经信委共建宁波中小企业管理与发展研究所、与宁波市发展研究中心共建宁波创新经济研究所、与清华大学经管学院共建中小企业案例研究中心、与慈溪社科院共建慈溪市情研究中心、与庵东创二代协会共建庵东中小企业研究基地，创设创新研究环境，从而进一步打造产学研创实践平台（见图 15－3）。

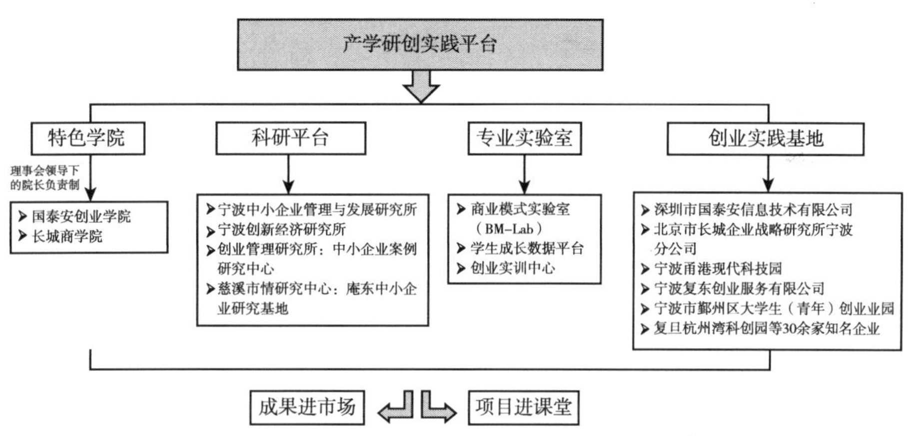

图 15－3　创业管理专业产学研创平台构成及功能示意图

3. 营造双创文化环境

校企联合举办“甬商知行大讲堂”，“甬商知行大讲堂”由宁波财经学院、长城战略咨询、甬派联合举办，旨在邀请富有远见卓识、卓越创新能力和领导力的企业家，为宁波高校师生和创业者分享其创业、管理经验及人生思考，对成功企业的创业实践、管理实践进行总结、研究、传播，传播甬商优秀思想和文化，激发大学生创新创业意识、企业家精神，激励宁波新一代创业者和新生代企业家成长。贝发集团董事长邱智铭先生应邀作为首场开讲嘉宾，发表了题为“数字时代，何去何从”的精彩演讲，与线上线下的高校师生、中小企业创业者共话传统制造业企业在数字时代的发展方向，大讲堂采用“线上+线下”相结合的新模式，线下共120余名学生参与，线上200余人同步观看直播。

以双创价值为引领，建设由学生参与设计完成的创业文化长廊，主要包括优秀创业校友、企业家、获奖荣誉、创业成果，特色的创业活动展示等使学生感受创业文化氛围，学习生活环境中受到潜移默化的启迪和感染；设置“青年创业梦想家”“商业模式设计”“泉遇文创”等专业社团，搭建双创活动相互交流与学习平台开展企业家大讲堂、头脑风暴会、Ta模式分享等活动，营造分享创新的文化氛围；创设丰富的第二课堂创新实践活动，如创业48小时、商业模式训练营、素质拓展、创业沙场、项目孵化等双创特色活动，激发学生的创业热情，营造体验式的双创文化环境；鼓励学生参加教师的教科研研究中开展创新思考的活动，积极申报各类创新创业课题，参加挑战杯、“互联网+”、电子商务等创新创业大赛，培养学生的创新思维和团队合作精神，提升学生创新训练与创业实践能力，营造双创文化氛围。

（四）创新双创人才课堂教学

以双创价值为引领，在对人才需求情况与人才培养定位剖析的基础上，构建了基础素养课、机会洞见课、企业创办课、管理运营课“四课一体”的双创课程以支撑“洞见与创新、商业模式设计与实践、创业企业商务运营”专业核心能力培养，实施“课程总监+专家主讲+教学助理”教学模式，并在学业导师、创业导师、行业导师、知行导师的师资队伍建设保障下，确定课程与核心能力培养实现路径，完成该核心课程体系的课程开发工作，如图15-4所示。

基于创业全过程及企业成长规律，设计“进阶性、模块化”的“四课”教学内容，如《创业机会识别》将课程教学内容划分为理论引导、机会发现、机会评价、机会调研、机会实现五大模块。围绕“案例洞见、案例分析、案例写作与实战锻炼”，开发贯穿课程教学全过程的教学案例，采用案例式教学、探究式教学等方式，通过“全程互动式”的讨论方式组织学生思考、互动、交流，最后由教师进行总结评价，从而逐步提升学生创新创业的综合能力。

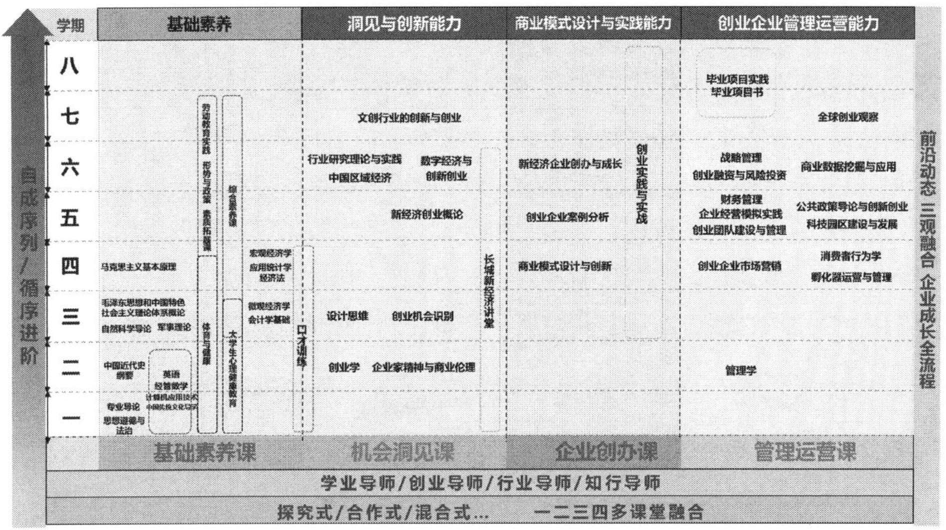

图 15－4　创业管理专业“四课一体”课程教学体系

案例教学所采用的案例均为新经济创业企业案例，主要包括独角兽企业、潜在独角兽企业、哪吒企业和开展平台化转型的大企业。以“新经济企业案例”课程群为依托，划分为 3 个课程模块，开展系统化案例教学。历经案例洞见、案例分析、案例写作与实战锻炼等过程，全面提升学生的案例研究能力、演讲汇报、语言表达、洞见与创新、商业模式设计实践等综合能力。如：《商业模式设计与创新》课程将重点开发出 2 个大型教学型案例，深度融合本课程企业业务系统、盈利模式、客户对象等理论教学内容，促使学生在掌握理论知识的同时学会分析案例、诊断案例和评估案例。

社会实践金课建设以“BM－Lab”为核心载体的实践平台，混合式金课建设以“BM－Lab”和中国大学 MOOC 平台为核心载体平台，在一二三课堂联动建设基础上，完善线上自主学习的第四课堂，如引进中国大学 MOOC 的《商业模式设计与创新》《创业机会识别》与线下面授第一课堂有机结合打造在线课程与课堂教学相融合的混合式“金课”，打造一二三四课堂联动的教学模式。在双创价值引领下，以在线开放式课程为抓手，“两性一度”为目标，加快推动打造“金课”，推进信息技术与课堂教学深度融合。

（五）创新双创人才实践教学

在双创价值引领下，不断完善实践教学体系建设，丰富实践教学内容、搭建实践教学平台，循序进阶构建基础实训、专业实践、综合实战、实践实习“四实一体”双创实践教学体系，如图 15－5 所示。设置贯穿大学四年、形式多元的实习实践课程，采用“14＋2”“一、二课程协同育人”、进阶式课程竞赛等多样化的实践教学模式。实习机会丰富多样，对接企业行业资源优势，学生可选择长城所、长城所生态圈、新物种企业、创孵机构等进行实地实习。

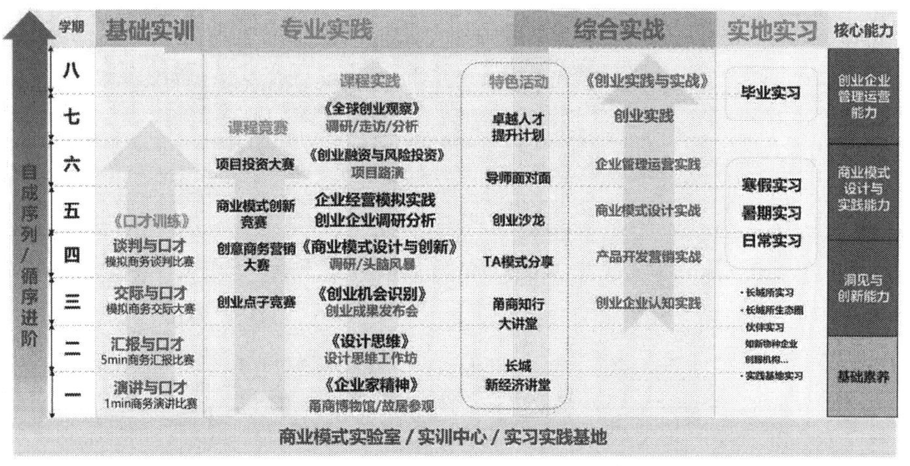

图 15－5　创业管理专业“四实一体”实践教学体系

同时拓展校外创业实践基地，优化实践教学条件。与宁波甬港现代科技园、宁波复东创业服务有限公司、宁波硬功馆科技有限公司、宁波市鄞州区大学生（青年）创业园、复旦杭州湾科创园等创业型企业合作与交流建设校外实践教育基地，校企联合开发课程、教材以及开展学生的实习实践活动，创设真实情境，建设第三课堂，优化教学条件；通过创业实践、竞赛指导、创业园区入驻等多种形式开展与创投类企业的合作。

（六）多方共建优秀师资团队

优质教师队伍是人才培养的根本保障，培养具有双创素养的创业管理人才，首先要有双创素养的师资。在双创价值引领下，专业依托校企共建的“混合式”特色学院，整合高校、企业、行业等多方优势资源，构建一支专兼结合、背景多元的融合式师资团队，整合高校、企业、行业等多方优势资源，涵盖企业家、咨询专家、投资专家、产业管理者、学者教授等类型，60%以上师资具备行业企业背景。建设由国内长期从事园区管理建设的一线实践者，新经济发展等领域的智库专家，国内长期从事企业投资、企业服务、产业培育的行业专家，独角兽企业、上市企业等新经济企业创始人、高管，长城战略咨询所领导/合伙人及部门总监、资深顾问等5000余位专家库资源。

创业管理专业建设由学业导师、创业导师、行业导师和知行导师组成的“四师一体”师资队伍。学生课程学习由学业导师承担，包括学校专业教师和长城战略咨询合伙人授课；长城商学院为每个创业团队配备创业导师对其项目全程跟踪指导，同时对接校外企业家、投资人亲自辅导、提供资源；聘请知名企业家、投资人、咨询专家、学者教授走进学校担任行业导师，与学生面对面交流、指导；学校内老师担任知行导师通过四年跟踪指导，加强对学生学习成才的全面指导和服务。推动校企双方人员的双向流动，构建教师深耕创新创业教育的成长路径，鼓励教师参加校内外各类创新创业方面的进修、培训，参与案例教学与研究，深入创服机构、长城战略咨询等校企合作单位挂职锻炼，支持企业教师参与学校课程建设、科研课题等工作。推进校企教师联合开发课程、联合授课、联合指导学生、联合开展课题研究，打造校企深度融合的高水平教学团队。

三、案例成效

（一）构建了双创价值引领下的“三驱动四融合”人才培养模式

专业以双创价值为引领，创建了双创价值驱动、社会需求驱动、生态资源驱动的三驱动和专思融合、校企融合、理实融合、线上线下融合的四融合的“三驱动四融合”人才培养模式；形成以双创等课程为价值引领，以生涯发展和创业全过程为主线，以创业、创管、创服三大模块为发展方向能力课程为核心，以必须够用的创业管理理论类课程和创业管理方法类课程为支撑的课程体系；形成由“基础素养课、机会洞见课、企业创办课、管理运营课”四课一体的课程教学体系，“基础实训、专业实践、综合实战、实地实习”四实一体的实践教学体系，以及“学业导师、创业导师、行业导师、知行导师”四师一体的师资队伍建设等方面确定了培养路径，支撑专业洞见与创新、商业模式设计与实践和创业企业运营管理能力，实现创业型管理人才培养，如图 15 -6 所示。

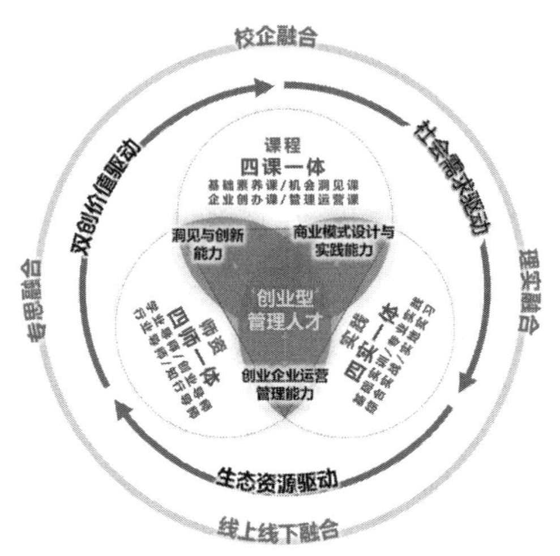

图 15 -6 双创价值引领下的“三驱动四融合”人才培养模式

（二）优质双创教育资源面向全校，学生创新创业成果不断增加

在双创价值引领下，国泰安创业学院、长城商学院、BM - Lab 等优质双创教育资源向全校开放，BM - lab 帮助全校创业团队完善商业模式，提供从创业想法到项目实施的全过程支持，累计受益专业学生 2000 多人次，辐射非专业学生 1200 多人次（见图 15 -7）。创业管理专业学生在省“挑战杯”“互联网 +”、电子商务等创新创业类大赛获奖项目 50 余项，其中互联网 + 竞赛获金奖 2 项、银奖 1 项、铜奖 5 项共 8 项，挑战杯竞赛获一等奖 1 项、二等奖 5 项、三等奖 2 项共 8 项，学生实践创造能力明显提升，自主开展创业项目率达 100%，成功孵化企业率达 35. 17%。

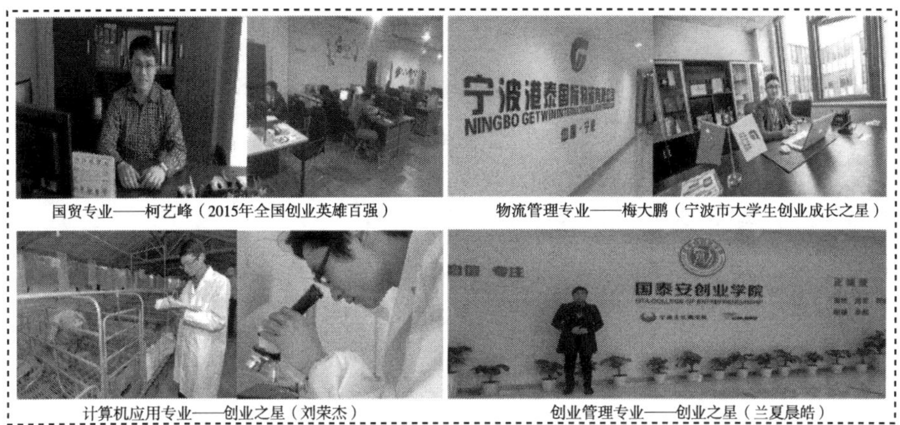

国贸专业——柯艺峰（2015年全国创业英雄百强）　物流管理专业——梅大鹏（宁波市大学生创业成长之星）

计算机应用专业——创业之星（刘荣杰）　创业管理专业——创业之星（兰夏晨皓）

图 15-7　全校创业之星案例（部分）

（三）在双创价值引领下，打造一支多元融合的应用型教学团队

学校创新师资队伍建设机制，出台了《应用型教师资格认定管理办法》《创新创业导师管理试行办法》《教师参加社会、企业实践管理办法》等，并将教师创新创业业绩纳入考核。本专业整合高校、企业、政府等多方优势资源，构建了“四位一体”的教师队伍，其中，80%以上师资具备行业企业背景。而且近年来，专业教师教学创新成效明显，获得 4 项省市教学成果奖，如“基于校企深度融合的‘三位一体’创业人才培养体系构建与实践”获浙江省高等教育教学成果一等奖；“创建特色学院 培养应用紧缺型人才”获宁波市第十届高等学校教学成果奖二等奖；“以创新创业能力为核心的个性化人才培养途径探索与实践”获宁波市第十届高等学校教学成果奖三等奖；“双创价值引领，创产教一体化培养应用型人才的改革与实践”获宁波市高等教育教学突出成果奖一等奖。以创业为特色的教学科研成果凸显，自 2016 年以来，创业管理积极申报教育部特设专业，邀请国内创新创业领域专家对专业建设目标、思路、措施进行论证，获得专家们肯定。此外，创业管理专业积极参与应用型专业评估，2018 年获校级示范性应用型专业，获浙江省示范性创业学院，2021 年 2 月 10 日，创业管理本科专业的成功获批，是我国双创教育发展的里程碑事件，以创业为特色的教学科研标志性成果凸显（见表 15-3）。

表 15－3　以创业为特色的教学科研标志性成果

序号	标志性成果	获得时间	级别
1	“浙江省高校示范性创业学院”称号	2018.4	省级
2	创新创业改革示范高校	2017.12	省级
3	省级教学成果一等奖 1 项 基于校企深度融合的“三位一体”培养体系与构建	2017.11	省级
4	市级教学成果三等奖 1 项 校企融合的创业教育专业化实践与探索	2017.10	市级
5	工商管理学科被评为省级一流学科（B 类） 学科方向为：创业生态理论与政策、商业模式创新与中小企业成长、家族企业传承与治理、创业企业投融资管理	2016.10	省级
6	工商管理专业获得浙江省十三五“特色”专业 课程体系涉及 3+1 专创班、2+2 国际创业管理班、4 年制创业管理方向的设计	2017.12	省级
7	工商管理专业获宁波市优势专业 课程体系、实践环节、人才培养成效上等方面均凸显创业特色	2018.9	市级
8	示范性应用型专业	2018.6	校级
9	商业模式实验室获浙江省级重创空间	2019.9	省级
10	商业模式实验室入选 “校企合作 双百计划”典型案例	2019.10	省级
11	省级产学合作协同育人项目 “校企合作探索创新创业教育改革新路径”项目获批浙江省产教融合产学合作协同育人项目	2020.6	省级
12	《创业实践与实战》获国家一流社会实践课程	2020.11	国家级
13	获批设置全国首个创业管理本科专业	2021.2	国家级
14	《创业机会识别》《商业模式设计与创新》获批省一流混合式课程建设	2021.8	省级

（四）服务区域中小企业创新发展，助力家族企业“二次创业”

近年来，主办 2015 年、2016 年中小企业发展论坛，2015 年、2016 年、2017 年中国宁波·创业论坛等 10 余次学术会议。与企业联合建立产业技术研发与服务 5 个研究院（所），教师成果转化直接收益 600 余万元，教师指导学生团队成果转化收入 178 万元，为大学提供 KAB 创业基础课程培训、网络创业培训等培训项目，近三年共培训大学生 2969 人。

在 8 年的创业教育实践，服务区域中小企业创新发展的过程中，不断探索，形成特色，根据专业培养中的自主创业和家族企业管理定位，由创业导师对接社会资源，以学生真实创业为导向，创业项目与企业深度融合，开展适应社会需求的创业项目；成立“家族企业战略发展与创业人才培养服务”项目，进一步提升家族企业传承人的培养质量，解决培养过程中部分学生存在的学习和实践方向不够清晰的问题，找准家族企业传承人培养的定位、目标和内涵，打通家族企业传承人培养与家族企业发展的对接通道，国泰安创业学院决定在传统的对学生创业企业发展情况跟踪调查的基础上，从 2021 年起，新设对学生的家族企业发展状况进行调研、分析和人才培养研判为主要内容的“家族企业战略发展与人才培养服务”项目。本着既支持学生家族企业的转型、升级发展，也服务于学生培养的思路，利用国泰安创业学院由工科、商科等不同专业背景组成的、富有创业实践实战经验的教学团队资源，通过调研和分析，结合对企业的免费诊断、咨询等工作，与家族企业共同寻找企业发展需求与学生在校学习实践的结合点，完善人才培养方案，帮助和指导在校学生选择、完成家族企业“二次创业”的落地项目，在形成经验后再作进一步的推广。

四、案例启示

（一）双创价值引领，以社会需求为导向明确创管专业定位

作为地方应用型本科高校，学校以双创价值为引领，以区域经济社会及新产业、新业态发展需求为导向，明确以培养创业管理人才在就业的基础上能够创新创业为价值追求，以区域中小企业数量持续增长和创新发展所需的创新和创业人才培养为使命与责任的专业价值定位，并率先开展创业管理本科教育探索，构建了多层次个性化的创新创业教育体系，促进创新创业型人才快速成长，构建高质量应用型学科建设和专业建设并驾齐驱、相互促进的新发展格局。

创业管理专业是我校聚焦国家创新创业人才需求，结合学校人才培养定位，并基于多年在创业教育的实践探索而开设。该专业前身为工商管理（创

业管理）专业方向，开设于2013年，由我校与北京市长城企业战略研究所、深圳国泰安教育技术股份有限公司等企业合作共建，2021年成功获批纳入教育部本科专业目录，成为全国首个开设该专业的学校。创业管理新专业的获批，是我校敏锐把握经济社会发展需求的重要体现，也是我校在专业建设工作中的重大突破，我校将坚持双创价值引领，立足高起点规划、高标准建设、高水平办学，不断提升创业管理本科人才培养的目标达成度和社会满意度。

（二）双创价值引领，确立双创管理专业特色人才培养模式

以双创价值引领，适应新经济和社会发展需要，精准定位创业型管理人才紧缺人才培养价值取向，校企共同优化人才培养方案，构建了“三驱动四融合”人才培养模式，即双创价值驱动、社会需求驱动、生态资源驱动的三驱动和专思融合、校企融合、理实融合、线上线下融合的四融合特色人才培养模式。坚持“创业心智技能培养”和“商业模式+”的人才培养理念，将商业模式设计与应用技术技能、项目成果、服务项目、发明、创造、专利、经营管理、营销等紧密结合起来，引导学生以创业项目的开发、实施为出发点，大力实施创业项目的培育与孵化，培养学生商业模式设计应用能力和社会创业能力，提升创业型管理人才培养质量。

（三）双创价值引领，构建覆盖创业全流程的特色课程体系

在学校双创价值引领下，创业管理围绕专业人才培养规格，深入研究经济发展新特征、全面融合中西教育新理念的基础上打造核心课程体系，强调开阔视野、提升格局，构建了以双创等课程为价值引领，以生涯发展和创业全过程为主线，以创业、创管、创服三大模块为发展方向能力课程为核心，以必须够用的创业管理理论类课程和创业管理类课程为支撑的课程体系。涵盖了企业成长全流程、三观融合、前沿动态、综合实践四大特色课程，创业全流程：按照创业全流程设计了“想法激发、企业创办、企业成长”三大板块课程内容；三观融合：发挥长城战略咨询独特优势，构建前瞻创新的“企业（微观）—产业（中观）—区域（宏观）”课程体系，重构商科教育；前沿动态：把握新经济发展的新趋势，开设新技术、新模式、新产业、新场景等

极具前沿性和系统性的课程，洞察全球经济发展大势；综合实践：立足创业教育的实践指向，设置贯穿大学四年、形式多元的实习实践课程，培养创新创业能力。

（四）双创价值引领，构建校企多方融合的高质量师资团队

以双创价值为引领，按照学校“三类型四层次”应用型教师发展体系，制定创业管理高层次人才引进和教师培养计划，改革教师评价机制，拓展教师发展通道，汇集社会资源，建成一支校企多方融合的高质量师资团队，汇聚了由咨询专家、知名企业家、投资人、技术专家、产业管理者、学者教授等构成的师资阵容，师资力量雄厚。引进具有创业实践经验并具备高校教育背景的专职创业导师，结合当地企业家资源建设兼职创业导师队伍；引进在创业管理领域有丰富研究成果的高职称学者，鼓励青年教师进一步深造，攻读博士学位，提高专业素养与教学水平，打造有实力的师资队伍，通过校内的创业导师工作坊、创业导师高级研修班等和校外实践教学基地的培训，提升现有师资创业实践指导能力。

附件 1　创业管理专业双创价值引领课程体系

	学生 推动社会和产业发展使命驱动学生的专业学习
人才 培养 目标	本专业培养适应新经济和社会发展需要，具有家国情怀、社会使命感、责任感、创新创业精神，掌握管理学、经济学、创业学等理论知识，熟悉创办、管理、运营企业的基本方法，具备洞见与创新能力、商业模式设计与实践能力、创业企业运营管理能力的创业型管理人才，成为高素质、复合型的新经济企业管理者、创服机构运营者、新一代创业者。 能力要求 1. 具备良好的语言与文字表达能力、人际沟通能力、组织协调能力和团队协作能力； 2. 具备数据思维与数据工具使用技能； 3. 具备判断新趋势、发现新规律、抓住新机会的洞见与创新能力； 4. 具备构建业务体系、整合资源、创办新企业等商业模式设计与实践能力； 5. 具备创业企业的战略、财务、人力、营销、风险等创业企业运营管理能力。

续表

创业 为社会和产业发展进行创业	专业导论（1）（专业教育与如何学习） 企业家精神与商业伦理（2） 创业实践与实战1：创业企业认知实践（2周，3） 创业实践与实战2：产品开发营销实战（2周，4） 创业实践与实战3：商业模式设计实战（2周，5） 创业实践与实战4：企业管理运营实践（2周，6） 创业实践与实战5：创业实践（6周，7） 创业学（2） 创业机会识别（3） 创业企业市场营销（4） 新经济创业概论（5） 新经济企业创办与成长（5） 硬科技创业（6） 孵化器运营与管理（6） 文创行业的创新与创业（7） 全球创业观察（7） 毕业项目实践（7-8） 毕业项目书（7-8） 商业模式认识与体验（公共选修） 企业家之路（公共选修） 职业发展力（公共选修） 创业苗圃（与长城所共建） 创业管理发展趋势下的可能创业发展\ 创新发展\ 职业发展，三大发展趋势下，自己生涯选择与学习 建议课程改革： 职业生涯与创新创业 创新创业与行业发展 行业发展与专业学习
创新 为创业而创新（研究院所/企业协同创新包括成果转化）	商业模式实验室（与长城所共建） 中小企业管理与发展研究所 创业管理研究所 中小企业案例研究中心 中国工商管理案例中心长三角中小企业案例研究基地（与清华大学经管学院共建） 设计思维（3） 商业模式设计与创新（4） 企业案例分析（5） 行业研究理论与实践（6）

续表

	学科知识课程	实训实习课程
产业 创业创新（企业孵化\成长）推进社会和产业发展	企业家精神与商业伦理（1） 管理学（2） 微观经济学（3） 会计学基础（3） 经济法（3） 商业伦理学（3） 创业学（3） 宏观经济学（4） 应用统计学（4） 企业案例分析（5） 人力资源管理（5） 创业企业市场营销（4） 创业团队建设与管理（5） 消费者行为学（4） 创新创业政策（5） 家族基金运作（5） 家族企业文化（5） 家族信托（6） 财务管理（6） 战略管理（6） 中国区域经济概览（6） 科技园区观察（6）	创业实践与实战1：创业企业认知实践（2周，3） 创业实践与实战2：产品开发营销实战（2周，4） 创业实践与实战3：商业模式设计实战（2周，5） 创业实践与实战4：企业管理运营实践（2周，6） 创业实践与实战5：创业实践（6周，7） 口才训练（1-4）（通过培训和竞赛相结合的方式对学生进行进阶式的训练，包括商务演讲、商业汇报、商务交际、商业谈判） 创业机会识别（3）（实践部分：头脑风暴会、市场调研和企业家分享） 设计思维（3）（以工作坊的教学形式，倡导“做中学”） 商业模式创新与设计（3）（TA模式分享、头脑风暴会及项目路演等实践教学环节） 企业案例分析（4）（企业案例研究、企业家讲座、企业走访等） 行业研究理论与实践（4）（学生组队独立完成行业研究，并到行业相关的企业、园区及政府相关部门调研，收集资料，撰写报告并汇报） 企业经营模拟实践（5）（学生分组成立一个经营团队，模拟一个制造型企业在仿真的竞争市场环境中，通过分岗位角色扮演，连续从事5-6个会计年度的模拟企业经营活动） 创业融资与风险投资（6）（资本对接会、项目路演、投融资模拟等实践环节，其中资本对接会要求学生带着创业项目在资本对接会上路演，争取获得融资） 孵化器运营与管理（6）（孵化器调研、研究及案例分享，学生以组为单位，到宁波地区知名孵化器考察学习） 全球创业观察（7）
	与北京市长城企业战略研究所共建长城商学院	

参考文献

[1] 刘魁．创新创业人才培养的环境与政策影响分析——评《中国人才创新创业环境理论与实证研究》[J]．环境工程，2021，39（07）：206-207.

[2] 吴小春，向思琪．基于雇主型创新创业人才培养目标的创业教育模式——以武汉理工大学为例［J］．创新与创业教育，2021，12（02）：67-75.

[3] 施永川，黄莹，王佳桐．高校大学生创造力对创业意愿的影响研究［J］．科技管理研究，2020，40（11）：91-98.

[4] 施永川．美国百森商学院创业教育教学模式研究［J］．温州大学学报（社会科学版），2021，34（06）：23-34.

| 第十六章 |

双创价值引领下的财务管理（家族财富管理方向）专业人才培养实践

一、案例背景

浙江省既是民营企业大省，也是家族企业大省，民营企业中90%以上均为家族企业。这些企业和任何一家企业一样，从创业之初到创新发展的各个阶段，都离不开财务预测、财务规划、财务控制及财务分析等活动，而且随着财税金集约化、智能化水平的大幅提升，财务管理已深入到企业创业创新发展的各项活动中，财务管理人员作为企业创业创新的核心力量，其作用越来越凸显，企业对财务管理人员创业创新意识和能力要求越来越强烈。

而且伴随改革开放的发展，中国社会经历了财富快速积聚的四十年，家族财富管理的需求与日俱增。现今中国经济已正式进入新常态，抛弃旧式粗放产业、解决家族企业转型升级、破解家族财富传承难题已刻不容缓，在增长速度进入换挡期、结构调整面临阵痛期、前期刺激政策消化期的三期叠加背景下，能否成功解决家族企业传承中的瓶颈，将直接决定家族企业的基业能否长青。因此，基于当前家族企业所面临的企业转型升级的压力和家族财富传承的迫切需求，学院开展了以双创为价值引领的财务管理（家族财富管理方向）专业积极探索实践，立足于培养能在家族企业从事家族财富管理和传承以及能在金融机构中为家族企业提供财富管理服务的高端应用型人才。

二、案例介绍

财务管理专业是学校财富管理学院下设的 4 个本科专业之一，于 2008 年首次本科招生，2010 年获校首批重点专业立项，2015 年通过校首批重点专业审核验收，2016 年获批“十三五”浙江省优势专业建设点，2019 年获批浙江省一流本科专业建设点，开设中小企业财务管家、投资与理财、家族财富管理三个方向，截至 2022 年 3 月，已累计向社会输送毕业生 7013 人，毕业生年均就业率 96% 以上，目前在校生 2165 人。

2014 年我校财富管理学院财务管理专业开设中国首个财务管理（家族财富管理方向）专业，财务管理（家族财富管理方向）专业开展了积极探索实践，确立了以双创为价值引领，培养服务企业创业创新发展财务管理（家族财富管理方向）人才的价值取向；基于企业创业创新全流程，创建了以双创为价值引领的财务管理（家族财富管理方向）专业人才培养模式；创新了以双创为价值引领，服务企业创业创新发展的财务管理专业人才的培养机制，进行了以双创为价值引领的财务管理（家族财富管理方向）专业人才培养实践（见图 16－1）。

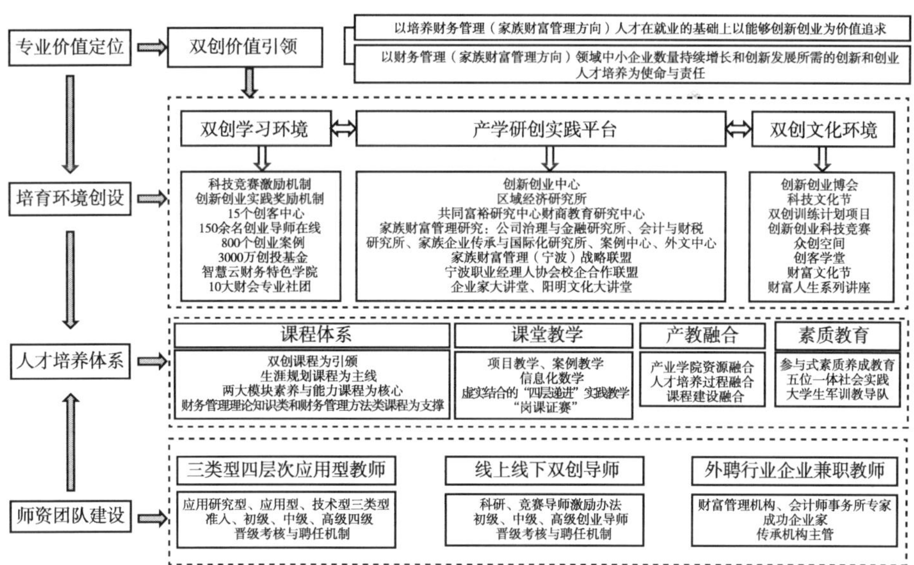

图 16－1　以双创为价值引领的财务管理（家族财富管理方向）专业人才培养框架图

（一）明确人才培养定位

以立德树人为根本任务，立足浙江、面向长三角，以双创为价值引领，以创新创业教育为主线，把培养一大批具有创新创业意识、熟悉创新创业全过程、服务家族企业创业创新发展、能在家族企业从事财富管理和传承工作以及能在金融机构中为家族企业提供财富规划服务工作的财务管理专业人才作为培养目标。

（二）构建双创课程体系

在双创价值引领下，学院（专业）组织专家、企业人员、金融机构人员、学校教师开展财务管理（家族财富管理方向）专业的课程分析，形成以《创业管理》《制胜一部孙子傲商海》《创新创业创富——财商素养训练》《财务共享服务》《创新课程》《生活中的货币实践价值》《脑洞大开背后的创新思维》《战略商业领袖 SBL（ACCA 方向）》《大数据思维与决策》等课程为价值引领，以《职业规划与创新创业》课程为主线，以基于真实项目的素养模块：《综合素养课（1）：职场应是能力运用与提升》《综合素养课（2）：从零开始学理财》《综合素养课（3）：解密财富》《综合素养课（4）：投资与理财》《综合素养课（5）：财富与人生》；能力模块：《会计实务》《财会多岗位仿真实训》《财务决策综合模拟》《中小企业运营管理》《项目管理与精益管理》《公司战略与风险管理》《家族企业治理》《家族基金运作》《家族资产配置》《中小企业融资》《项目投资》《风险投资》两大模块的素养与能力课程为核心，以必须够用的财务管理理论类课程和财务管理类方法课程为支撑，以创新管理和创业孵化为综合能力培养和生涯发展的双创为价值引领，以真实项目为核心的专业课程体系。如图 16－2 所示。

（三）创新双创课堂教学

1. 创新双创价值引领下家族财富管理课堂教学

以民营家族企业传承和家族财富管理的需求为导向，以双创价值为引领创新课堂教学，专业将创业案例、创新项目、企业真实项目、财富管理机构案例融入课堂内容，开发家族财富管理特色双创课程，如《家族企业治理》

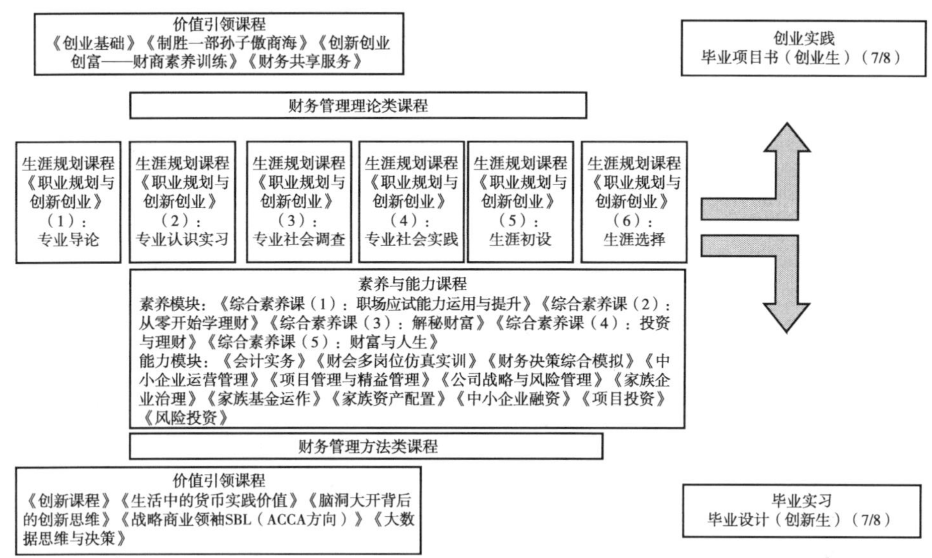

图 16－2　财务管理（家族财富管理方向）专业课程体系结构图

《家族基金运作》《家族资产配置》等，编写《家族财富管理概论》《家族企业文化传承与创新研究》《家族企业治理研究》《家族企业资产配置》《家族企业资产管理模式研究》等十余部特色型教材。

在双创价值引领下，构建“引导、准备、试点、实施、巩固”五阶段递进式工作机制，加快全周期的“三环”联动，推进教学理念与教学行为融合，创新思政育人和双创育人保障机制，统一课程思政的教学理念，提升育人育德能力，实行创新创业信息咨询、双创导师引导等方面的交流共享，为专业课程思政和创新创业教育搭建坚实的平台，以点带面，实现在校生快速成长（见图 16－3）。

在教学过程中，创新教学方式和手段，推行思维启发式、实景参与式、课堂小组讨论式、课下师生交流式及理论与实践探究式教学，持续聘任校外专家和兼职教师进课堂。从企业、行业聘任一批高素质校外专家、兼职教师，组成教学团队进课堂，提高教师实践应用能力。每学期在企业、财富管理机构、会计师事务所等不同类型单位，聘请业务骨干组成兼职教师队伍，直接参与教学工作，并参与指导学生社团。行业专家定期不定期的线上线下讲座直播、专题指导，提高了实践教学的专业性。学生对于创新的课堂教学

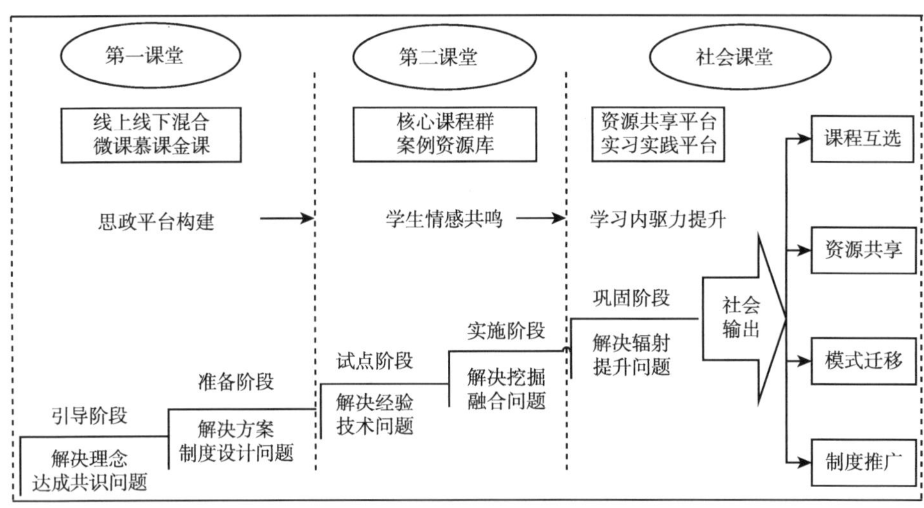

图 16－3 “三环”联动思政和双创教学保障机制

活动，积极性非常高，课堂互动好，教学效果显著。校企单位相关负责人不定期来校开展专题讲座包括就业招聘等，使学生对于岗位、职业素养要求、职业生涯规划有更加清晰的认识。

2. 构建虚实结合的“四层递进”实践教学体系

借助多媒体技术和云技术等搭建虚拟仿真实践教学平台，探索基于任务驱动的虚拟仿真教学环境，实施分层递进的基础单项实验→专业综合实训→跨专业（多岗位）综合实训→大学生创新实践四年不断线的虚拟仿真实践，提高学生分析解决问题能力、岗位适应能力、团队合作能力以及就业竞争能力，构建“四层递进”实践教学体系。

整合“宁波职业经理人协会校企合作联盟”资源，打造产业联盟实践教学平台，进一步完善基于真实工作的实践教学环境，使四层递进的“专业认知实习→暑期专业实习→甬勤会计公司真账真做→毕业顶岗实习”做到四年不断线。专业与用友、新道公司共建“财务共享实验室”，甬勤会计咨询服务公司（学院为学生自创的校中厂）与宁波开元会计公司共建“跨岗位专业实训工场”，构建产学研一体化合作办学机制，将学生的创新、创业与就业结合起来，形成人才培养的创新机制，使每个学生都有真实的专业实践岗位，实现学生职业岗位能力的训练。同时鼓励学生在学科竞赛、创新实践、专业训练、社会服务等方面取得创新创业成果。

3. 探索“岗课证赛”深度融合的人才培养模式

在双创价值引领下，“以赛促教、以赛促学、以赛促改、以赛促创”的岗课证赛融通的良性循环持续进行中，针对学科竞赛理论将教学与实践教学有效结合，例如股票期货协会同招商证券、民族证券等金融机构联合共同举办浙江省大学生证券投资竞赛、“甬商所杯”大学生大宗商品交易大赛，将《金融市场学》《证券投资》等课程专业知识有效结合，同时也将企业引进校园，校企联合促进学科竞赛的发展。比如与校企合作证券公司融合课程共同举办证券投资比赛，证券公司组织专家进校对学生的比赛展开相关培训和提供实践指导。学生在证券方面的相关竞赛中，表现积极，以学迎赛，以赛促学，极大地调动了学生的学习热情，将课堂中所学到的基本面、技术面的知识模拟应用于投资实践中。2020 年底为期一个半月的模拟炒股大赛，近 400 名学生积极热情参与，其中前 100 名学生账户均未出现亏损，荣获一等奖的学生收益率接近 50%，而同期上证指数下跌 2%，沪深 300 指数上浮 0.24%，学生的成绩也很不错。

（四）创设双创学习环境

培养具有创新创业意识、熟悉创新创业全流程的财务管理专业人才，专业创建创新创业全过程的财务管理专业人才多元学习成长环境。

一是以专业社团为抓手，打造第二课堂。加强以学科竞赛为依托、以专业社团为抓手的第二课堂建设，强化学生实践，实现知行合一。学科竞赛、专业社团是培养学生实践能力和创新能力以及提升学生知识、技能与综合素质的重要活动，是第一课堂的重要延续，与第一课堂共同构成完整的教育整体，具有第一课堂不可替代的功能。围绕财务管理专业学生实践能力、职业技能和综合能力，开展学科竞赛与专业社团融合，培养大学生创新意识、创新思维、创新精神与创新能力。

财富管理学院有 10 个专业社团，每个社团都有承担的学科竞赛。竞赛和社团由专业教师做指导，与专业深度融合，共同培养学生的实践能力。例如财会信息协会负责组织浙江省大学生财会信息化竞赛和“科云杯”全国大学生财会职业能力大赛；管理咨询协会负责组织浙江省大学生经济管理案例竞赛、浙江省大学生乡村振兴创意大赛；互联网 + 会计协会负责组织浙江省大学生企业经营沙盘模拟竞赛、全国管理决策模拟大赛、全国应用型人才综合技能大赛——金蝶云管理创新杯大赛等。

二是打造“一个基地一个工场一个空间”。秉承“兴趣驱动、自主研究、注重过程”的原则，努力为学生创造宽松学习环境，鼓励学生创新积极性，强化创新意识，启发创新思维，培养创新能力，锻炼团队协作，突出自主学习。学科竞赛与专业社团共同打造“一个基地一个工场一个空间”，阶梯式提高财务管理专业学生专业知识、职业素质、创新创业能力，使学生参加竞赛水平从不同级别、不同领域、不同能力上渐进式提升。

采用育苗平台、孵化平台、创新平台三平台模式，从宣传—选拔—孵化—培育—参赛 5 个步骤组织学科竞赛，在过程中选拔优秀学生，建立学生竞赛科研项目人才库，系统地组织竞赛和社团工作。在指导学科竞赛和专业社团活动上我院坚持与立德树人相结合、坚持与学科专业建设相结合、坚持与课堂教学相结合、坚持与科学研究相结合四结合原则，选拔并培养一批科研能力强、技术水平高、责任心强的教师指导学科竞赛和社团工作，提高学生的竞赛和科研水平。

（五）搭建产学研创平台

充分利用学校的创业教育平台提供的全链条创业型人才成长实践实战平台、创业投资基金、项目孵化空间、创业导师在线指导，依托区域行业资源，积极与政府、财富管理机构开展合作，共同建设区域经济研究所、共同富裕研究中心、财商教育研究中心、家族财富管理研究院，其中研究院下设“公司治理与金融研究所”“会计与财税研究所”“家族企业传承与国际化研究所”三个研究所，以及案例中心、外文中心和创新创业中心，打造创新研究环境。以资金、人才、知识、技术、信息为纽带，与新道科技股份有限公司共建新道科技“智慧云财务特色学院”，开设“云财务管理会计师”卓越人才班，协同制订“云财务管理会计师”人才培养方案，协同培育财会信息化师资团队，共建智慧云财务实验中心，参与前沿技术的攻关，如云技术、物联网、财务共享、云管理等科学研究等。充分发挥学校创新平台提供的激励机制和研究机构，建设以创新实验室为引领的财税手工模拟实验室、电子财税实验室、投资分析实验室、财务决策实验室、财务共享实验室、跨岗位专业实训工场、虚拟仿真实践教学平台，打造创业环境。整合财务管理、家族财富管理领域企业机构的产业资源，建立“家族财富管理（宁波）战略联盟”“宁波职业经理人协会校企合作联盟”，形成以财富管理机构、律所、会所、税所、高校、家族企业、企业家协会、传承机构等为核心的家族财富管理实战与实践平台，创设校中厂甬勤会计咨询服务公司，每年为财富学子提供了大量实习和实践岗位，共同打造生产实践学习环境，形成产学研创实践平台（见图 16 – 4）。

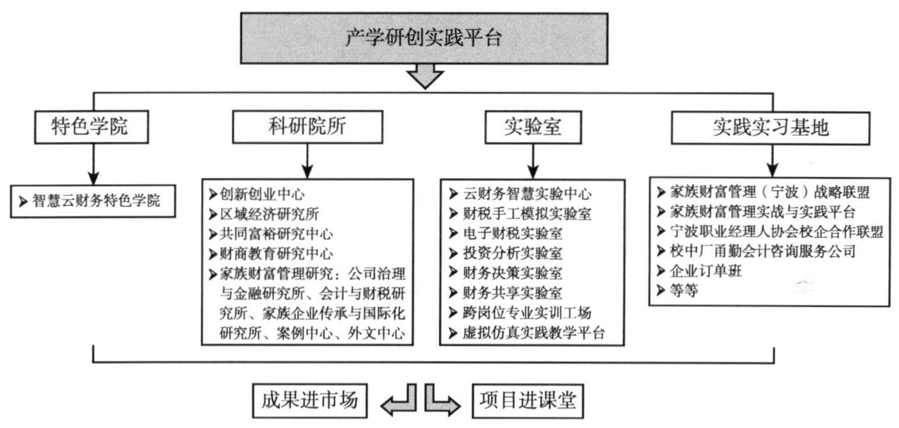

图 16 – 4　财务管理（家族财富管理方向）专业产学研创实践平台

（六）营造双创文化环境

以培养社会主义价值观和职业精神为重点，利用财富人生系列讲座、财富文化节和双创博览会等平台，持续开展师生参与的双创博览会、科技文化节、科创训练营、创新创业竞赛等品牌文化活动，年均参与 10 万余人次；将“甬商精神”“宁波帮文化”以及学校的“红鹰文化”和“自信专注”等地域文化资源融入专业教育，营造双创文化环境。

（七）打造应用师资团队

在双创价值引领下，以全面提高教师素质为中心，以制度建设为保障，以培养应用型教师、教学名师为重点，加强以教学为中心的教学团队、以科研促教学的学术梯队建设。通过建立“引”“培”“聘”并举的工作机制，优化师资队伍结构，培养一批教学水平高、育人作风优的专业带头人和中青年教学骨干，形成一批优秀的教学团队。建成一支师德高尚、业务精湛、规模适度、结构优化，充满生机与活力的应用型师资队伍。

专业注重扩充企业类型教师和兼职教师队伍。在企业、财富管理机构、会计师事务所等不同类型单位，每学期分别聘请2名业务骨干组成兼职教师队伍，直接参与教学工作，并参与指导学生社团及学科竞赛。学院每年派遣教师参加高校和社会机构举办的业务培训，去企业、财富管理机构、会计师事务所挂职锻炼，在实践中提高专业技能，围绕专业核心课程和专业方向，建设应用型教学团队。专业教师近年来下企业实践情况（见表16－1）：

表16－1　近年教师下企业实践一览

序号	实践方式	社会、企业实践单位	单位性质
1	全脱产（离岗）	宁波萨瑞通讯有限公司	企业
2	不脱产（不离岗）	宁波新视角信息咨询有限公司	企业
3	不脱产（不离岗）	浙江浙甬电气有限公司	企业
4	不脱产（不离岗）	宁波海曙大于越府文化创意有限公司	企业
5	不脱产（不离岗）	宁波高新区盛世开元会计服务有限公司	企业
6	不脱产（不离岗）	宁波中瑞税务师事务所	企业
7	不脱产（不离岗）	宁波江北盛世开元会计服务有限公司	企业
8	全脱产（离岗）	余姚四明山镇芦田村	其他
9	不脱产（不离岗）	宁波骅力建设工程有限公司	企业
10	不脱产（不离岗）	宁波联德检测有限公司	企业
11	不脱产（不离岗）	宁波凯弘电子有限公司	企业
12	不脱产（不离岗）	宁波万盛实业有限公司	企业
13	不脱产（不离岗）	宁波佰汇软件技术有限公司	企业
14	不脱产（不离岗）	金蝶软件（中国）有限公司宁波分公司	企业
15	不脱产（不离岗）	宁波信华点睛互联网科技服务有限公司	企业
16	不脱产（不离岗）	利胜地中海航运（上海）有限公司宁波分公司	国外企业
17	不脱产（不离岗）	宁波美诺华药业股份有限公司	企业
18	不脱产（不离岗）	宁波兰阳净化科技有限公司	企业
19	不脱产（不离岗）	宁波市安祥机械技术有限公司	企业
20	不脱产（不离岗）	宁波工程学院经济与管理学院培训中心（宁波市会计人员服务基地）会计继续教育兼职培训老师	其他

续表

序号	实践方式	社会、企业实践单位	单位性质
21	不脱产（不离岗）	宁波市海曙高基万生工贸商行	企业
22	不脱产（不离岗）	宁波经济技术开发区盈拓工贸有限公司	企业
23	不脱产（不离岗）	上海红歆财富投资管理有限公司宁波分公司	企业
24	不脱产（不离岗）	宁波海曙盛世开元会计服务有限公司	企业
25	不脱产（不离岗）	宁波市鄞州昌豪机电设备有限公司	企业
26	不脱产（不离岗）	西安腾嘉医疗器械有限公司/财务部	企业
27	不脱产（不离岗）	宁波宁兴国贸实业有限公司	企业
28	不脱产（不离岗）	宁波传世经贸有限公司	企业
29	不脱产（不离岗）	西安强腾电子科技有限公司	企业

此外，充分利用企业资源、校企合作项目，与证券公司建立校企合作，带领开展校外实践教学常规走访实践。在企业、证券公司各部门负责人开展主题讲座，用其丰富的工作经验、实战经验分享讲授，强化学生职业意识，启发引导学生思考学习和实践，巩固课程思政成果。每学期设有校外实践走访项目，体现了较强专业热情和学习积极性。

三、案例成效

（一）拓宽学生成长发展道路，创新创业成果不断增加

在双创价值引领下，财务管理专业为社会累计培养人才7000余人。毕业生主要在中小微企业、家族企业、金融机构等企事业单位工作，专业相关度高。其中2020届毕业生一年后专业相关度较2019届提高12.72%。学生出国、考研、考公人数逐年提升，毕业生职业发展迅速实现，并实现高质量就业。近3年毕业生年均就业率在96%以上，约20%的毕业生在浙江中小微企业做财务经理，50%以上毕业生从事主办会计，约31%的毕业生考取研究生、金融机构、公务员和事业单位，另外还有学生选择参军入伍和扎根新疆、西藏、青海、甘肃等贫困地区，疫情期间财会类学生获得浙江教育在线多次报道，“象山暖阳”志愿者团队获国家优秀志愿者团队称号。

在双创价值引领下，学生的创新创业成果不断增加，学生创新创业项目试点培育 20 余项，孵化 21 个创业团队入驻孵化园。专业整体社会满意度不断提高，毕业生就业现状满意度 80% 以上，用人单位满意度 90% 以上，各届满意度在学校各专业中名列前茅。学生综合专业素养得到社会多方认可，中小企业财务管家与家族财富管理专业方向特色鲜明，得到了教育部评估专家、各企事业单位、高校和同行专家的高度认同。

（二）在双创价值引领下，打造多元融合教学创新团队

学校创新师资队伍建设机制，构建了“三类型四层次”应用型教师资格认定与考核体系。通过双创价值引领的改革与实践，教师的育人育德能力明显提升。近年来财务管理专业获省三育人先进个人 2 名，省优秀共产党员 1 名，市优秀教师 1 名，市高校优秀课程思政教师 2 名，校星级优师 4 名，获宁波市高校和直属学校（单位）微型党课比赛二等奖 1 项，获省教改项目 6 项，市教改 3 项，市幕课 6 门，省级“十三五”高校新形态教材立项 3 部，发表教改论文 30 余篇，获省级翻转课堂优秀教学案例一等奖 1 项，省级应用型师资优秀教学案例三等奖 2 项，省微课比赛二等奖 2 名、三等奖 1 名，市高校教师课堂教学创新能力比赛二等奖 3 名，获校翻转课堂教学设计比赛一等奖 4 名，市教学成果二等奖 2 项，校教学成果一等奖 2 项、二等奖 2 项，校级应用型课程及教学团队 2 个，名师教学团队 1 个。横向课题 20 余项，累计经费 200 多万元。

（三）专业建设成果凸显，成果示范辐射效果持续增强

近年来，财务管理专业分别与用友新道、税友衡信合作，成功申请教育部产教融合项目 4 项，获批省级大学生校外实践教育基地 1 项，依托“宁波财会职业经理人培养校企合作联盟”建立实践教学基地 32 家，与招生证券和宁波开元会计开展“3 +1”特色班培养，与宁波经理人协会共同发起成立“宁波 CFO 菁英俱乐部”。财务管理专业 2016 年本专业获批“十三五”浙江省优势专业建设点、2018 年获批宁波市品牌专业建设点、2019 年获批省一流本科专业建设点。

经过近几年的持续建设和不断完善，改革成效明显，引起兄弟院校的普遍

关注，示范与辐射作用与日俱增。温州商学院、西安交大城市学院、怀化学院等近20所高校前来交流，在同类院校中产生较大影响。组织承办2014年省财会信息化竞赛暨会计教学改革研讨会；2015年省本科院校“翻转课堂”与混合式教学研讨会在我校召开，来自全省44所高校近200名教师参加会议。

（四）创新发展，助力民营企业家族财富管理有效传承

面向浙江民营企业转型升级需求，聚焦家族财富管理研究，成立家族财富管理研究院，旨在打造与国际接轨的中国专业化、高端化、市场化的家族财富管理研究机构，提升中国家族财富管理研究水平，提供家族财富管理的决策数据支撑，实现家族财富管理的有效传承。2016年成功主办“2016第一届国际家族办公大会”；2019年成功举办宁波民营企业家精神财富传承高峰论坛；2021年成功举办宁波家族企业传承与发展论坛，来自宁波大学、宁波工程学院、方太家业长青学院、空中商学院的专家、学者及企业家代表50余人参加。近三年家族财富管理研究院接待政府领导、媒介人员、财富管理机构及社会人员3000余人，专业办学被社会广泛认同。

四、案例启示

（一）双创价值引领，以社会需求为导向明确财务管理专业定位

作为地方应用型本科高校，学校以双创价值为引领，以区域经济社会及新产业、新业态发展需求为导向，聚焦我国民营企业家族财富管理，明确以培养财务管理（家族财富管理方向）人才在就业的基础上以能够创新创业为价值追求，以财务管理（家族财富管理方向）领域中小企业数量持续增长和创新发展所需的创新和创业人才培养为使命与责任的专业价值定位，并率先开展财务管理（家族财富管理方向）本科教育探索，创建了以双创为价值引领的财务管理（家族财富管理方向）专业人才培养模式，创新了以双创为价值引领，服务企业创业创新发展的财务管理专业人才的培养机制。

（二）双创价值引领，创新财务管理“校政行企”协同育人机制

在双创价值引领下，财务管理专业构建“校政行企”协同育人创新机制。

与管理咨询协会、“互联网+”会计协会、家族财富协会建立创新工场，有计划、有组织地开展创新训练项目，企业运营协会、金融理财协会、审计咨询协会建立创富空间，组织学生参加工商管理类学科竞赛、创新创业博览会，安排学生在我院甬勤会计咨询公司和创富空间实践场景里锻炼，培养学生创新能力、创新意识和企业家精神，培养学生的奋斗精神。携手国内家族财富管理知名机构、著名高校、科研院所、相关家族企业，组建“中国家族财富管理战略联盟”，实现学科建设、专业建设资源共享共育，进一步致力于家族财富管理特色人才的培养。以资金、人才、知识、技术、信息为纽带，与新道科技股份有限公司共建新道科技“智慧云财务特色学院”，开设“云财务管理会计师”卓越人才班，协同制定“云财务管理会计师”人才培养方案。

从不同的专业角度提升财务管理专业学生的管理能力和创业创新能力，增强学生综合素质。同时得到了发改委、金融办、税务局等政府部门在政策和制度方面的支持。充分发挥多主体协同育人功效，专业知识经过创新实践转化为科研成果，得到政府的政策支持和保障，服务企业服务地方服务社会，构建“校政行企”协同育人创新机制。

（三）双创价值引领，构建了基于学生成长的真实项目课程体系

财务管理课程体系的设置紧密结合区域经济发展的现实要求，紧跟大数据、人工智能等信息技术发展的要求。在双创价值引领下，构建了以双创课程为价值引领，以生涯发展为主线，以素养与能力两大模块的素养与能力课程为核心，以必须够用的财务管理理论类课程和财务管理方法类课程为支撑，以创新管理和创业孵化为综合能力培养和生涯发展的双创为价值引领，以真实项目为核心的专业课程体系。

（四）双创价值引领，搭建多维协同家族财富管理人才培养平台

在双创价值引领下，充分利用学校的创业教育平台提供的全链条创业型人才成长实践实战平台、创业投资基金、项目孵化空间、创业导师在线指导，依托区域行业资源，积极与政府、财富管理机构开展合作，共同建设区域经济研究所、现代会计与财税研究所、家族财富管理研究院；建设智慧云财务特色学院，共建智慧云财务实验中心；建设以创新实验室为引领的财税

手工模拟实验室、电子财税实验室、投资分析实验室、财务决策实验室、财务共享实验室、跨岗位专业实训工场、虚拟仿真实践教学平台；建立“家族财富管理（宁波）战略联盟”“宁波职业经理人协会校企合作联盟”，形成以财富管理机构、律所、会所、税所、高校、家族企业、企业家协会、传承机构等为核心的家族财富管理实战与实践平台，创建校中厂甬勤会计咨询服务公司，通过科研院所、产业学院、实践平台、产业联盟、创新创业中心等协同合作，共同搭建多维协同的家族财富管理特色人才培养平台。

参考文献

［1］邓泽民．我国职业教育课程研究40年综述［J］．职教论坛，2019（8）：49－55.

［2］李玉倩，史献芝．资源理论视角下产教融合创新生态系统的构建研究［J］．江苏高教，2021（8）：60－65.

［3］李杰．产教融合背景下高校创新创业教育协同育人机制构建研究［J］．教育与职业，2021（15）：73－77.

［4］许礼刚，周怡婷，徐美娟．“学、练、竞、践”四位一体“双创”型人才培养模式研究［J］．实验技术与管理，2021，38（7）：17－22.

［5］李婉，邓泽民．本科高校转型需要解决的八大问题［J］．中国职业技术教育，2014（27）：5－8.

［6］贾双林，戚继忠，孙丽霞，等．地方高校创新实践平台的建设与实践［J］．实验室研究与探索，2021，40（7）：258－260，290.

第十七章
双创价值引领下的信息管理与信息系统专业人才培养实践

一、案例背景

《中共中央关于制定国民经济和社会发展第十四个五年规划和二〇三五年远景目标的建议》提出要发展数字经济，推进数字产业化和产业数字化，推动数字经济和实体经济深度融合，打造具有国际竞争力的数字产业集群。2019年宁波市人民政府办公厅印发《数字宁波建设规划（2018～2022年）》并提出，到2022年，打造全国产业数字化升级引领区，数字经济核心产业规模实现倍增，推进制造业数字化转型。宁波市以“产业数字化、数字产业化”为主线大力发展数字经济，2021年1～8月，宁波市数字经济核心产业实现营收2674.3亿元，总量位居全省第二，其中核心制造业实现营收2224亿元。宁波产业数字化不断加速，尤其是以制造业为主体的中小企业数字化转型对于企业创新优势提升及经济高质量发展作用显著提高。因此，面对中小企业数字化转型对具有一定创新创业能力的数字化应用型人才迫切需求，宁波财经学院开展以双创为价值引领的信息管理与信息系统专业积极探索实践。

二、案例介绍

信息管理与信息系统专业为我校金融与信息学院下设的5个本科专业之一，专业的发展是基于地区经济社会发展对信息管理人才的需求，并不断根据区域经济发展适时调整专业方向，最早设立于2002年，前身为计算机信息管理专科专业，2009年升格为信息管理与信息系统本科专业，2012年成为校级重点建设专业，2014年成为校级应用型示范专业，2015年信息管理与信息系统专业被评为省新兴特色专业，2019年信管专业入选省一流本科专业建设点，2022年入选国家一流本科专业建设点。(见图17－1)。

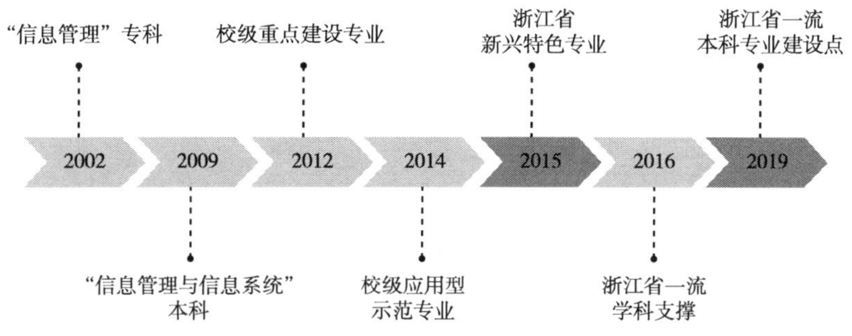

图17－1　信息管理与信息系统专业发展历史

在专业建设20年的过程中，学院对信息管理与信息系统专业开展了积极探索实践，确立了以双创为价值引领，培养服务企业创业创新发展信息管理与信息系统人才的价值取向；基于企业创业创新全流程，创建了以双创为价值引领的信息管理与信息系统专业人才培养模式；创新了以双创为价值引领，服务企业创业创新发展的信息管理与信息系统专业人才的培养机制，进行了以双创为价值引领的信息管理与信息系统专业人才培养实践（见图17－2）。

（一）明确专业人才培养定位

紧紧围绕社会主义核心价值观，立足浙江，面向长三角的办学方向，主动响应数字经济发展战略，聚焦中小企业数字化转型迫切需求，以双创为价值引领，把培养具有创新创业意识，熟悉创新创业全过程，能够以推进社会和产业发展而创业为价值追求，具有信息管理、信息系统分析设计、定量分析理论及方法、数据化管理与决策等方面的能力，能在数字经济领域中信息技术、智能制造等行业中的中小企业从事信息管理以及信息系统分析、设计、实施和维护、数据分析等工作的高素质应用型人才作为培养目标，从而提升对浙江省尤其是数字经济领域发展的支撑度，强化对区域产业发展的支撑和贡献。

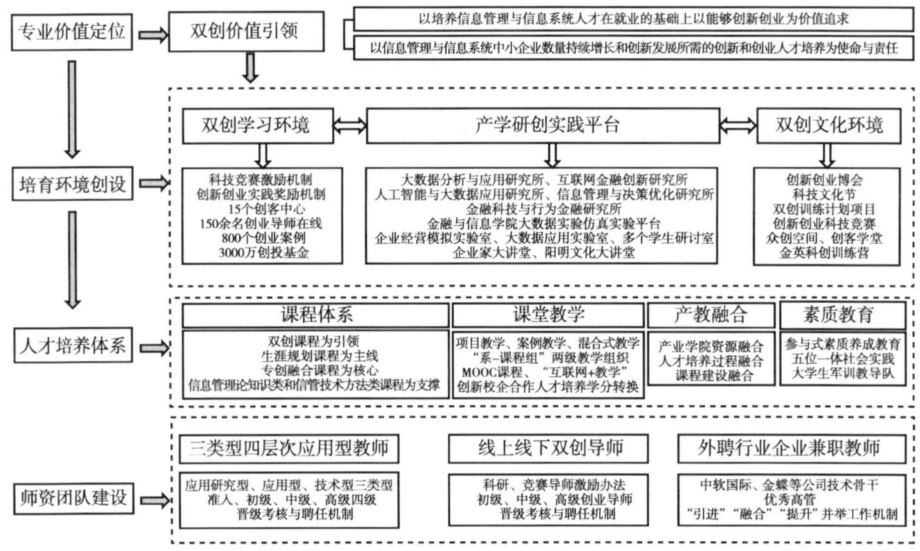

图 17 – 2　以双创为价值引领的信息管理与信息系统专业人才培养框架图

（二）课程融入“双创”基因

1. 构建专创融合的课程体系

学院（专业）在双创价值引领下，组织专家、企业人员、学校教师共同对信息管理与信息系统专业课程进行分析，形成以《创业基础》和《创新课程》为价值引领，以《职业规划与创新创业》课程为发展主线，以基于项目全过程的信息系统分析与设计模块的《面向对象程序设计》《程序设计基础》《WEB 编程基础》《数据库原理与应用》《计算机网络》《数据结构与算法 》《业务流程管理》《IT 项目管理》《管理信息系统分析与设计》《信息系统开发综合实践》，和数据化管理与决策模块的《Python 数据分析》《统计学》《数据可视化与沟通》《金融学基础》《金融数据挖掘》《金融计算实验》《金融量化投资分析》《商务智能》《金融数据分析项目综合实践》等专创融合课程为核心，以必须够用的信息管理与信息系统理论知识类和信息管理与信息系统技术方法类课程为支撑，以创新管理和创业孵化为综合能力培养和生涯发展的以双创为价值引领，以真实项目全过程为核心的专创融合课程体系，如图 17 – 3 所示。

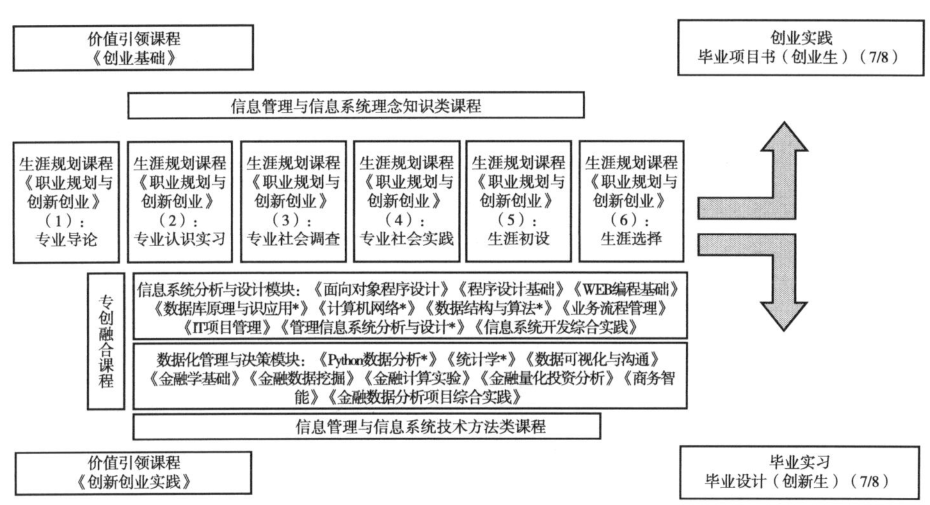

图 17－3　信息管理与信息系统专业双创价值引领专创融合课程体系

信管专业持续推进人才培养方案改革，积极探索双创价值引领的人才培养方案，不断优化“专创”融合的人才培养课程体系。专业选取《企业管理模拟综合实践》《应用统计学》等课程进行试点，改革课程内容与考核方法，分别与企业经营模拟竞赛、统计调查大赛等竞赛相融合，将“双创”竞赛项目与课程教学结合，纳入课程教育与课程考核。在《企业资源计划》《ERP 项目综合实践》《信息系统开发技术》《生产管理系统实践》等专业课程中，通过参加服务外包大赛、电子商务大赛、挑战杯竞赛等，进行项目指导和项目实践，同时通过企业家授课、企业实习与课程学分置换等方式，强化学生职业与创业技能，鼓励和引导学生参与“双创”项目，提升“双创”能力，强化“双创”思维。

2. *初步形成“双创”课程群*

目前信管专业人才培养方案主要可以分为通识教育课程，学科专业基础课程、专业必修课和专业选修课四类。创新创业指导课程基本包含在通识教育课程与集中实践教学课程中，形成了初步的“双创”课程群（见表 17－1）。

表 17－1　　信管人才培养创新创业课程群

课程类别	课程名称	课程性质		学分	总学时	理论学时	实践学时
通识课程平台	职业规划与创新创业	创新创业	必修课	1	32	16	16
	创业基础	创新创业	必修课	1	16	16	
	学会学习	创新创业	任选	2	32	32	
	微学分类课程	创新创业	任选	2			
	职业发展力课程	创新创业	任选	2	32	32	
	素质拓展课	创新创业	素拓	4			
集中实践教学	创新创业实践	创新创业	必修课	0.5			1W
	创业实践	创新创业	专选 3	4			4W
	毕业项目书	创新创业	专选 3	10			10W

信管的创新创业指导课程有三门必修课程，包括《职业规划与创新创业》《创业基础》《创新创业实践》，其他为选修课程。其中《职业规划与创新创业》课程为 32 课时，其中 16 课时为参加就业招聘会等实践课时组成，其他 16 课时为老师主题讲座，开设学期不固定。《创业基础》课程为一个学分，开设学期为大一第二学期。其他微学分类课程、素质拓展类课程等均为选修课。

（三）创设双创人才培养环境

为培养出能在双创价值引领下助推中小企业数字化转型升级的高素质应用型人才，专业创设多类型人才培养环境，保障学生学习专业知识、引领学生创新创业。

1. 构建双创学习环境

在双创价值引领下，专业整合行业企业资源，以服务中小企业数字化转型升级创新发展为宗旨，成立大数据分析与应用研究所、企业经营模拟实验室、大数据应用实验室以及多个学生研讨室，鼓励学生积极参加浙江省大学生网络与信息安全竞赛、浙江省统计调查方案设计竞赛、挑战杯竞赛、“互联网＋竞赛”、浙江大学生企业经营模拟竞赛等各类竞赛，并依托各类竞赛项目，将企业运营实践融入人才培养过程。专业依托金融与信息学院大数据实验仿真实验平台，立项两项省级虚拟仿真实训项目《大数据系统安全运维》《证券投资综合分析虚拟仿真实验》，积极进行课程教学模拟。与阿里集团合作，利用阿里云平台，提供1+X项目教学环境，进行数据分析项目实践。专业充分利用学校软件共享平台，例如新道沙盘软件、百树沙盘软件支持学生进行企业经营模拟，利用ERP软件进行ERP项目综合实践教学等。

2. 搭建产学研创平台

充分利用学校的创业教育平台提供的全链条创业型人才成长实践实战平台、创业投资基金、项目孵化空间、创业导师在线指导，与多个信息科技企业、数据技术企业、软件企业进行合作，共建大数据分析与应用研究所、互联网金融创新研究所、人工智能与大数据应用研究所、信息管理与决策优化研究所、金融科技与行为金融研究所等科研院所，充分发挥学校创新平台提供的激励机制、研究机构的资源优势，建设以创新实验室为引领的企业经营模拟实验室、大数据应用实验室以及多个学生研讨室，充分利用学校多个软件共享平台，打造创新研究环境；充分利用信息科技企业、数据技术企业、软件企业等企业的生产资源，与宁波揽派无忧信息技术有限公司、宁波又一猫国际贸易有限公司、宁波海曙飞色网络科技有限公司等15家等企业深度合作，构建校外实践基地，加强对学生实践能力的培养，共同打造生产实践学习环境，形成产学研创平台（见图17-4）。

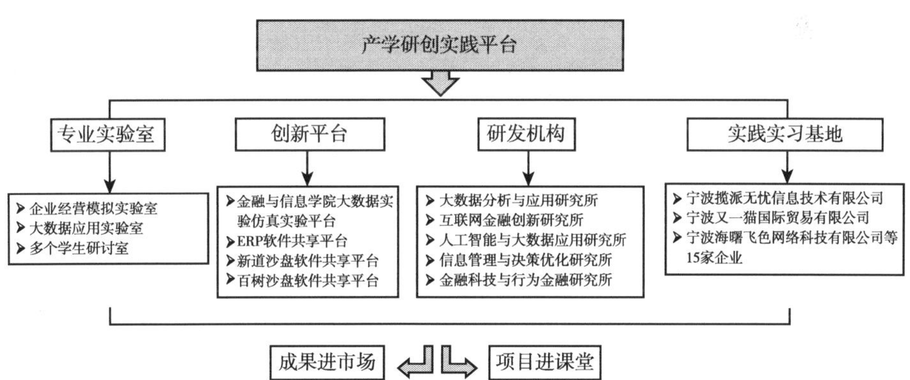

图17-4　信息管理与信息系统专业产学研创实践平台

3. 构建双创文化环境

在双创价值引领下，专业持续深化挑战杯、“互联网 +”、电子商务等创新创业大赛，深化开展第二课堂的创新创业教育工作。持续开展金英科创训练营等科创训练项目，建设各类学生社团，组织研讨活动，加强学生交流。积极宣传各类人才和双创成果，激励学生参与双创。鼓励教师与学生参与国家大学生创新训练计划、浙江省新苗人才计划。积极举办各类讲座，例如科技竞赛辅导、企业家进课堂，引导学生创新创业。鼓励学生跨专业选修，以“互联网 + 专业”“交叉 + 协同”的创新创业思路，引导和鼓励学生进行跨专业选修课程，激发创新点。

（四）创新双创人才课堂教学

以双创为价值引领，采取专创课程融合型教育模式，科学构建双创价值引领下信息管理与信息系统的培养方案、课程体系、教学方式，探索特色应用型人才培养模式。从严强化师德师风，全面推进课程思政。组建“系—课程组”两级教学组织，设企业信息化管理、数据分析与挖掘、信息系统开发 3 个课程组。采用系部会议、课程组研讨会、视频会议、企业调研等多种形式，开展研讨活动，不断解决教学中的问题，积极研讨将“双创”教育与专业教育融合。

鼓励教师开展混合式教学、案例式教学，开展以学生为中心的教学活动，培养学生的创新性思维。充分利用中国大学 MOOC、爱课程、蓝墨云班课等资源平台，进行“互联网 + 教学”创新改革，推动教师进行专业课程教学改革，将课程相关的创业教育与创新创业技能融入课程知识中，实现专业的职业技能与创新创业技能融合，将创新创业教育融入专业教育的每个年级、每门课程。

专业积极进行实践教学创新，实施校企合作人才培养学分置换项目，学生进入校企合作企业实习，可以申请替换两门实践课程，2017 级有 8 位同学申请学分置换，并且企业给出了优秀的评价。

（五）多方建设优秀师资团队

在双创价值引领下，以全面提高教师素质为中心，以制度建设为保障，通过建立“引进”“融合”“提升”并举的工作机制，优化师资队伍结构，培养一批教学水平高、育人作风优的专业带头人和中青年教学骨干，形成一批优秀的教学团队。通过引进优秀博士等高层次人才，同时聘请中软国际、金蝶等公司技术骨干、优秀高管担任产业教授；通过融合校企师资资源，共同组建应用型课程、学科竞赛、创新创业高水平指导团队，强化学生创新、融合应用能力发展；鼓励教师学历提升，要求教师定期参加教学研讨培训，构建“青年教师成长→骨干教师培育→卓越教师培育”培训体系，通过请进来走出去的方式，聘请行业专家到校培训、赴其他高校学习、到企业挂职等途径提升理论与实践能力等多措并举加强教学创新团队建设。目前信管专业共有教师15名，其中有博士学位的5名，副高及以上职称9名。企业兼职教师2名，应用型教师3名，创业导师3名。

三、案例成效

（一）学生创新创业成果增加

在双创价值引领下，通过“课证赛项”的不断融合，学生参与科技竞赛、科研项目、参加考证等积极性明显提升，取得多项成果。在2020年，信管专业合计有76人参加各类学科竞赛，在A类学科竞赛中，获得国际大学生数模竞赛一等奖1项、国际二等奖2项、省统调大赛一等奖等省级以上奖项20项。在2021年上半年的时间里面，信管专业的学生团队获得浙江省挑战杯一等奖，在社科类学术作品上取得了历史突破，另外还获得了浙江省大学生工程能力训练（企业运营仿真赛项）三等奖、蓝桥杯程序设计竞赛三等奖，一项国家级大学生创新创业训练科研项目立项等。2020年2016级信管专业115位学生参加宁波市人力资源和社会保障局组织的《网络创业》能力培训，全部通过培训和考核。信管专业的学生在校期间取得的成果丰硕，创新创业意识与能力大幅提升。

（二）专业人才培养特色显著

专业精准定位，以市场需求为导向，加强企业信息化人才、信息系统分析与设计人才、大数据分析与应用人才培养，助力区域中小企业数字化转型。专业与多家企业签订校企合作协议，提供学生大量的实习就业机会。利用学分置换等方式，创新校企合作多主体、多维度育人模式，形成多项教学成果。强化教学质量保障，推动教学建设与改革，夯实“金课、教材、案例”教学新基建，持续推动教学改革。

（三）教师教学创新成效明显

信管专业通过高投入积极推动双创价值引领下师资队伍建设。2020 年以来，取得了多项成果，如省级一流课程一门，新商科应用型人才培养长三角论坛优秀案例一项，校级金课两门，校级教学成果二等奖一项，校教学设计竞赛二等奖一项，课程思政示范课一门，教育部产教融合项目一项，省级新形态教材一部，省级一流专业建设，《WEB 前端开发技术》课程被评为“线上线下”混合式省一流课程，两篇案例获得校级立项，一篇案例通过评审进入学校教学案例库，教学建设成效明显。

（四）助推中小企业数字化转型

专业依托校级科研团队与研究所，不定期开展学术沙龙活动和学术报告会，组织本系实施各级各类纵（横）向科研项目和学科平台的申报。2020 年以来，信管系获批省级课题 3 项，市厅级课题 1 项，区局级课题 1 项，发表 SCI 检索论文 6 篇；横向课题多项，如《统计调查服务外包项目》《电子商务活动策划与运营支持》等横向课题。通过对中小企业的设计、生产、物流、销售、服务等核心环节进行数字化业务设计，以科学研究助推中小企业数字化转型发展。

四、案例启示

（一）双创价值引领，以社会需求为导向明确信管专业定位

作为地方应用型本科高校，学校以双创价值为引领，主动响应数字经济发展战略，聚焦中小企业数字化转型迫切需求，明确以培养信息管理与信息系统人才在就业的基础上以能够创新创业为价值追求，以信息管理与信息系统领域中小企业数量持续增长和创新发展所需的创新和创业人才培养为使命

与责任的专业价值定位，并持续开展信息管理与信息系统本科教育探索，创建了以双创为价值引领的信息管理与信息系统专业人才培养模式，创新了以双创为价值引领，服务企业创业创新发展的信息管理与信息系统人才的培养机制。

（二）双创价值引领，构建基于学生成长专创融合课程体系

在双创价值引领下，学院教师深度研究行业产业发展趋势，建立以双创课程为引领，以学生的职业生涯发展为主线，以专创融合课程为核心，以必须够用的信息管理与信息系统理论知识类和信息管理与信息系统技术方法类课程为支撑，以创新管理和创业孵化为综合能力培养和生涯发展的以双创为价值引领，以真实项目全过程为核心的专创融合课程体系。

专业教育与创新创业教育融合课程体系的建立，是以社会需求为导向，根据专业培养目标制定专创融合的课程体系，保障以专业教育的主线，将专业教育和创新创业教育理念相融合并遵从“以学生为中心”“以成长为目标”“以产出为导向”的教育理念。大力推进“课证赛项”融合，鼓励和引导教师将双创价值融入所讲授的课程中，将课程内容与大学生科技竞赛、职业能力证书、创新创业项目相结合，积极推进课程改革，建设教学形式多样化，教学成果多样化，专创融合的课程，激发学生双创意识，提升双创能力。

（三）双创价值引领，多维共创信管专业双创人才培养环境

在双创价值引领下，充分利用学校提供的创新创业平台和激励机制，以服务中小企业数字化转型升级创新发展为宗旨，建立大数据分析与应用研究所、创新实验室、学生研讨室、软件共享平台等科研机构和创新平台，建立专业化或者学科化的创新创业教育基地，在实战中提升创新能力。以“互联网＋专业”“交叉＋协同”的创新创业思路，引导和鼓励学生进行跨专业选修课程，塑造学生素养能力。建立产教融合校外双创基地，加强和深化校企合作，积极开展企业家论坛、优秀校友讲座、创业辅导、课程学分置换等多种形式的双创教育形式。

（四）双创价值引领，遵循教师成长路径打造教学创新团队

基于双创价值引领下的教学创新团队建设，遵循应用型教师的成长路

径，按照学校“三类型四层次”应用型教师发展体系，创新“引进”“融合”“提升”并举机制，进一步加强外部高层次人才引进与内部教师学历、学位、职称提升的激励，优化教师结构。加强校外兼职教师、产业教授建设，通过校企合作等多种方式，邀请成功企业家、行业专家、行业企业主管、岗位技术工程师等开展项目辅导、主题讲座、创业指导、课程讲解等。根据科研与竞赛奖励与激励办法、创业导师聘任、晋级与考核办法，积极推动与鼓励教师加强竞赛指导、项目指导、创业指导。

参考文献

[1] 唐艳林，李成舰，黄春花．双主体背景下高校专创融合的实施方略探究［J］．产业与科技论坛，2021，20（15）：257－258.

[2] 宋伟，邵信儒，郭志欣，等．“专创融合”课程体系构建与评价研究［J］．通化师范学院学报，2021，42（7）：68－73.

[3] 任建华，杨益波．制造业：宁波经济发展的“硬核”力量［N］．中国经济时报，2021－06－03（2）.

[4] 罗丽．加快中小企业智能化改造的路径及对策研究［J］．宁波经济（三江论坛），2021（5）：6－9.

[5] 丁浩．基于 OBE 教育理念的信管专业创新创业人才培养模式研究［J］．当代教育实践与教学研究，2019（24）：128－129，230.

| 第十八章 |

双创价值引领下的计算机科学与技术专业人才培养实践

一、案例背景

2017 年，“数字经济” 正式被写入党的十九大报告。2018 年中国数字经济总量达到 31.3 万亿元人民币，占 GDP 的比重为 34.8%。2020 年《中共中央关于制定国民经济和社会发展第十四个五年规划和二〇三五年远景目标的建议》中明确提出要发展数字经济。浙江是数字经济大省，数字经济核心产业增加值近年来持续保持二位数增长态势，2020 年，浙江数字经济逆势增长，核心产业增加值增长 13%，同年浙江省出台中国第一部以促进数字经济发展为主题的地方性法规——《浙江省数字经济促进条例》，宁波市正以“产业数字化、数字产业化”为主线大力发展数字经济，围绕培育“246”万千亿级产业集群，实施数字经济“一号工程”，其中电子信息产业、软件与新兴服务业被列入 4 大 5000 亿级产业集群《宁波市数字经济人才发展三年行动计划（2020 ~ 2022 年）》中显示我市数字经济企业对数字经济人才需求明显，尤其是能否在互联网、区块链、大数据、人工智能等领域助推数字经济创新发展的数字经济人才，如各领域产品经理、软件开发人员、视觉分析者、算法工程师、系统工程师、硬件工程师等需求量非常高。数字经济以前所未有的速度飞速发展，对数字经济人才的创新创业能力提出了新的更高的要求，基于此，宁波财经学院计算机科学与技术专业以双创为价值引领进行了积极的探索与实践。

二、案例介绍

计算机科学与技术专业为我校数字技术与工程学院下设七个本科专业之一，最早开设于2008年，其前身是2001年设立的计算机应用技术专业，也是学校升本后设立的第一批本科专业。2010年入选浙江省“十二五”重点学科、重点专业；2012年入选浙江省“十二五”优势专业；2018年入选宁波市“十三五”优势专业；2019年入选浙江省一流本科专业建设点，2022年入选国家级一流本科专业建设点。

在专业建设10余年间，学院对计算机科学与技术专业开展了积极探索实践，确立了以双创为价值引领，培养服务企业创新创业发展的计算机科学与技术人才价值取向；基于企业创新创业全流程，创建了以双创为价值引领的计算机科学与技术专业人才培养模式；创新了以双创为价值引领，服务企业创新创业发展的计算机科学与技术专业人才的培养机制，进行了以双创为价值引领的计算机科学与技术专业人才培养实践（见图18－1）。

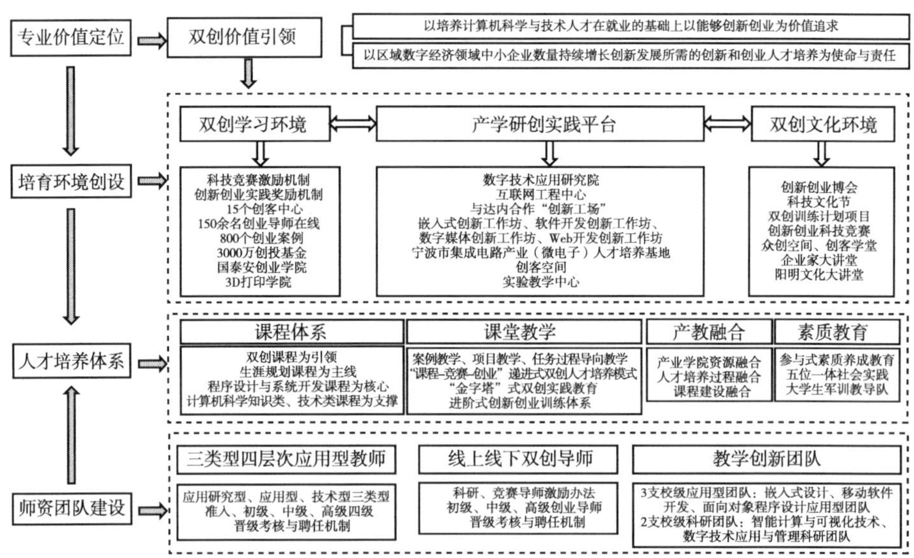

图18－1　以双创为价值引领的计算机科学与技术专业人才培养框架图

（一）明确专业人才培养定位

紧紧围绕社会主义核心价值观，立足浙江、面向长三角的办学方向，主动响应数字经济发展战略，聚焦数字经济企业创新发展的迫切需求，以双创为价值引领，把培养具有创新创业意识，熟悉创新创业全过程，能够以推进社会和产业发展而创业为价值追求，培养具备计算思维能力、算法分析与设计能力、程序设计与实现能力以及系统分析、开发与应用能力这四项基本能力，能在数字经济领域中电子信息产业、软件与新兴服务业中从事嵌入式系统、移动应用软件等研发及运维等工作的高素质应用型人才作为培养目标，从而提升对浙江省尤其是数字经济领域创新发展的支撑度，强化对区域产业发展的支撑和贡献。

（二）“双创”基因扎根课程

在双创价值引领下，学院（专业）组织专家、数字经济企业人员、学校教师通过深入研究数字经济发展新特征，开展计算机科学与技术专业的课程分析，形成以《创业基础》《创新课程》《“互联网 +”创新创业》等课程为价值引领，以《职业规划与创新创业》课程为主线，以基于真实项目的《程序设计》《面向对象程序设计》《网络编程（JSP）》《高级 WEB 编程技术》《数据库原理与应用》《嵌入式应用开发》《Qt 编程开发》《Java EE 架构与应用开发》《嵌入式系统与设计》《软件工程》《嵌入式系统综合项目》《Android 应用开发》《移动应用开发》《数据挖掘技术与应用》《集成电路设计》等程序设计与系统开发课程为核心，以必须够用的计算机科学知识类课程和计算机技术方法类课程为支撑，以创新管理和创业孵化为综合能力培养和生涯发展的以双创为价值引领，以真实项目为核心的专业课程体系。如图 18 -2 所示。

（三）创设双创人才培养环境

1. 创设双创学习环境

在双创价值引领下，学院与杭州先临三维科技股份有限公司、南京增材制造研究院共建浙江省首个 3D 打印学院，校企双方通过深度合作、共建共管、共同投入、共同完成教学任务、共享办学成果等建设模式。学院整合行

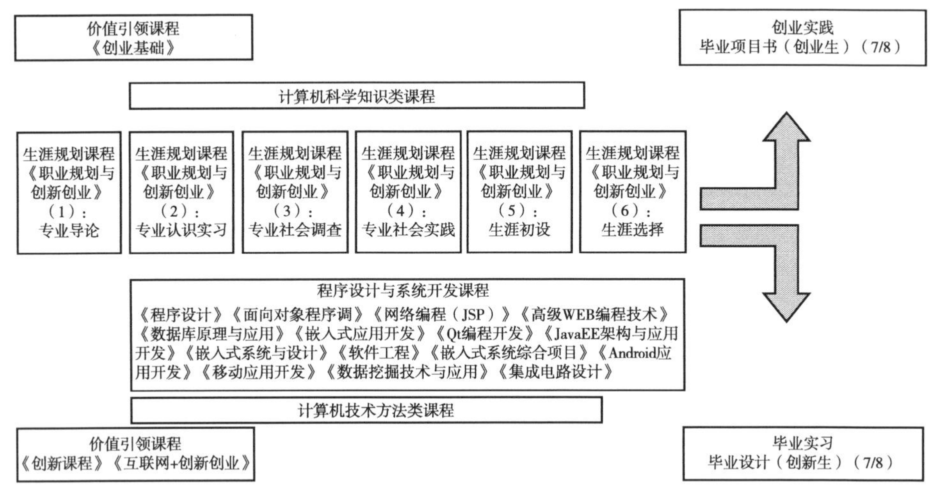

图 18－2　计算机科学与技术专业课程体系

业企业资源，以服务数字经济企业创新发展为宗旨，成立互联网工程中心，中心建有大数据研究所、移动互联工程研究所、物联网研究所和图像工程研究所。充分利用学校出台的《创新实践奖励学分认定办法》《素质拓展课程与学分管理办法》《在线课程学分认定办法》等学科竞赛推进机制，积极发动学生创新创业的积极性，明确规定学生参加创新创业、社会实践等活动以及发表论文、获得专利授权等与专业学习、学业要求相关的经历、成果，可以折算为学分，计入学业成绩。同时，专业实施弹性学制，明确规定因创新创业原因申请休学者最长学习年限可在原学习年限的基础上再延长 8 年，极大地鼓励了学生的创业积极性，从而共同创设双创学习环境。

2. 搭建产学研创平台

在双创价值引领下，整合“互联网＋”行业资源，将数字学习资源、教师、学生和设计者进行汇聚，通过协同、共享等模式建设由线上线下结合的众创空间、线下创客空间、线上虚拟空间、“互联网＋”创客教育组建的创客空间，此外充分利用学校的创业教育平台提供的全链条创业型人才成长实践实战平台、创业投资基金、项目孵化空间、创业导师在线指导，共同培育具有市场价值的创业项目，从而做到在实战中培养计算机专业人才；与多个信息企业、数据技术企业、软件企业等数字经济企业进行合作，共建嵌入式创新工作坊、软件开发创新工作坊、数字媒体创新工作坊、Web 开发创新工作坊等创新工作坊和研发中心，充分发挥学校创新平台提供的激励机制、研究机构的资源优势，建设以创新实验室为引领的专业创新实验室，如模型实验室、创新实验室、快速成型实验室、嵌入式系统实验室、移动软件开发实验室、3D 打印实验室，并安排指导老师和学生分时段使用，鼓励学生积极申报创新实验项目，并将项目转化成科研项目和竞赛项目，培养学生自主创新能力。与杭州达内科技有限公司、宁波市和众互联科技有限公司等 IT 企业深度合作，共建校外实践实习基地，加强对学生实践能力的培养，共同打造生产实践学习环境。

从“创新工作坊/研究中心”“创客空间”“实验教学中心”到“实践实习基地”共同形成产学研创平台（见图 18－3），为学生创造一个虚实结合的产学研创实践环境。

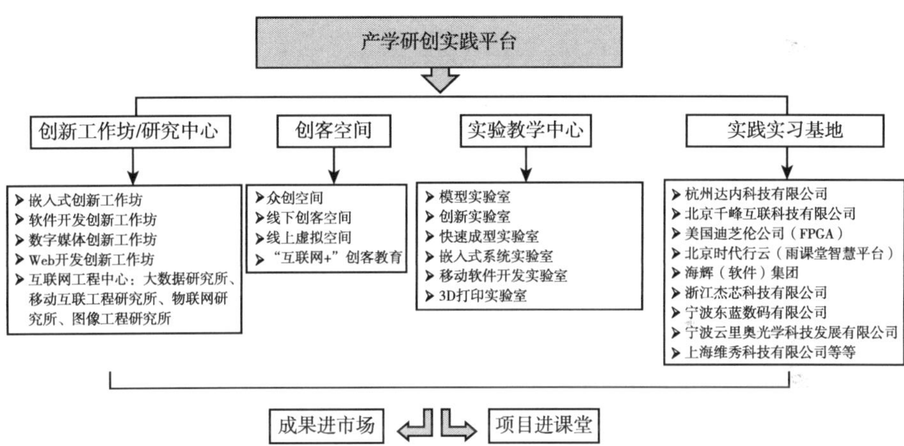

图 18－3　计算机科学与技术产学研创平台构成及功能示意图

3. 构建双创文化环境

校企联合举办“企业家大讲堂”，为宁波高校师生和创业者分享其创业、管理经验及人生思考，对成功企业的创业实践、管理实践进行总结、研究、传播，激发大学生创新创业意识、企业家精神，激励宁波新一代创业者和新生代企业家成长。通过梳理领袖榜样的方式激励在校学生，并带动一批学生进行创新创业。邀请优秀学生校友回校分享成功经验，如数字技术与工程学院计算机科学与技术专业校友董腾舟根据在校内的充分培育和实践之后，毕业创立了宁波沐农信息科技有限公司，在创业成功之后，被邀请回学校对学弟学妹们进行交流和分享，特别是作为优秀校友对大一学生进行经验分享，能够很好地激发刚入校学生的创业热情，并根据优秀校友的分享制定自己的未来规划，形成了良好的创新创业文化氛围。

（四）创新双创课堂教学

1. 基于信息技术的更迭创新课堂教学内容、方法及考核

信息化、IT 技术更新迭代速度加快，课程教学内容需时刻与技术的更迭同步，因此在双创价值引领下，专业不断更新课堂教学内容，及时把最前沿的行业发展现状，最新发展信息和变化、计算机行业工作环境等内容融入教学内容，如在《专业导论》课程中，将行业前沿作为必修内容放入，引导学生了解最新的技术和方法，并引导学生在《专业认知实习》中，通过各种途径进一步深化行业前沿，经过一段时间的学习和了解之后，在第七学期专门设置《行业前沿课》，为后面的综合项目开发奠定较好的基础，能够开发符合当下社会发展的具有一定创新前沿意识的综合项目。通过将创新创业通识课程要与专业课程融合，在专业课程教学中有机融入创新创业的内容，把 IT 项目创新性分析、创意设计等融入专业课程，创新具有专业特色的双创教育，设置具有专业特色的创新创业案例，如苹果公司创业团队的组建、戴尔商业模式的成功、“饿了么”大学生创业团队的故事、携程的故事等具有计算机专业特色的创新创业案例。

创新课堂教学方法，改革传统课堂知识授课模式，积极应用信息技术，采用项目教学、案例教学、任务过程导向等教学方式，推进学生启发式、合作式、参与式教学，将企业真实任务和案例引入课堂。加强实践教学环节，实践教学学分占到 40%，每个专业方向设置 1～2 门综合性设计性实践课程。改革传统单一以闭卷考试进行学业考核的方式，学院引进“程序设计类实验辅助教学平台”，在考核方式上采用闭卷考试、理论 + 实践相结合的考试、实践能力考核等多种考核方式，并提高平时成绩的比例，设置主观题，注重学生的个性化发挥。

2. 构建了“课程—竞赛—创业”递进式双创人才培养模式

“项目教学法”是专业课程融合创新创业过程中采取的主要教学方法，

充分体现“以学生为主体、以项目为引导”的教学模式，以实际工作项目为载体，在项目开发过程中，引导学生提高专业素质和创新创业能力的教学方法。将实际项目融合到实践教学中，充分整合学校的师资和课程资源探索新的创新创业实践活动。在教学过程中，把项目进行规划和整理，引导学生参加“挑战杯”中国大学生创业计划竞赛、“互联网 +”大学生创新创业大赛等各类竞赛，通过大赛平台挖掘学生的创新思维，扩大创新视野，提高动手能力和团队协作能力。针对有实际意义的项目进行产品化转换，孵化成创业项目。

“课程—竞赛—创业”递进式创新创业人才培养模式从课程着手进行创新项目的培养，最终实现创业的完整过程如图 18 –4 所示。

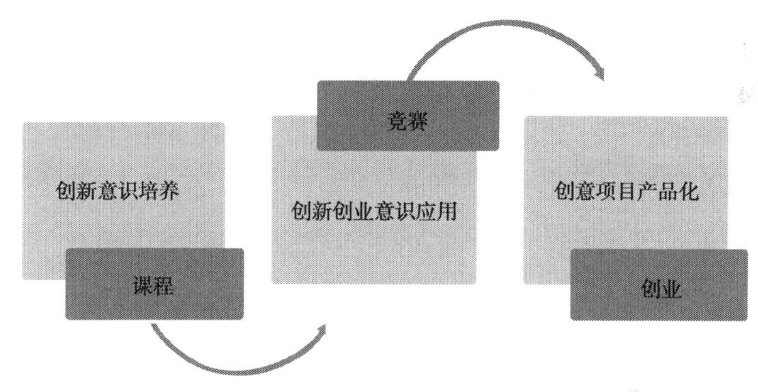

图 18 –4　“课程—竞赛—创业”递进式培养模式

（五）创新双创人才实践教学

1. “金字塔”式双创实践教育

在双创价值引领下，把创新创业融入人才培养过程中，将《职业规划与创新创业》《创业基础》作为公共必修课纳入人才培养方案，另设置若干专业拓展课，如《IOS 应用开发》《机器学习导论》《软件设计模式》等，培养学生的创新思维能力及创新实践模块，同时加入跨学科选修课模块，将《领导学理论与实务》《经济法律基础》等课程，为学生以后的创业奠定基础。学院整个计算机专业群遵循创新创业人才成长成才规律，形成如图 18 –5 所示的“金字塔”式创新创业教育。

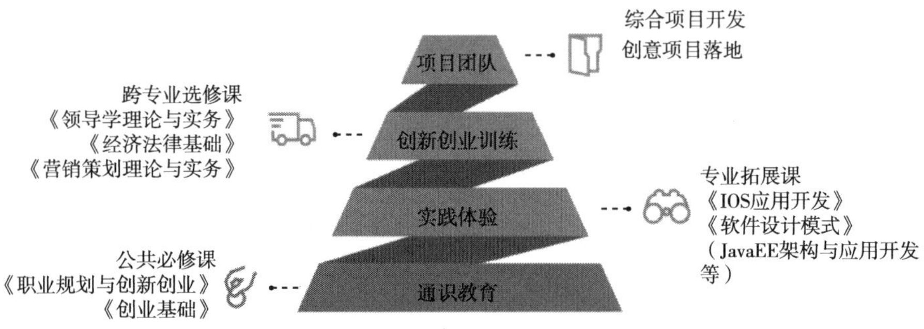

图 18－5　实践教学"金字塔"模型

2. 构建了进阶式双创训练体系

在双创价值引领下，教师引导学生参与大学生创新创业项目，并有效整合学院课程组、创业导师、创客空间的创新创业教育资源和职能，将与创新创业教育有关的职责和资源进行统一调配，面向全体，分类施教的全新观念为指导，将创新创业教育纳入教学渠道，贯穿人才培养全过程，实施进阶式创新创业训练体系，如图 18－6 所示。

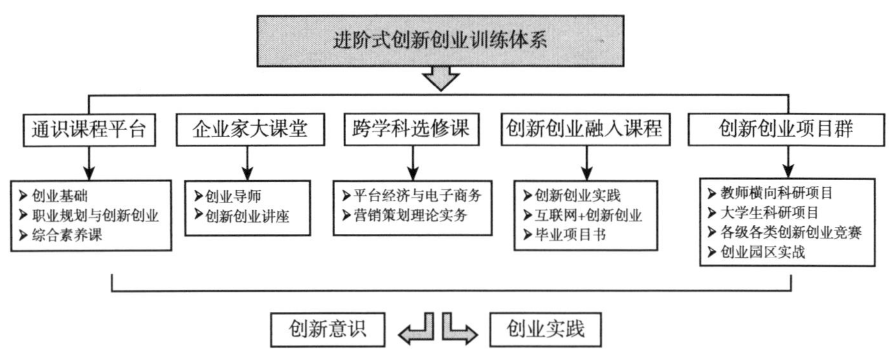

图 18－6　进阶式创新创业训练体系

教师引导学生开展多元化的实践活动。如在大一大二时期引导学生参加创意类项目，提升创新能力和实践机会；在大二大三时期鼓励学生积极参加专业竞赛，将创意落到实处，提升学生分析、解决问题的实际能力，培养创新能力及团队合作精神；在大三大四时期指导学生参加实际项目的实战，锻炼其综合知识应用能力；到了大四，通过毕业设计和毕业实习，进一步提升实践能力，提升创新能力，并有机会进行创业（见图 18－7）。

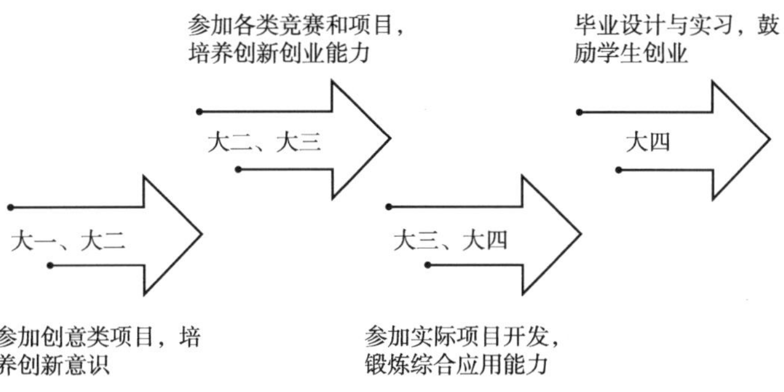

图 18－7　创新创业教育进阶路径

3. 形成专业创新创业教育模式

在双创价值引领下，逐渐形成了计算机科学与技术专业创新创业教育模式，利用企业资源，共建实习实践基地，建立层次性实践教学体系，学生到企业行业进行专业认知、专业培训、毕业设计等，校内、企业两个方面有效衔接，在专业知识、实践动手、技术应用、工程能力、行业素质与规范等多方面系统性的逐步增强理解，并进行应用，努力提升学生应用专业知识综合分析、科学设计和解决工程问题的实际能力，学校、企业双轮驱动，实现多维度联合培养，使学生工程应用能力的大幅度提升（见图 18－8）。

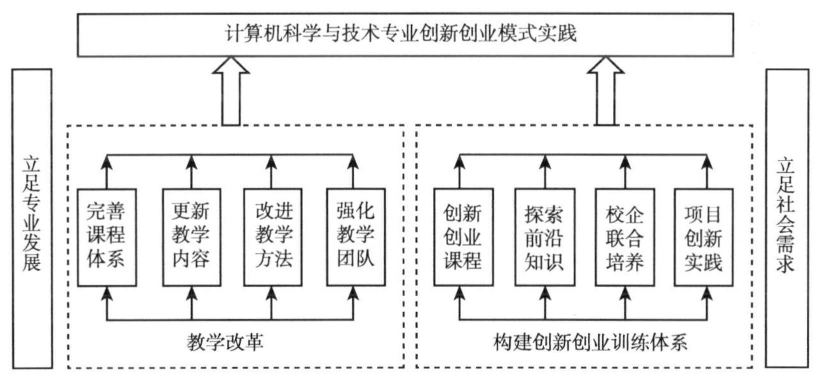

图 18－8　计算机科学与技术专业创新创业模式

针对有实践教学环节的课程，聘请相关企业项目经理或其他有经验的工程师参与教学，聘请企业老总或软件开发人员给学生做专题讲座，让学生了解新知识、新技术，增强学生学习兴趣。部分实践应用性强的课程，采用校企联合教学的方式，聘请企业相应工程师或技术人员讲授，让学生深入了解行业现状，提高应用能力。如《软件工程》等课程，采取学院老师上基础部分，企业人员上应用开发部分的方式，切实提高学生的实际动手能力，《项目工程实践》课程基本由行业企业教师承担教学，将企业实际项目带入课堂，同时校内老师配合上课，一方面老师能够从企业教师中学习项目开发新的经验，另一方面，也把握好教学的日常秩序。

（六）多方共建优秀师资团队

在双创价值引领下，以全面提高教师素质为中心，以制度建设为保障，学校出台《宁波财经学院创业导师管理办法》，学校创业导师由校内导师和校外导师构成。其中校内导师由学校在职教师兼任；校外导师指熟悉国家相关政策法规，熟悉企业管理、市场运作、技术创新，并对科技、经济、市场发展有预判能力，在大学生创新创业指导、培训、创办或管理企业等方面有丰富经验或专业特长，以及有资金、技术、市场等资源的投融资机构和管理咨询机构的资深专家和其他创业成功人士。创业导师（见表 18 -1）。

表 18 -1　　创业导师及其职责

<table>
<tr><th colspan="3">校内创业导师</th><th rowspan="2">校外创业导师</th></tr>
<tr><th>初级</th><th>中级</th><th>高级</th></tr>
<tr><td colspan="3">1. 开展与创新创业主题相关的课程、讲座、沙龙、论坛或其他创新创业实践活动；
2. 指导学生创业实践，项目孵化；
3. 指导学生创新创业竞赛、项目；
4. 开展创业相关研究工作；
5. 对有成功预期的项目和企业，积极向创业投资机构推荐；
6. 积极参加学校创新创业其他相关活动；
7. 保守企业商业秘密。</td><td>1. 对我校在校生开展与创新创业主题相关的课程、讲座、沙龙、论坛或其他创新创业实践活动。
2. 对我校创新创业教育、创业园区等寻求咨询的教师、学生、入驻企业，给予专业的指导帮助；保持与创业者的沟通交流，并针对其困惑和问题给予指导；与校内创业导师组建指导团队。
3. 与学生创业项目进行一对一的对接和帮扶，为有创业意愿或处于创业初期的各类创业项目进行策划、评估、市场分析、经营管理、融资贷款、政策法规等方面的咨询和指导。
4. 向我校在编的创新创业指导课程教师及项目指导老师提供企业见习锻炼的机会。
5. 参与学校创新创业教育工作，提出意见和建议。
6. 对有成功预期的项目和企业，积极向创业投资机构推荐。
7. 保守企业商业秘密。</td></tr>
</table>

为了培养计算机领域的专门技术型人才，要培养教学、科研和实践等方面的骨干教师，学院通过“内培 + 外引”工作机制，优化师资队伍结构，吸纳各类优秀人才，将企业实践经验丰富的工程师纳入师资队伍的范畴。由企业外聘人员和学校教师共同研讨实验环节的设置，可以使专业技能的培训更加符合企业与社会的需求，同时也为双方提供相互交流与学习的平台，提高师资队伍的质量和水平，为学校的可持续发展提供不竭的内在驱动力。

三、案例成效

（一）学生创新创业成果增加获社会认可

在双创价值引领下，本专业学生的创新创业成果不断增加，获得了全国大学生电子商务“创新、创意及创业”挑战赛 4 项、浙江省大学生机器人竞赛 10 余项、浙江省大学生电子商务大赛 15 项、浙江省工程训练综合能力竞赛 2 项等省级 A 类以上竞赛获奖近 40 项，获得了国家大学生创新创业训练计划项目、浙江省大学生新苗人才计划项目、校内学生科研等 10 余项。学生因为研制智能农业大棚受到了相关专家领导的好评，而且登上了东南商报。通过“科研—教学—竞赛一体化”以及“全方位进阶型”学科竞赛体系，从校赛、省赛到国赛，学生的参与度、收益率、获奖率均有了较大提高，提升了应用型人才培养成效。

近三年毕业生的创业率提升明显，保持在 4% ~7%，高于全省同专业的平均水平。如 2019 届毕业生董腾舟创办的宁波沐农信息科技有限公司，现有员工 40 余人，业务发展平稳向好。优秀毕业生得到了社会的认可，例如方剑作为阿里巴巴集团的架构师，出版了《深入理解 Spring Cloud 与实战》；学生朱震东在华为参与鸿蒙系统的研发，工作表现受到单位的充分肯定。毕业生王丽投身振兴乡村建设工作，在台州地区做大学生村官，带领村民积极创业致富，受到省政府表彰。

（二）打造了一支多元融合教学创新团队

学校创新师资队伍建设机制，建设有教师下企业锻炼的制度，推动教师下企业，鼓励在职教师进企业攻读博士学位、进修，每年到企业人数平均超过 20 人。依托行业构建兼职教师队伍，引入企业专家共同组建“嵌入式设计”“移动软件开发”“面向对象程序设计”3 支校级应用型团队，“智能计算与可视化技术”“数字技术应用与管理科研团队”2 支校级科研团队。目前建有一支 33 人的专任师资队伍，其中教授 7 人、副教授 19 人、讲师 6 人、助教 1 人，100% 具有行业职业背景、行业项目经历或者获得行业资格认证证书，具有海外学习、交流经历约占 40%，外聘企业工程人员 12 人。

（三）专业建设质量提高，成果不断凸显

构建了专业核心课程群，设置了相应的核心课程，并开发了与之对应的核心能力实训课程，建设 1 门国家级一流本科课程《面向对象程序设计》，3 门省级一流本科课程《程序设计基础》《计算机组成与结构》《数据结构与算法》及若干校级本科优质课程等。成功立项“以技术创新为导向的大学生创新创业人才培养的探索”等市厅级以上教学教改项目 20 余项，发表教学教改相关论文 10 余篇。构建了基于核心能力成果导向的专业核心课程评价体系，采用“以证代考”“多考定终”“能力测试”等考核方式，并按照专业核心能力与核心课程关系矩阵设置了本专业能力评价指标体系。获得浙江省教学成果二等奖 1 项和宁波市教学成果一等奖 1 项、三等奖 2 项。根据艾瑞深中国校友会网发布的中国民办大学最佳专业排行榜，宁波财经学院计算机科学与技术专业 2016 年被列为五星级专业，2017 年被列为六星级专业。

（四）助推了区域数字经济企业创新发展

2012 年成功主办（中国宁波）国际计算机科学与技术学术大会，加强了国内外高等院校、科研机构与国际计算机业界的学术交流，提高了国内计算机科研、教育和应用的水平。2018 年又成功主办 2018 大数据与人工智能国际会议，围绕人工智能与大数据领域中的最新学术进展和热点问题进行深入探讨，为相关领域的研究学者提供一个展示最新科研成果的平台、促进了相关领域学术成果的转化。

积极参与社会服务，集中在森林防火监控、智慧城市建设、智能电子产品开发和金融数据分析等领域开展技术服务。近五年，为 46 家企业提供了

技术研发与技术支持，横向课题到款经费达1000余万元，为地方经济的发展作出了贡献。

四、案例启示

（一）双创价值引领，以社会需求为导向，明确专业价值定位

作为地方应用型本科高校，学校以双创价值为引领，以区域经济社会及新产业、新业态发展需求为导向，聚焦数字经济企业创新发展的迫切需求，从创新创业助推数字经济创新发展的价值出发，明确了以培养计算机科学与技术人才在就业的基础上以能够创新创业为价值追求，以数字经济领域中小企业数量持续增长和创新发展所需的创新和创业人才培养为使命与责任的专业价值定位，开展计算机科学与技术本科教育探索，创建了以双创为价值引领的计算机科学与技术专业人才培养模式，创新了以双创为价值引领，服务数字经济企业创业创新发展的计算机科学与技术专业人才的培养机制。

（二）双创价值引领，基于学生成长构建递进式人才培养模式

在双创价值引领下，专业在人才培养过程中坚持以学生为中心的原则，构建基于学生成长成才的“课程—竞赛—创业”递进式创新创业人才培养模式，在教学中将实际项目融合到实践教学中，做到“以项目为主导”，以实际项目为载体，充分整合学校的师资和日益更新的课程资源探索新的创新创业实践活动。通过竞赛，将创意落到实处，在这个过程中不断的打磨和实践，体验过程中不断产生的创意并加以实现，最终使学生产生成就感，最后能够有部分学生进行创业，计算机技术是需要不断创新前进的，为了培养计算机科学与技术专业的创新应用型人才，我们着力于为学生营造创新型教育环境，激发学生的创新欲望，教师努力提升自己的创新意识，创新教学方法和教学内容，充分挖掘各门课程的创新因素，提高学生的创新能力，并在此基础上培养符合社会需求的创新应用型专业人才。

构建“线上线下结合的三级递进”创新创业教学体系，以“创新创业”为目标，多渠道全方位积极探索有效的教学体系，经过多年的摸索与实践，形成了线上线下联合培养学生创新创业意识和能力的方式，把专业教育和创

新创业教育深度融合，构建了启蒙入门、兴趣激发、精英培育的三级递进模式，保障创新创业教育与专业教育有机融合的教学体系。启蒙入门面向全体学生，将创新创业理念植入学生内心，在此基础上，激发一部分同学的创新创业热情，能够产生一批具有创意的策划和产品，并且最后将同学们的创意落地，产生更大的辐射和影响。

将创新创业纳入教学过程，实施进阶式创新创业训练体系，整合与创新创业教育有关的职责和资源，面向全体，以分类施教的全新观念为指导，将创新创业教育纳入教学渠道，贯穿人才培养全过程，实施进阶式创新创业训练体系。从通识课程平台、企业家大讲堂、创新创业相关跨专业选修课、专业课融入创新创业到创新创业项目群，对学生进行递进式训练，从理论到实践全方位培养。

（三）双创价值引领，形成一批具有专业特色的双创教育案例

创新创业教育的价值在于培养学生能通过为社会和产业发展而创业，为创业而创新，并通过创新推进社会和产业发展，并将推动社会和产业发展的使命内化为自身的价值观。因此，专业在培养学生的过程中不仅要让学生掌握创新创业的知识，更要培养学生能在这一价值引领下，运用所学知识分析问题、解决问题的能力，拥有较强的实践能力。在教学内容上做了如下两个方面的融合：一是创新创业通识课程要与专业课程融合，在案例选择上要与专业发展紧密相关；二是在专业课程教学中有机融入创新创业的内容，在制定课程标准时进行合理安排，反复推敲，把 IT 项目创新性分析、创意设计等融入专业课程，并引导学生有自己的思维方式，鼓励学生创新和突破。将创新创业案例融入日常教学中，形成一批具有计算机专业特色的创新创业案例，以此鼓励学生在专业学习上能够不断的突破自我，实现自己的价值。

（四）双创价值引领，遵循教师成长路径，打造教学创新团队

基于双创价值引领下的教学创新团队建设，遵循应用型教师的成长路径，按照学校“三类型四层次”应用型教师发展体系、线上线下双创导师发展体系，创新“内培 + 外引”工作机制，优化师资队伍结构，吸纳各类优秀人才，加强校外兼职教师、产业教授建设，为教师提供相互交流与学习的平

台，通过校企合作等多种方式，邀请成功企业家、行业专家、行业企业主管、岗位技术工程师等开展项目辅导、主题讲座、创业指导、课程讲解等。根据科研与竞赛奖励与激励办法、创业导师聘任、晋级与考核办法，积极推动与鼓励教师加强竞赛指导、项目指导、创业指导。

参考文献

［1］王斌，姚永明，徐永华．高校创新创业教育的冷思考［J］．中国多媒体与网络教学学报，2018（8）：120－121.

［2］杨珺，袁仲雄．基于创新创业教育的计算机专业人才培养研究［J］．中国电力教育，2019（2）：34－35.

［3］叶梦雄．基于创新创业能力的计算机人才培养模式研究［J］．经济研究导刊，2017（13）：130－131.

［4］许峰，张鹏．OBE 教育模式下应用型本科高校创新创业人才培养课程体系设计［J］．吉林广播电视大学学报，2018（10）：21－22.

［5］翟倩，肖金，孙野，等．基于校企合作的开放性创新专题课程研究［J］．科技与创新，2021（15）：24－25，27.

| 第十九章 |

双创价值引领下的商务英语专业人才培养实践

一、案例背景

党的十九大报告在推动形成全面开放新格局部分提出，拓展对外贸易，培育贸易新业态新模式，推进贸易强国建设。《中共中央关于制定国民经济和社会发展第十四个五年规划和二〇三五年远景目标的建议》中明确提出，要立足国内大循环，协同推进强大国内市场和贸易强国建设。2020 年，我国货物与服务贸易总额跃升至全球首位，贸易伙伴扩展至 230 多个国家和地区。浙江省商务服务发展取得成就显著，2020 年浙江省货物贸易进出口规模突破 3 万亿元，出口增量对全国贡献率连续 3 年居全国首位，服务贸易结构优化，新兴服务贸易行业快速增长，知识密集型服务贸易快速增长，2020 年末占服务贸易进出口比重达 67.1%。面向“十四五”，浙江提出“打造国内大循环的战略支点、国内国际双循环的战略枢纽”，宁波实施“225”外贸双万亿行动，与“246”万千亿级产业集群建设相辅相成，构建“先进制造业、国际贸易”双翼齐飞融合发展格局，并提出到 2025 年，宁波将实现全市外贸进出口总额翻一番，达到 2 万亿元；跨境电商、数字贸易、服务贸易、优质商品进口、转口贸易额 5 个指标分别达到 2000 亿元。宁波虽为贸易强市，要实现这些目标，企业必须要在模式、技术、服务上进行创新，这无疑对人才的需求提出更高要求，面对跨境电商、数字贸易等新型贸易形式凸起，需要一批具有创新创业意识和外语能力的区域中小国际商务类企业对外贸进出口人才。为此，宁波财经学院开展了以双创为价值引领的商务英语专业积极探索实践。

二、案例介绍

商务英语专业为我校人文学院外语系下设三个本科专业之一，自 2017 年开始招生，2021 年获得浙江省学位委员会批准为学士学位授予权专业。作为新文科建设中的一门跨文化、跨语言、跨学科的交叉专业，具有鲜明的应用性特色。学院对商务英语专业开展了积极探索实践，确立了以双创为价值引领，培养服务企业创业创新发展的商务英语人才价值取向；基于企业创业创新全流程，创建了以双创为价值引领的商务英语专业人才培养模式；创新了以双创为价值引领，服务企业创业创新发展的商务英语专业人才的培养机制，进行了以双创为价值引领的商务英语专业人才培养实践（见图 19－1）。

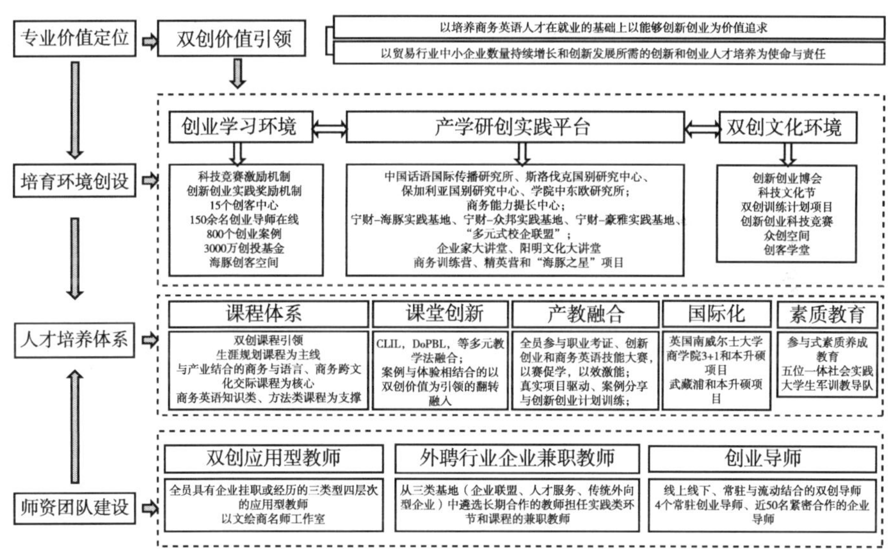

图 19－1 以双创为价值引领的商务英语专业人才培养框架图

（一）明确专业人才培养定位

紧紧围绕社会主义核心价值观，立足浙江、面向长三角的办学方向，主动响应贸易强国建设，聚焦区域中小商务企业创新发展的迫切需求，以双创为价值引领，把培养具有创新创业意识，熟悉创新创业全过程，能够以推进社会和产业发展而创业为价值追求，培养具备较强的语言优势（English）、商贸能力（Business）、应用能力（Application），能在外贸经济领域中小国际商务企业或其他机构从事经贸、管理、金融、翻译、外事等工作的高素质应用型人才作为培养目标，从而提升对浙江省尤其是外贸领域创新发展的支撑度，强化对区域产业发展的支撑和贡献。

（二）“双创”基因扎根课程

在双创价值引领下，学院（专业）组织专家、外贸企业人员、学校教师通过深入研究对外贸易行业发展新特征，开展商务英语专业的课程分析，形成以《创业基础》《创新课程》《平台经济与电子商务》《理财规划》《读懂财务报表》《中小企业管理》《内容营销与企业外宣》（英）《商务英语函电与谈判》《中东欧国别文化》课程为主线，以基于真实项目并与产业结合的商务与语言课程《商务英语阅读与写作》《财经英语报刊选读》《会展英语》《国际贸易实务》《跨境电商实务》《国际市场营销》《国际商法导论》《世界知名企业案例》《国际贸易地理》和与产业结合的商务跨文化交际课程《跨文化商务交际》《中国文化》（英）《“一带一路”国家商务礼俗》《国际商务礼仪》等课程为核心，以必须够用的商务英语知识类课程和商务英语方法类课程为支撑，以创新管理和创业孵化为综合能力培养和生涯发展的以双创为价值引领，以真实项目为核心的专业课程体系。如图 19－2 所示。

（三）创设双创人才培养环境

1. 创设双创人才学习环境

在双创价值引领下，学院整合行业企业资源，以服务区域各商务企业创新发展为宗旨，由企业提供展品和培训人员，校企共建具有商务英语工作区、商务洽谈区、商务培训区等分区功能以及装有商务训练软件的商务综合实验室、商务能力提升实验室在内的商务能力提升中心，创设真实商务学习环境。

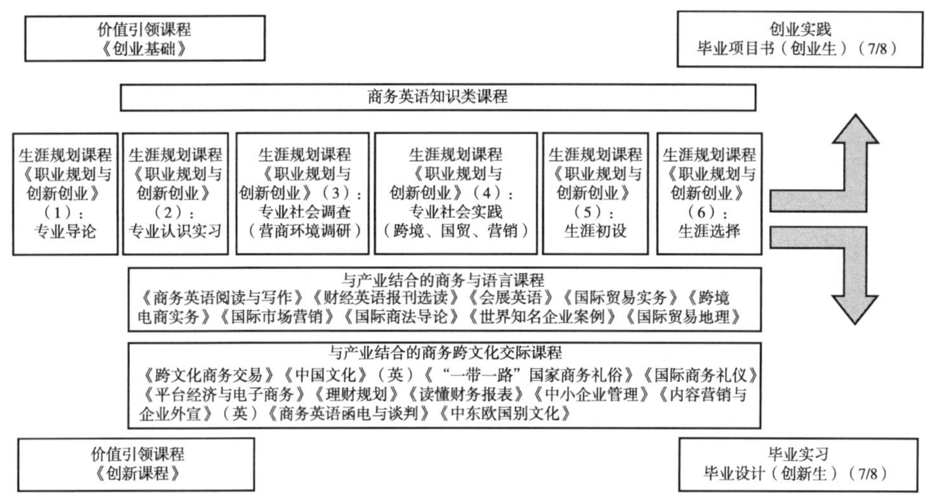

图 19-2　商务英语专业课程体系

2018 年起，在各专业积极开展创新创业教育的大背景下，为进一步提升商贸类应用型人才培养力度和成效，经过校企双方多次深入研讨，实施“海豚之星”商贸创业人才孵化计划。由海豚联盟五家龙头企业共同出资建成宁波火眼智能科技有限公司（母公司），设“基地建设金”改善和维护教学、研究环境，设“人才培育金”支持和奖励学生创新实践、就业、子公司创业，同时享受政府对有实验室投入的企业给予税前抵扣及其他与大学生创业相关的扶持政策。

实施国家级大学生创业训练计划项目（基于“海豚创客空间”的“123”大学生创业孵化成长模式—以宁波比喔比进出口有限公司为例），该项目是由海豚联盟的会员企业宁波长荣塑料制品有限公司与宁波财经学院合作开展，项目所涉公司由长荣塑料总经理出资建立，并由宁波财经学院在校生担任法人，再由“海豚之星”项目组学生成员组成该公司主创团队，该公司也是“海豚之星”创业孵化项目中孵化的第一家以学生为主体的实体公司。项目采用特色“123”创业孵化成长模式，其中的“1”即为一种创业孵化理念；其中的“2”即为遵循两种机制，“开放”和“互动”有机融合的机制；其中的“3”即为找准三个基点，建立“创业导师 + 团队 + 项目”的生态化创业模式。

2. 搭建产学研创实践平台

充分利用学校的创业教育平台提供的全链条创业型人才成长实践实战平台、创业投资基金、项目孵化空间、创业导师在线指导，依托区域行业资源，积极与政府、海内外商务企业开展合作，共同建设中国话语国际传播研究所、斯洛伐克国别研究中心、保加利亚国别研究中心、学院中东欧研究所等研究机构，打造创新研究环境。充分发挥学校创新平台提供的激励机制和研究机构，建设商务能力提升中心，重点围绕商务英语专业所在行业的创客群体所需要的创客素养和实践能力培养，创客潜能与双创能力开发，以及创客精神与意识的培育等过程中的核心问题。对语言文化体验中心、商务能力提升实验室、海豚商务创客空间等进行功能整合，打造集基础培训、互动交流、动手实践、商业孵化、导师指导等完善的服务体系和功能于一体的海豚创客空间、企业家大讲堂、阳明文化大讲堂、商务训练营、精英营、“海豚之星”等众创空间，打造创业环境。深度挖掘和利用校企合作的企业资源，将“企业联盟型”校企联盟、“人才中介型”校企联盟和“传统型”校企联盟等不同类型的校企联盟整合成依托“多元式校企联盟”的商务英语人才培养基地，建设宁财—海豚实践基地、宁财—众邦实践基地和宁财—豪雅实践基地等，与近30家国际商贸企业建立了紧密的产学合作关系，由企业注资成立校内公司，实现校内就业与创业孵化共同打造生产实践学习环境，形成产学研创实践平台（见图19－3）。

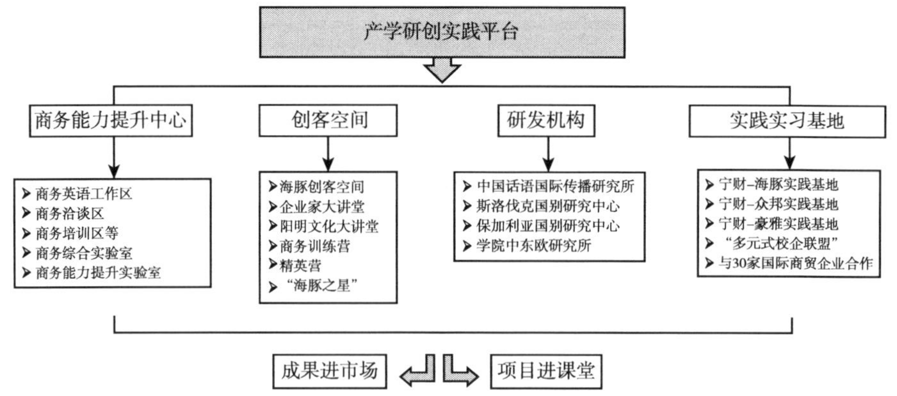

图19－3　商务英语专业产学研创实践平台

3. 营造双创文化育人环境

充分发挥平台作用，鼓励学生积极参加 OCALE 商务英语创新创业大赛、“亿学杯”商务英语实践大赛、“全国商务英语知识竞赛”、创业计划大赛等活动和学校“创新创业博会”“科技文化节”等，专业每学期开展“企业家讲堂”、并组织师生参加双创博览会，创设出双创文化育人环境。

（四）创新双创多元课堂教学

在双创价值引领下，通过校内外结合、课内外结合、线上线下结合，在第一、第二、第三课堂的专业教学实践中，有机融入“双创”元素，提升学生创新意识和创业能力。

1. 第一课堂融入路径：“多法融合、翻转融入”—融合多种教学方法理念，形成多元整合教学模式，开展探究项目式、体验式、探究式翻转活动，在课堂教学中有机融入“双创”元素。在教学方式上，针对商务语言类和以英语为媒介的商务课程实行“跨模态多元读写整合”教学模式；针对实践性强的商务类课程推行“案例与体验结合”的翻转式实践教学模式。

基于“内容与语言深度融合”（CLIL：Content and language integrated learning）的理念，将意义创建视为一个动态、积极、变革性的过程，整合语言（听说读写与语用）与专业能力（跨文化交际、专业知识应用）、学习与思辨能力（创造性思维、批判性思维、逻辑推理能力和问题解决问题）、信息与技术使用能力（信息检索、评估、管理、互联网、多媒体软件应用）、职业能力（交流、合作、执行力、领导力）、多模态设计能力（口语、书面语、图像、身势、空间、多模态组合、衔接与转移能力）等多元能力，采用跨模态多元读写整合的教学模式将创客教育所注重的自主探究和能力以及数字技术素养等融入以英语为媒介的商务课程教学。同时，充分利用产教深度融合的资源优势，采用产出导向的项目式（DoPBL，PjBL）、案例式、探究式教学方法，引入真实商务案例，创设商务实践环境和自主学习空间，引导学生在真实商务环境下自主发现问题、分析问题和解决问题，形成自己的商务提案或项目成果，这种案例与体验相结合的翻转式实践教学模式突出在真实项目中解决问题能力和创新思维的训练，与创客教育的核心目标有机融合。

2. 第二、三课堂融入路径："以赛促学、以效激能"—迎战创新创业类大赛，通过参赛经历促进和加强学生和团队的反思性学习和创新创业实战能力；组队参与商务能力提升中心平台和基地的实践项目和创业孵化活动，培养创业意识，激发创业潜能。

开辟第一实践课堂（实践教学）、第二实践课堂（商务思维与专业技能训练）、第三实践课堂（实习、校内就业和创业孵化）三种渠道，提升商务英语人才的专项实践能力、情境实践能力和综合实践能力，由联盟为三个实践课堂的各个课堂分别提供实践教学案例和职业情境、导师资源、就业与创业孵化平台，按照分层培育、循序渐进、逐渐提升的方法，将各个课堂的实践内容与能力培养相融合，做到专业实践教学、专项实践活动、企业社会实践无缝衔接，共同提升学生的商务英语专项实践能力、商务情境实践能力以及商务综合实践能力。

组织学生以团队形式参加专业合作企业在敦煌网、速卖通、EBAY、阿里巴巴国际站等平台上开展跨境电商创业竞赛活动，OCALE 商务英语创新创业大赛、"亿学杯" 商务英语实践大赛、"全国商务英语知识竞赛"、创业计划大赛、双创博览会等双创活动，在团队构成上，采用大二、大三学生加入，传帮带的形式，保证项目的连贯性和延续性，通过真实任务和仿真任务实操，实现学生的创业能力和就业竞争力得到有效提升。团队形式的竞赛和实践活动则有利于提升和锻炼学生的组织管理能力和团队写作能力，有利于学生团队的创业核心竞争力提升。

学院（专业）重视对商务英语国际化人才的培养，与英国南威尔士大学商学院 3 +1 和本升硕项目、与武藏浦和本升硕项目，项目内学生在本科学习期间均有机会到这些高校进行交流和学习，提高国际化水平。

（五）多方共建优秀师资团队

学生双创能力培养需要教师双创能力提升先行。因此专业加快校内专业教师的转型，提升应用型师资的复合性和胜任力，在总结复合型教师胜任力的主要维度（扎实的语言基础、坚实系统的商务知识、跨文化知识与技能、行业企业经历）基础上采用外引内培的方式聘请行业企业专家担任企业（创业）导师，加大专业与不断变化发展的行业的互动交流，同时对现有校内师资进行分类培养，提供在线校本培训、协会进修研讨、基地挂职锻炼、国内外访学进修等内外兼修的多元化培养渠道，建设优势互补的由校内外教师组成的应用型教学团队和有层次的人才梯队，共同致力于具有双创意识和实践能力的商务英语人才培养。

三、案例成效

（一）学生创新创业成果增加

在双创价值引领下，商务英语专业学生积极参与学院商务能力提升中心与合作企业组织的创新创业活动（参与人数超过学生总人数的50%）以及教育部等部门组织“互联网＋”信息技术服务大赛、“农信杯”浙江省大学生乡村振兴创意大赛等各类双创实践项目（双创竞赛参与率近30%），其中“互联网＋”创新创业大赛的学生参与率接近10%。此外，获得国家创新创业训练计划项目3项。入驻创业孵化园创客团队2个，分别是浙江快发科技有限公司和宁波小盒智能科技有限公司。

“海豚创客空间”自2019年创立以来，整合企业资源，在商务实践类课程、创新创业类课程中与其开展深度产教融合的课程改革，在校内开展商务英语训练营和精英营活动，成立大红鹰－海豚国际商务人才培养基地，为各届学生提供实践教学平台，从根本上改变了高校传统的单个实践教学基地仅能容纳少数学生从事专业实习和实践的现状，使在基地实践教学受益的学生扩大到相关专业的全体学生。

（二）专业人才培养特色凸显

专业在双创价值引领下创新人才培养机制，采用社会需求为导向的倒推式制定专业人才培养，在人才培养目标上，坚持社会需求导向，把培养一大批具有创新创业意识，熟悉创新创业全过程，服务产业升级发展的商务英语专业人才作为培养目标；在课程体系上，以双创课程为引领，以学生的成长和生涯发展为主线，以基于真实项目并与产业结合的商务与语言课程和商务跨文化交际课程为核心，以必须够用的商务英语知识类课程和商务英语方法类课程为支撑。在教学方式上，实行“跨模态多元读写整合”教学和“案例与体验结合”的翻转式实践教学。构建“一个平台、两种融合、三种能力”为框架，构建“基于多元校企联盟的融合式”实践教学体系。以目标和就业能力培养为导向，在内容驱动下分类开展课程建设，组建“创客翻转课程群”，涵盖线下金课、专创融合、在线开放等不同类型课程，基于商务知识教育、外语能力培养、通识教育、实践教学“四位一体”的分析框架模型，搭建外语+商务+实践复合叠加式的课程体系。从而形成双创价值引领的“精英语、通商务、强应用”的融通型商务英语人才培养模式，满足区域经济对本专业创新创业人才需求。

（三）教师教学创新成效明显

商务英语专业现有9名专业教师除了2名为国际贸易背景外，其余皆由英语学科背景转型而来，在专业开展教学科研之初，面临巨大挑战。经过培训和培养，教师积极开展翻转课堂、线上线下混合式课堂、案例式教学、多元读写整合式教学等改革探索，多名教师在“外研社”和“外教社”的教学能力比赛中获奖，其中2人获商务英语专业组一等奖。通过线上线下、国内外校内外各类进修和培训以及企业挂职锻炼，教师教学研究能力、服务地方能力和商务应用能力得到显著提升。教师经过系统培训和自学训练，获得了跨境电商资格证书、经济师、外销员证书、高级口译证书等职业证书，同时也巩固了商务理论知识，提升了商务应用水平。商英师资团队获得省级、市级、校级教育教学改革项目、协同育人项目以及横向课题，丰富了产学研成果，提升了研究能力，拓宽了研究领域，加深了研究力度，教师在课程思政、星级优师评选中脱颖而出，3名教师获学校翻转课堂优质奖。外贸方向应用性课程团队通过学校验收，“实践共同体”有关的成果获评校教学成果二等奖。企业导师参与跨境电商、会展英语、企业外宣、国际贸易实务等9门课程的实践教学；共同开发《企业外宣》等课的校企合作和新形态教材的编写。

（四）助推贸易企业创新发展

专业依托校级科研团队与研究所，不定期开展学术沙龙活动和学术报告会，组织本系实施各级各类纵（横）向科研项目和学科平台的申报。商务英语专业近三年获得教育部人文社科项目 1 项，教育部产教融合育人项目 1 项，省教育教学改革项目 2 项，横向社科类项目 6 项，累计到款 14 万。

四、案例分析

（一）双创价值引领，以社会需求为导向，明确商务英语专业定位

作为地方应用型本科高校，学校以双创价值为引领，以区域经济社会及新产业、新业态发展需求为导向，聚焦外贸企业创新发展的迫切需求，从创新创业助推外贸经济创新发展的价值出发，明确了以培养商务英语人才在就业的基础上以能够创新创业为价值追求，以贸易经济领域中小企业数量持续增长和创新发展所需的创新和创业人才培养为使命与责任的专业价值定位，开展商务英语本科教育探索，创建了以双创为价值引领的商务英语专业人才培养模式，创新了以双创为价值引领，服务贸易经济企业创业创新发展的商务英语专业人才的培养机制。

（二）双创价值引领，基于真实项目，构建商务英语专业课程体系

在双创价值引领下，专业在人才培养过程中始终秉持着学生中心的理念，在人才培养过程中，通过真实的项目使得学生认识到数字经济时代商务英语人才的价值和实现的途径。

因此，专业构建了以《创业基础》《创新课程》等双创课程为主线，以基于真实项目并与产业结合的商务与语言课程和与产业结合的商务跨文化交际课程为核心，以必须够用的商务英语知识类课程和商务英语方法类课程为支撑，以创新管理和创业孵化为综合能力培养和生涯发展的以双创为价值引领，以真实项目为核心的专业课程体系。并开展基于翻转课堂、众创空间的竞赛、创业指导、创新训练等双创活动，推进探究式课程建设、翻转课堂等教学实践改革，综合运用多种教学方法与策略，鼓励学生采取动手操作、协同探究、项目合作等基于创造的学习方式开展探究学习，注重数字素养的培养。在创客活动的准备阶段选用课内整合模式，为创客活动开展提供必要的知识能力基础；而在创客活动的实施阶段则选用课外整合模式，把双创活动与教学过程融为一体。

（三）双创价值引领，遵循专业教师成长路径打造创客教师共同体

基于双创价值引领下的教学创新团队建设，遵循应用型教师的成长路径，按照学校“三类型四层次”应用型教师发展体系、线上线下双创导师发展体系，创新师资培养机制，采取学科交叉融合模式，由多学科教师组建专兼结合、专创融通的创客教师共同体，通过团队力量进行跨界融合。采取多种激励和培育手段多渠道培养双创翻转师资团队。通过制定相关制度，明确教师的育人职责，把指导学生创新创业作为每个教师必须履行的教育职责，在聘期考核任务中严格明确；着力提升教师双创指导水平，实施企业与高校师资的人才互通计划，鼓励教师参与创业实践；建立创业导师库，指导学生开展双创实践。

附：双创价值引领下的商务英语专业课程体系分析表

学期	1	2	3	4	5	6	7	8
创业	创业基础（公共必修）		职业生涯与创新创业（公共必修）	职业生涯与创新创业（公共必修） 创业法律指南（跨科选修） 读懂财务报表（跨科选修）	职业生涯与创新创业（公共必修） 平台经济与电子商务（跨科选修） 个人理财规划（跨科选修）	职业生涯与创新创业（公共必修）	职业生涯与创新创业（公共必修） 行业前沿课（专业必修） 中小企业管理（专业选修） 创业实践（创业学生毕业实践） 毕业项目书（创业学生毕业实践）	创业实践（创业学生毕业实践） 毕业项目书（创业学生毕业实践）
双创引领课程（与产业结合课程） 学科知识类			经济学导论（专必）	国际贸易实务（专必） 国际市场营销（专选） 中国文化（专选）	管理学导论（专必） 商务英语函电与谈判（专必） 会计学基础（专选） 国际商法导论（专选）	商务英语阅读与写作（专必） 财经英语报刊选读（专选） 会展英语（专选） 跨境电商实务（专必） 内容营销与企业外宣（专必） 国际物流（专选） 世界知名企业案例（专选） 国际贸易地理（专选） “一带一路”商务礼俗（专选）	国际金融（专选） 中小企业管理（专选） 跨文化商务交际（专必） 中东欧国别文化（专选） 国际商务礼仪（专选）	

续表

学期		1	2	3	4	5	6	7	8
双创引领课程（与产业结合课程）	实训实习类		专业认知实习（2-3暑）		国际营商环境调研（4-5暑） 商务英语听说（16实践学时）		国际商务综合实训（外宣）（6-7暑） 国际商务综合实训（国贸）（48学时） 商务英语口译（16实践学时） 内容营销与企业外宣（16实践学时）	国际商务综合实训（跨境）（32学时） 毕业实习（8周）（专业学生） 实践性毕业论文（10周）（专业学生）	毕业实习（8周）（专业学生） 实践性毕业论文（10周）（专业学生）
创新				职业规划与创新创业（公必）	职业规划与创新创业（公必）	职业规划与创新创业（公必） 商务英语函电与谈判（专必）	职业规划与创新创业（公必） 内容营销与企业外宣（专必）	职业规划与创新创业（公必）